하루 한장 독해^{플러스}

하루가 알려 주는

하루 한장 독해➕
문해력 쌓기

1 지문을 꼼꼼히 읽고, '쏙쏙! 내용 정리'에서 핵심 내용을 정리해요.

2 내용 이해 문제부터 추론, 적용 등 심화 문제까지 풀며 실전 감각을 익혀요.

3 지문 구조도 문제를 풀며 글의 짜임을 확실하게 정리해요.

4 '어휘 탄탄 마무리'를 통해 지문에서 학습한 어휘의 뜻을 한 번 더 살펴요.

5 '바른답·알찬풀이'의 지문 주요 내용과 문제 해설로 완벽하게 마무리해요.

눈으로 글자를 읽는 것은 누구나 할 수 있어요.
그러나 이것은 '독해'가 아니에요.

글에 담긴 내용이 무엇인지 분석하여
정확하게 이해하고, 핵심을 파악할 수 있어야
비로소 '독해'를 했다고 할 수 있지요.

하루 한장 독해⁺는
글을 분석적으로 읽어 낼 수 있는 꼼꼼한 눈과
어떤 문제라도 술술 풀 수 있는 힘을 기를 수 있는 교재입니다.

그럼 이제 하루 한장 독해⁺와 함께
40일간 독해 실력을 체계적으로 키워 볼까요?

이 책의 구성과 특징

지문 분석력과 문제 해결력을 동시에!

지문 분석 3단계로 지문 분석력⁺
핵심 낱말로 지문의 흐름을 잡고, 문장 구조도 문제로 지문을 완벽히 분석하고, 해설에서 지문의 문장을 쪼개 보며 **지문 분석력⁺**

엄선된 7문항으로 문제 해결력⁺
핵심 내용 파악 문제로 기본기를 다지고, 어휘 문제로 어휘력을 더하고, 추론이나 적용 문제까지 풀며 **문제 해결력⁺**

지문 고난도 지문   **문제** 엄선된 7문항

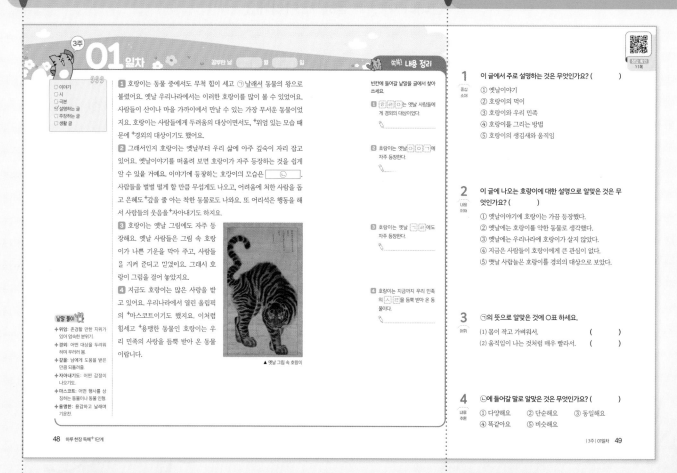

고난도 지문의 흐름 파악하기

고난도 지문을 제시하여 어렵고 긴 글을 읽어 내는 힘을 기를 수 있게 했습니다. 문제를 풀기 전 단계인 '쏙쏙! 내용 정리'에서 지문의 핵심 낱말을 쓰며 글의 흐름을 짚을 수 있도록 했습니다.

핵심 문제 풀기

앞에서는 주로 중심 소재, 내용 이해 문제 등 지문의 핵심 내용을 파악하는 문제들로 구성했습니다.

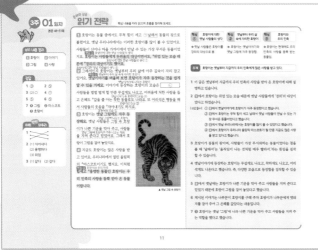

꼼꼼한 지문 분석으로 지문의 핵심을 한 번 더 짚어 주었습니다. 또한 자세하고 친절한 문제 풀이를 통해 심화 문제도 완벽하게 이해할 수 있습니다.

어휘 마무리

심화 문제 다수 수록

지문 속 어휘 확장

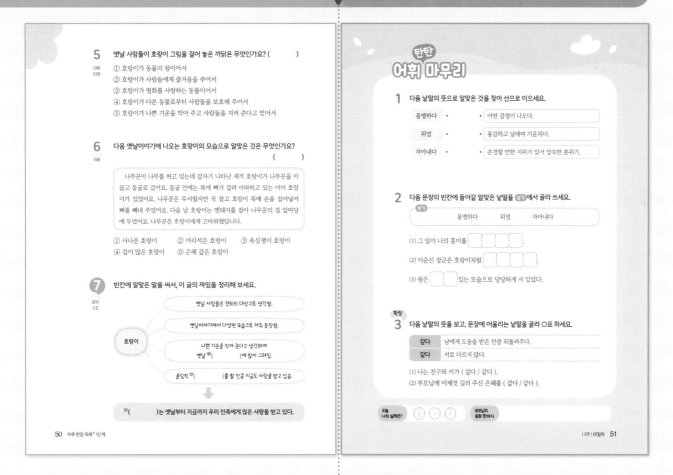

○ **심화 문제와 지문 구조도 문제 풀기**

뒤에서는 깊이 있게 생각해야 하는 추론 문제와 적용 문제로 구성했습니다. 7번은 지문 구조도 문제로, 지문을 완벽하게 파악하며 마무리할 수 있게 했습니다.

○ **어휘 학습으로 마무리**

지문에 나오는 어려운 어휘의 뜻을 다시 한번 확인하고 쓰임을 익힙니다. 또한 뜻이 여러 가지인 낱말, 헷갈리는 낱말 등과 같은 어휘 확장 문제를 풀며 어휘력을 키울 수 있습니다.

이 책의 차례

☐ 이야기
☐ 시
☐ 극본
☑ 설명하는 글
☐ 주장하는 글
☐ 생활 글

1 날씨가 추운 겨울이 되면 사람들은 ㉠두꺼운 옷을 입어요. 장갑도 끼고 목도리도 해요. 날씨가 추워지는 만큼 몸을 따뜻하게 하기 위해서랍니다. 그럼 동물들은 어떻게 겨울을 보낼까요?

2 동물들 중에는 잠을 자면서 겨울을 보내는 동물이 있어요. 이 동물들은 바깥보다 따뜻한 곳인, 두꺼운 낙엽 속이나 나무 구멍, 동굴, 땅속에서 잠을 자며 겨울을 보내요. 먹이가 ✦부족해져서 ✦겨울잠을 자기도 하고, 얼어 죽지 않기 위해서 겨울잠을 자기도 하지요.

3 곰, 고슴도치, 다람쥐, 박쥐 같은 동물들은 겨울이 되면 먹이가 부족해지기 때문에 잠을 자면서 겨울을 보내요. 잠을 자면 배가 덜 고프기 때문이에요. 이 동물들은 ✦보금자리에 먹이를 모아 두고 자다가, 배가 고프면 깨어나서 먹이를 먹고 다시 자기도 해요.

4 개구리, 뱀, 도마뱀, 거북 같은 동물들은 ✦주변의 날씨에 따라 몸의 ✦온도가 바뀌어요. 겨울이 되어 날씨가 추워지면 몸의 온도가 내려가서 얼어 죽을 수도 있어요. 그래서 이 동물들은 따뜻한 곳을 찾아가 ✦겨우내 깨지 않고 죽은 듯이 잠을 자요. 이 동물들은 잠을 자는 동안에 몸속에서 몸이 얼지 않도록 하는 물질을 만들어 낸다고 해요.

낱말 풀이

✦**부족**: 필요한 양이나 기준에 모자람.

✦**겨울잠**: 동물이 겨울을 나기 위해 활동을 멈추고 겨울철 동안 자는 잠.

✦**보금자리**: 지내기에 매우 편안하고 아늑한 곳.

✦**주변**: 어떤 대상을 싸고 있는 둘레.

✦**온도**: 따뜻하고 차가운 정도.

✦**겨우내**: 겨울 동안 내내.

정답 확인
1쪽

쏙쏙! 내용 정리

빈칸에 들어갈 낱말을 글에서 찾아 쓰세요.

1 날씨가 추워지면 사람들은 두꺼운 ○을 입는다.

✎ _____

2 동물 중에는 ㄱㅇㅈ을 자며 겨울을 보내는 동물들이 있다.

✎ _____

3 겨울이 되면 ㅁㅇ가 부족해서 겨울잠을 자는 동물들이 있다.

✎ _____

4 겨울에 몸의 ○ㄷ가 내려가서 얼어 죽지 않으려고 겨울잠을 자는 동물들이 있다.

✎ _____

1
중심
소재

이 글에서 설명하고 있는 것은 무엇인가요? (   )

① 옷   ② 날씨   ③ 먹이
④ 동굴   ⑤ 겨울잠

2
내용
이해

동물들이 겨울잠을 자는 까닭으로 알맞은 것을 두 가지 고르세요. (,   )

① 동물들은 여름에는 잠을 자지 않기 때문에
② 날씨가 추워지면서 먹을 것이 점점 없어지기 때문에
③ 나무의 잎들이 모두 떨어지면 숨을 곳이 없어지기 때문에
④ 잠을 자면서 겨울을 보내면 몸집이 그전보다 더 커지기 때문에
⑤ 추운 날씨에 따라 몸의 온도가 내려가서 얼어 죽을 수도 있기 때문에

3
내용
이해

겨울잠을 자는 까닭이 다른 동물은 무엇인가요?

(   )

① 곰   ② 박쥐   ③ 다람쥐
④ 개구리   ⑤ 고슴도치

4
어휘

㉠과 뜻이 반대되는 말은 무엇인가요? (   )

① 굵은   ② 얇은   ③ 거친
④ 두툼한   ⑤ 부드러운

5 이 글에 나오는 '개구리, 뱀, 도마뱀, 거북'이 가진 공통점으로 알맞은 것을 두 가지 고르세요. (,   )

내용 이해

① 겨울에는 잠을 자지 않는다.
② 주변 날씨에 따라 몸의 온도가 바뀐다.
③ 평소보다 겨울에 먹이를 더 많이 먹는다.
④ 온몸이 털로 덮여 있어 추위를 잘 견딘다.
⑤ 몸속에서 몸이 얼지 않도록 하는 물질을 만든다.

6 이 글을 잘못 이해한 친구의 이름을 쓰세요.

내용 추론

> 소민: 겨우내 잠만 자는 동물들이 있다니 신기해.
> 태민: 동물들은 추운 것을 좋아해서 겨울에는 잠만 자는구나.
> 나래: 겨울에 나무 구멍, 동굴 같은 곳에는 겨울잠을 자는 동물들이 있을 수 있으니, 그 근처는 조심해서 다녀야겠어.

(   )

7 빈칸에 알맞은 말을 써서, 이 글의 짜임을 정리해 보세요.

글의 구조

동물들이 겨울잠을 자는 까닭

겨울철 먹이 부족

몸의 ❷(   ) 변화

- ❶(   )을 자면 배가 덜 고프기 때문에 겨울잠을 잠.
- 곰, 고슴도치, 다람쥐, 박쥐

- 날씨에 따라 몸의 온도가 변하는 동물들이 추운 겨울에 얼어 죽지 않으려고 겨울잠을 잠.
- 개구리, 뱀, 도마뱀, 거북

추운 겨울을 보내기 위해 ❸(   )을 자는 동물들이 있다.

탄탄 어휘 마무리

1 다음 뜻을 지닌 낱말을 보기에서 골라 빈칸에 쓰세요.

> **보기**
>
> 부족   온도   주변

(1) 따뜻하고 차가운 정도.   (   )

(2) 어떤 대상을 싸고 있는 둘레.   (   )

(3) 필요한 양이나 기준에 모자람.   (   )

2 다음 문장의 빈칸에 들어갈 알맞은 낱말을 찾아 선으로 이으세요.

| 에어컨을 켜서 (   )를 조절했다. | · | · | 부족 |

| 책상 (   )을 깨끗하게 싹 치웠다. | · | · | 온도 |

| 시간이 (   )해서 일을 다 못 끝냈다. | · | · | 주변 |

확장

3 다음 낱말이 아래의 문장에서 어떤 뜻으로 사용되었는지 골라 번호를 쓰세요.

깨다
① 잠이 든 상태에서 벗어나 정신을 차리다.
② 단단한 물체를 쳐서 조각이 나게 하다.

(1) 실수로 그릇을 <u>깨다</u>.   (   )

(2) 천둥소리 때문에 잠에서 <u>깨다</u>.   (   )

오늘
나의 실력은?   부모님의
응원 한마디

☑ 이야기
☐ 시
☐ 극본
☐ 설명하는 글
☐ 주장하는 글
☐ 생활 글

1 숲속 나라에서 달리기 대회가 열렸습니다.

"탕!"

출발을 알리는 총소리가 울렸습니다. 선수들은 모두 힘차게 달려 나갔습니다.

검정말이 1등으로 달리고 있었습니다. 한참 달리던 검정말은 뒤를 돌아보았습니다. 아무도 보이지 않았습니다.

2 그때 엄마 노루의 ⁺다급한 목소리가 들렸습니다.

"도와주세요! 우리 아기 노루가 아파요. 제발 좀 도와주세요!"

'아기 노루가 아프다고? 이를 어쩌지?'

㉠검정말은 잠시 망설였습니다. 아기 노루를 도와주면 달리기 대회에서 1등을 하지 못하기 때문입니다.

'경기에서 ㉡이기는 것도 중요하지만 아픈 아기 노루를 도와주는 게 더 중요해.'

검정말은 아기 노루를 업고 병원으로 뛰어갔습니다.

3 달리기 대회에서 소가 1등을 하였습니다. 검정말은 ⁺시상식이 끝난 뒤에야 꼴찌로 들어왔습니다. 구경하던 동물들은 모두 놀라서 ⁺어리둥절한 표정을 지었습니다.

그때 검정말과 함께 온 엄마 노루가 말했습니다.

"여러분, 검정말이 아기 노루를 병원에 데려다주느라고 이제야 온 거예요. 검정말 덕분에 아기 노루가 ⁺무사할 수 있었어요."

동물들은 모두 박수를 쳤습니다. 1등을 한 소가 금메달을 벗어 검정말의 목에 걸어 주었습니다.

낱말 풀이

+ **다급한**: 일이 닥쳐서 몹시 급한.
+ **시상식**: 잘한 일이나 뛰어난 성적을 칭찬하는 상장 등을 주는 의식.
+ **어리둥절한**: 일이 돌아가는 상황을 잘 알지 못해서 얼떨떨한.
+ **무사**: 아무런 문제나 어려움 없이 편안함.

쏙쏙! 내용 정리

빈칸에 들어갈 낱말을 글에서 찾아 쓰세요.

1 숲속 나라 달리기 대회에서 ㄱㅈㅁ이 1등으로 달리고 있었다.

✎ _____

2 달리기 경기 중에 검정말이 아픈 아기 ㄴㄹ를 업고 병원으로 갔다.

✎ _____

3 아기 노루를 도와주느라 ㄲㅉ를 한 검정말에게 동물들이 박수를 보냈다.

✎ _____

1

내용
이해

숲속 나라에서 열린 대회는 무엇인지 쓰세요.

☐☐☐ 대회

2

내용
이해

달리기 대회에서 1등을 한 동물과 꼴찌를 한 동물의 이름을 찾아 쓰세요.

(1) 1등: ☐   (2) 꼴찌: ☐☐☐

3

내용
추론

검정말이 ㉠처럼 행동한 까닭은 무엇일까요?

(   )

① 아기 노루와 친하지 않기 때문에
② 엄마 노루의 말을 알아듣지 못했기 때문에
③ 엄마 노루의 목소리만 들리고 모습은 보이지 않았기 때문에
④ 엄마 노루를 도와주면 자신이 나쁜 동물이 될 것 같기 때문에
⑤ 아기 노루를 도와주면 달리기 대회에서 1등을 하지 못하기 때문에

4

어휘

㉡과 바꾸어 쓸 수 있는 말은 무엇인가요? (   )

① 지는   ② 피하는   ③ 보호하는
④ 재미있는   ⑤ 승리하는

5 검정말이 대회의 시상식이 끝난 뒤에야 들어온 까닭은 무엇일까요?

내용
추론

(   )

① 시합이 지루해서 낮잠을 잤기 때문에
② 다른 동물들보다 더 잘 뛸 수 없었기 때문에
③ 소가 검정말이 뛰지 못하게 방해했기 때문에
④ 아기 노루를 병원에 데려다주고 왔기 때문에
⑤ 엄마 노루, 아기 노루와 함께 놀다 왔기 때문에

6 이 글을 읽고 친구들끼리 나눈 대화입니다. 알맞게 이야기한 친구의 이름을 쓰세요.

적용

> 원진: 소처럼 꼴찌를 하더라도 정정당당하게 경기를 할 거야.
> 서준: 나도 다른 동물들처럼 내 일을 우선으로 생각하는 사람이 되어야겠어.
> 유정: 검정말처럼 어려운 일에 처한 사람을 도울 줄 아는 사람이 되어야겠어.

(   )

7 빈칸에 알맞은 말을 써서, 이 글의 짜임을 정리해 보세요.

글의
구조

❶(   )이 달리기 대회에서 1등을 하고 있었음.

↓

아기 노루가 아프다며 엄마 노루가 도움을 청함.

↓

검정말이 아기 노루를 업고 ❷(   )으로 뛰어감.

↓

꼴찌로 들어온 검정말을 동물들이 모두 칭찬함.

❸(   )은 달리기 대회 1등을 포기하고 아픈 아기 노루를 도왔다.

탄탄 어휘 마무리

1 다음 뜻을 지닌 낱말을 보기 에서 골라 빈칸에 쓰세요.

> 보기
>
> 다급하다   무사   시상식

(1) 일이 닥쳐서 몹시 급하다.   (   )

(2) 아무런 문제나 어려움 없이 편안함.   (   )

(3) 잘한 일이나 뛰어난 성적을 칭찬하는 상장 등을 주는 의식.

(   )

2 다음 문장의 빈칸에 들어갈 알맞은 낱말을 찾아 선으로 이으세요.

여행에서 (   )하게 돌아왔다.   •   • 다급하다

우리 팀은 (   )에서 대상을 받았다.   •   • 무사

동생이 다쳐서 119에 전화하는 엄마의 목소리가 (   ).   •   • 시상식

확장

3 다음 낱말의 뜻을 보고, 문장에 어울리는 낱말을 골라 ○표 하세요.

| 업다 | 등에 대고 손으로 붙잡아서 떨어지지 않도록 하다. |
| 엎다 | 윗면과 밑면이 거꾸로 되게 뒤집어 놓다. |

(1) 아버지가 동생을 (업다 / 엎다).

(2) 씻은 그릇을 선반에 (업다 / 엎다).

오늘
나의 실력은?

부모님의
응원 한마디

□ 이야기
□ 시
□ 극본
□ 설명하는 글
□ 주장하는 글
☑ 생활 글

1 애벌레가 움직이는 모습을 본 적이 있나요? 애벌레는 파릇파릇 자라는 배춧잎 사이에서, 잘 ✚익은 알밤 속에서 종종 볼 수 있어요. 그곳에서 귀여운 애벌레가 ✚꿈틀꿈틀 움직이는 모습을 볼 수 있지요. 오늘은 이러한 애벌레를 닮은 장난감을 만들어 볼 거예요. 장난감을 움직여 애벌레가 움직이는 모습도 ✚흉내 낼 수 있어요. 우리 함께 '애벌레 장난감'을 만들어 보아요.

2 애벌레 장난감 만들기

준비물: 색종이, 가위, 풀, 사인펜, 나무젓가락, 접착테이프 등

 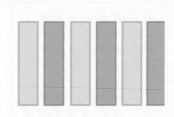

❶ 색종이를 동그라미 모양으로 자른 후, 사인펜으로 애벌레 얼굴을 그려요.

❷ 색종이를 긴 네모 모양으로 여러 장 잘라요.

❸ 긴 네모 모양으로 자른 색종이를 ✚말아 ✚고리 모양으로 만들고 풀로 붙여요.

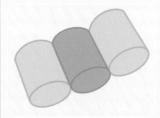  

❹ 여러 개의 고리를 서로 붙여 길게 ✚연결해요.

❺ 맨 앞쪽 고리에 ❶에서 만든 애벌레 얼굴을 붙여요.

❻ 맨 앞쪽 고리와 맨 뒤쪽 고리에 나무젓가락을 접착테이프로 각각 붙여요.

3 애벌레 장난감 움직이기

❶ 애벌레 장난감에 있는 나무젓가락을 양손으로 각각 잡아요.

❷ 애벌레가 ㉠ 움직이는 모습을 떠올리며 나무젓가락을 양손으로 움직여요.

낱말 풀이

✚**익은**: 열매나 씨가 여문.

✚**꿈틀꿈틀**: 몸의 한 부분을 구부리며 움직이는 모양.

✚**흉내**: 다른 사람이나 동물의 소리, 행동을 그대로 옮기는 것.

✚**말아**: 얇고 넓은 물건을 돌돌 감아 한쪽 끝이 안으로 들어가게 해.

✚**고리**: 긴 끈 등을 둥글게 이어서 만든 물건.

✚**연결**: 사물이나 현상 등이 서로 이어짐.

쏙쏙! 내용 정리

빈칸에 들어갈 낱말을 글에서 찾아 쓰세요.

1 ㅇㅂㄹ 를 닮은 장난감을 만들어 보자.

✎ _____

2 ㅅㅈㅇ 를 말아서 만든 여러 개의 고리를 이어 붙이면 애벌레 장난감이 된다.

✎ _____

3 애벌레 장난감의 양 끝 고리에 붙인 ㄴㅁ 젓가락을 잡고 애벌레 장난감을 움직인다.

✎ _____

1 〔내용 추론〕 장난감의 이름이 '애벌레 장난감'인 까닭은 무엇일까요? (　　　)

① 장난감을 배춧잎으로 만들어서
② 장난감의 생김새가 애벌레를 닮아서
③ 애벌레와 함께 놀 수 있는 장난감이라서
④ 애벌레를 좋아하는 사람들만 만들 수 있어서
⑤ 장난감이 애벌레처럼 곤충으로 변할 수 있어서

2 〔내용 이해〕 애벌레 장난감을 만들 때 필요한 준비물이 아닌 것은 무엇인가요? (　　　)

① 풀　　　　② 가위　　　　③ 구슬
④ 색종이　　⑤ 나무젓가락

3 〔내용 추론〕 ㉠에 들어갈 그림으로 알맞은 것에 ○표 하세요.

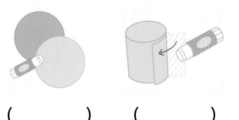

(　　　) 　　(　　　) 　　(　　　)

4 〔어휘〕 ㉡에 들어갈 알맞은 말은 무엇인가요? (　　　)

① 꾸벅꾸벅　　② 꿈틀꿈틀　　③ 둥실둥실
④ 소곤소곤　　⑤ 쿵쾅쿵쾅

5 애벌레 장난감을 만드는 순서대로 번호를 쓰세요.

내용
이해

색종이를 동그라미 모양으로 자른 후 애벌레 얼굴을 그린다.	1
고리의 맨 앞뒤에 나무젓가락을 붙인다.	
색종이를 긴 네모 모양으로 여러 장 자른다.	
긴 네모 모양으로 자른 색종이를 고리 모양으로 만들고 풀로 붙인다.	
여러 개의 고리를 서로 연결한 후, 애벌레의 얼굴을 맨 앞에 붙인다.	

6 이 글을 읽고 알 수 <u>없는</u> 내용은 무엇인가요? (   )

내용
추론

① 애벌레를 발견할 수 있는 곳
② 애벌레 장난감을 만드는 방법
③ 애벌레 장난감을 움직이는 방법
④ 애벌레 장난감을 만들 때 주의할 점
⑤ 애벌레 장난감을 만들 때 필요한 재료

7 빈칸에 알맞은 말을 써서, 이 글의 짜임을 정리해 보세요.

글의
구조

```
                    ┌─────────────┐
                    │  애벌레 장난감  │
                    └─────────────┘
          ┌──────────────┴──────────────┐
   ┌──────────────┐              ┌──────────────┐
   │   만드는 방법   │              │  움직이는 방법  │
   └──────────────┘              └──────────────┘
   색종이로 만든 여러 개의           ❷(         )을
   ❶(         )를 이어 붙임.          양손으로 잡고 움직임.
```

⬇

❸(   )의 생김새를 닮은 애벌레 장난감을 만들어 보자.

1 다음 낱말의 뜻으로 알맞은 것을 찾아 선으로 이으세요.

고리 •

연결 •

흥내 •

• 사물이나 현상 등이 서로 이어짐.

• 긴 끈 등을 둥글게 이어서 만든 물건.

• 다른 사람이나 동물의 소리, 행동을 그대로 옮기는 것.

2 다음 문장의 빈칸에 들어갈 알맞은 낱말을 보기 에서 골라 쓰세요.

보기

고리   연결   흥내

(1) 동생은 고양이 ☐☐ 를 잘 낸다.

(2) 새로 산 끈을 마스크에 ☐☐ 했다.

(3) 동생이 선물로 받은 낱말 카드를 ☐☐ 로 묶어 줬다.

확장

3 다음 낱말이 아래의 문장에서 어떤 뜻으로 사용되었는지 골라 번호를 쓰세요.

말다

① 얇고 넓은 물건을 돌돌 감아 한쪽 끝이 안으로 들어가게 하다.

② 어떤 일이나 행동을 하지 않거나 그만두다.

(1) 수건을 돌돌 <u>말았다</u>.   (   )

(2) 준기는 속이 좋지 않아서 밥을 먹다 <u>말았다</u>.   (   )

오늘
나의 실력은?   부모님의
응원 한마디

□ 이야기
□ 시
□ 극본
☑ 설명하는 글
□ 주장하는 글
□ 생활 글

1 여러분은 버스나 기차를 타 본 적이 있나요? 버스나 기차에는 여러 사람들로 +북적거릴 때가 많아요. 이처럼 여러 사람이 한꺼번에 이동할 수 있는 탈것을 '대중교통'이라고 해요. 대중교통에는 버스, 지하철, 기차, 배, 비행기 등 여러 종류가 있어요.

2 대중교통은 여러 사람이 함께 +이용하는 것이므로, 이용 방법과 규칙을 잘 알아야 해요. 먼저 흔히 볼 수 있는 버스의 이용 방법에 대해 알아보아요. 버스를 이용할 때에는 우선 버스 정류장에서 버스가 오기를 기다려요. 버스가 도착하면 버스에 ㉠타는 사람은 버스의 앞문으로 타서 +요금을 낸 후 자리에 앉아요. 만약 버스의 +좌석이 부족하여 서서 가야 할 때에는 손잡이를 꽉 잡아서 넘어지지 않도록 조심해야 해요. 버스에서 내리는 사람은 벨을 누른 후 버스가 멈춰 서면 버스의 뒷문으로 내려요.

3 기차도 사람들이 많이 이용하는 대중교통 중 하나예요. 기차를 이용하려면 우선 기차표부터 사야 해요. 기차표는 기차역에서 살 수 있지만 +요즘은 컴퓨터나 휴대 전화 등을 사용하여 온라인으로 살 수도 있어요. 표를 산 후에는 기차역에서 기차가 오기를 기다려요. 기차가 도착하면 기차에서 내리는 사람이 모두 내린 후에 차례대로 기차에 올라타고 좌석을 찾아 앉아요. 기차를 탄 후에는 위험할 수 있으니 출입문에 기대지 않도록 주의해야 해요.

4 대중교통을 이용할 때에는 큰 소리로 통화를 하거나 떠들거나 뛰어다니면 안 돼요. 대중교통은 여러 사람이 이용하는 것이니 규칙을 잘 +지키면서 안전하게 이용하세요.

낱말 풀이

+**북적거릴**: 많은 사람이 한 곳에 모여 매우 어수선하고 시끄럽게 자꾸 떠들.

+**이용**: 필요에 따라 쓸모 있게 씀.

+**요금**: 시설을 쓰거나 구경을 하는 값으로 내는 돈.

+**좌석**: 앉을 수 있게 준비된 자리.

+**요즘**: 아주 가까운 과거부터 지금까지의 사이.

+**지키면서**: 규칙이나 약속을 잘 따르면서.

쏙쏙! 내용 정리

빈칸에 들어갈 낱말을 글에서 찾아 쓰세요.

1 여러 사람이 한꺼번에 이동할 수 있는 탈것을 ㄷ ㅈ ㄱ ㅌ 이라고 한다.

✐ _____

2 ㅂ ㅅ 는 버스 정류장에서 탄 후 요금을 내고 자리에 앉는다.

✐ _____

3 ㄱ ㅊ 는 미리 기차표를 산 후 기차역에서 탄다.

✐ _____

4 대중교통을 이용할 때에는 ㄱ ㅊ 을 잘 지켜야 한다.

✐ _____

1
글의 목적

글쓴이가 이 글을 쓴 까닭으로 알맞은 것은 무엇인가요? ( )

① 대중교통의 이용 요금을 알려 주기 위해서
② 옛날에만 이용한 대중교통을 소개하기 위해서
③ 대중교통이 언제 만들어졌는지 알려 주기 위해서
④ 다른 나라에만 있는 대중교통을 소개하기 위해서
⑤ 대중교통의 이용 방법과 규칙을 알려 주기 위해서

2
내용 이해

다음은 '대중교통'의 뜻을 정리한 것입니다. 알맞은 말에 ○표 하세요.

> 대중교통은 (한 사람만 / 여러 사람이) 이동할 수 있는 탈것을 뜻합니다.

3
내용 이해

이 글에 나오는 버스 이용 방법으로 알맞지 <u>않은</u> 것은 무엇인가요? ( )

① 버스 정류장에서 버스를 기다린다.
② 버스에 타는 사람은 앞문으로 탄다.
③ 버스에 타서 자리에 앉은 후 요금을 낸다.
④ 버스에서 내리는 사람은 뒷문으로 내린다.
⑤ 버스에서 서서 갈 때에는 손잡이를 꽉 잡는다.

4
어휘

㉠과 뜻이 반대되는 말은 무엇인가요? ( )

① 넘는 ② 뛰는 ③ 내리는
④ 올라가는 ⑤ 이용하는

5 대중교통을 이용할 때 지켜야 하는 규칙으로 알맞은 것을 두 가지 골라 ○표 하세요.

내용
이해

(1) 큰 소리로 통화하지 않는다. ( )

(2) 친구들과 신나게 뛰어다닌다. ( )

(3) 옆 사람과 시끄럽게 떠들지 않는다. ( )

6 이 글을 읽고 '기차'를 직접 이용하려고 합니다. 계획을 잘못 세운 친구는 누구인가요? ( )

적용

① 은서: 가까운 기차역이 어디에 있는지 확인해야겠어.

② 지수: 기차에 타서는 출입문에 기대지 않도록 해야겠어.

③ 서준: 휴대 전화를 통해 온라인으로 기차표를 사는 방법을 알아야겠어.

④ 예은: 기차에서 내리는 사람들이 모두 내린 후에 기차에 올라타야겠어.

⑤ 도윤: 기차표는 기차역에서는 살 수 없으니까 온라인으로 미리 사 둬야겠어.

7 빈칸에 알맞은 말을 써서, 이 글의 짜임을 정리해 보세요.

글의
구조

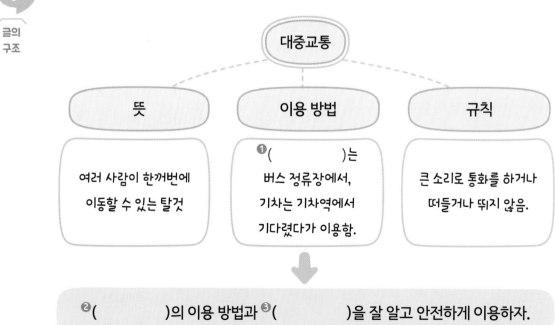

대중교통

뜻	이용 방법	규칙
여러 사람이 한꺼번에 이동할 수 있는 탈것	❶( )는 버스 정류장에서, 기차는 기차역에서 기다렸다가 이용함.	큰 소리로 통화를 하거나 떠들거나 뛰지 않음.

❷( )의 이용 방법과 ❸( )을 잘 알고 안전하게 이용하자.

1 다음 뜻을 지닌 낱말을 보기 에서 골라 빈칸에 쓰세요.

> 보기
>
> 요금   요즘   좌석

(1) 앉을 수 있게 준비된 자리.   (   )

(2) 아주 가까운 과거부터 지금까지의 사이.   (   )

(3) 시설을 쓰거나 구경을 하는 값으로 내는 돈.   (   )

2 다음 문장의 빈칸에 들어갈 알맞은 낱말을 찾아 선으로 이으세요.

영화관 안의 ( )이 꽉 찼다.	•	•	요금
이번 달 전화 ( )이 많이 나왔다.	•	•	요즘
( ) 친구들이 감기에 많이 걸린다.	•	•	좌석

확장

3 다음 밑줄 친 낱말의 알맞은 뜻을 보기 에서 골라 번호를 쓰세요.

> 보기
>
> 지키다 { ① 재산, 안전 등을 위험한 것으로부터 보호하다.
>   ② 규칙이나 약속을 잘 따르다.

(1) 학생들이 학교 교칙을 잘 <u>지키다</u>.   (   )

(2) 아버지가 장을 보러 간 사이에 형이 집을 <u>지키다</u>. (   )

오늘
나의 실력은?

부모님의
응원 한마디

- ☑ 이야기
- ☐ 시
- ☐ 극본
- ☐ 설명하는 글
- ☐ 주장하는 글
- ☐ 생활 글

1 옛날 한 나무꾼이 열심히 나무를 하고 있었습니다. 그러다 그만 연못에 ✛도끼를 빠뜨렸습니다. 나무꾼은 ✛슬피 울었습니다.

　그때 갑자기 연못 속에서 '펑' 소리와 함께 ✛산신령이 나타났습니다. 나무꾼은 　㉠　 놀랐습니다.

2 산신령은 한 손에 번쩍번쩍 빛나는 금도끼를 들고 있었습니다.

"이 금도끼가 네 도끼냐?"

산신령이 물었습니다.

"아닙니다. 제 도끼는 금도끼가 아닙니다."

나무꾼이 대답하였습니다.

산신령은 은도끼를 가지고 다시 나타났습니다.

"그럼 이 은도끼가 네 도끼냐?"

"아닙니다."

나무꾼은 은도끼도 자기의 도끼가 아니라고 이야기하였습니다.

산신령이 쇠도끼를 가지고 다시 나타났습니다.

"그럼 이 쇠도끼가 네 도끼냐?"

"네, 제 도끼입니다. 쇠도끼가 제 도끼입니다."

3 나무꾼의 대답을 들은 산신령이 크게 기뻐하였습니다.

"참으로 ✛정직하구나. 금도끼와 은도끼도 줄 터이니, 앞으로도 정직하게 살아라."

　산신령은 나무꾼을 칭찬하며 나무꾼에게 쇠도끼뿐만 아니라 금도끼와 은도끼도 모두 주었습니다.

낱말 풀이

✛ **도끼**: 굵은 나무를 찍거나 장작을 패는 데 쓰는 연장.

✛ **슬피**: 눈물이 날 만큼 마음이 아프고 괴롭게.

✛ **산신령**: 산을 지키고 다스리는 신.

✛ **정직**: 마음에 거짓이나 꾸밈이 없고 바르고 곧음.

쏙쏙! 내용 정리

빈칸에 들어갈 낱말을 글에서 찾아 쓰세요.

1 나무꾼이 연못에 ㄷㄲ를 빠뜨리자 산신령이 나타났다.

✏️ _____

2 나무꾼은 산신령에게 ㅅ도끼가 자신의 도끼라고 말했다.

✏️ _____

3 산신령은 정직한 나무꾼을 칭찬하며 쇠도끼와 함께 ㄱ도끼, ㅇ도끼도 주었다.

✏️ _____

1 내용 이해

나무꾼이 연못에 도끼를 빠뜨렸을 때 나타난 인물은 누구인지 쓰세요.

☐☐☐

2 내용 이해

나무꾼이 산신령에게 받은 것은 모두 무엇인가요?

(   )

① 쇠도끼
② 금도끼
③ 금도끼, 은도끼
④ 금도끼, 은도끼, 쇠도끼
⑤ 금도끼, 은도끼, 쇠도끼, 지게

3 내용 추론

산신령이 나무꾼의 대답을 듣고 기뻐한 까닭은 무엇일까요? (   )

① 나무꾼이 산신령을 도와주어서
② 나무꾼이 망가진 도끼를 고쳐 주어서
③ 나무꾼이 다른 물건들은 잃어버리지 않아서
④ 나무꾼이 열심히 일하는 모습이 보기 좋아서
⑤ 나무꾼이 거짓말을 하지 않고 정직하게 말해서

4 어휘

㉠에 들어갈 알맞은 말은 무엇일까요? (   )

① 깜빡   ② 깜짝   ③ 꼼짝
④ 덜덜   ⑤ 술술

5 다음 상황에서 나무꾼의 마음으로 알맞은 것을 보기 에서 골라 번호를 쓰세요.

내용
추론

보기

① 고맙다   ② 슬프다   ③ 쓸쓸하다

6 이 이야기를 읽고 느낀 점을 알맞게 말한 친구는 누구인가요? (   )

주제

① 찬호: 항상 부지런하게 살아야 해.
② 성윤: 부모님의 말씀을 잘 들어야 해.
③ 가희: 욕심을 부리지 말고 정직하게 살아야 해.
④ 지민: 동생과 싸우지 말고 우애 있게 지내야 해.
⑤ 민호: 약속을 잘 지켜야 친구와 사이좋게 지낼 수 있어.

7 알맞은 말에 ○표 하여, 이 글의 짜임을 정리해 보세요.

글의
구조

나무꾼이 연못에 ❶(도끼 / 나무)를 빠뜨림.

↓

산신령이 금도끼, 은도끼, 쇠도끼를 차례대로 들고 나타남.

↓

나무꾼은 쇠도끼가 자신의 것이라고 말함.

↓

산신령은 기뻐하며 나무꾼에게 금도끼, 은도끼, 쇠도끼를 모두 줌.

⬇

나무꾼처럼 욕심을 부리지 말고 ❷(게으르게 / 정직하게) 살아야 한다.

1 다음 낱말의 뜻으로 알맞은 것을 찾아 선으로 이으세요.

도끼 • • 산을 지키고 다스리는 신.

산신령 • • 마음에 거짓이나 꾸밈이 없고 바르고 곧음.

정직 • • 굵은 나무를 찍거나 장작을 패는 데 쓰는 연장.

2 다음 문장의 빈칸에 들어갈 알맞은 낱말을 보기에서 골라 쓰세요.

보기

도끼 　　　산신령 　　　정직

(1) 나무꾼이 나무를 [　][　]로 내리찍었다.

(2) 나는 어머니에게 속마음을 [　][　]하게 털어놓았다.

(3) [　][　][　]은 흰머리에 긴 수염이 있는 모습으로 나타날 때가 많다.

확장

3 다음 낱말의 뜻을 보고, 문장에 어울리는 말을 골라 ○표 하세요.

슬피	눈물이 날 만큼 마음이 아프고 괴롭게.
활짝	얼굴이 밝거나 웃음을 가득 띤 모양.

(1) 친구가 (슬피 / 활짝) 울다.

(2) 친구가 (슬피 / 활짝) 웃다.

오늘
나의 실력은?   　　부모님의
응원 한마디

☐ 이야기
☐ 시
☐ 극본
☑ 설명하는 글
☐ 주장하는 글
☐ 생활 글

1 무더운 여름에는 수영장, 해수욕장, ✝개울에서 물놀이를 하는 어린이들이 많아요. 물놀이는 무척 신나는 놀이이지만, 자칫 ✝방심하면 위험한 사고를 당할 수 있어요. 따라서 물놀이를 할 때에는 안전을 위한 ✝세심한 주의가 필요해요. 어린이들이 꼭 알아 두어야 할 물놀이 안전 ✝수칙에 대해 이야기해 보아요.

2 먼저 물놀이를 시작하기 전에 지켜야 할 안전 수칙이에요. 우선 준비 운동을 충분히 해야 해요. 그리고 구명조끼와 튜브를 ✝착용해요. 바다나 하천에서 놀 때에는 바닥이 거칠거나 미끄러울 수 있으니 물놀이용 신발을 신어야 해요.

3 이제 물놀이를 할 때 지켜야 할 안전 수칙에 대해 알아보아요. 물에 들어갈 때에는 심장에서 ㉠먼 다리와 팔, 가슴 순서로 들어가요. 그래야 몸이 조금씩 차가운 물에 ✝적응할 수 있어요. 음식을 먹은 후 곧바로 물에 들어가거나, 껌이나 음식물을 입에 문 채로 물놀이하는 것은 위험해요. 물에 빠지는 사고가 일어났을 때 음식물이 목 안을 막아 숨을 못 쉴 수도 있기 때문이에요. 무엇보다 자신의 체력과 능력에 맞게 물놀이를 하고 무리한 행동은 하지 않는 것이 중요해요. 만약 물놀이 도중에 ✝소름이 돋고 몸이 떨리며 피부가 ✝창백해진다면 바로 물놀이를 ✝중단하고 옷이나 수건으로 몸을 따뜻하게 감싸고 쉬어야 해요.

4 이와 같은 안전 수칙을 잘 지키면서 안전하고 시원하게 물놀이를 하세요.

낱말 풀이

✝**개울**: 골짜기나 들에 흐르는 작은 물줄기.

✝**방심**: 조심하지 않고 마음을 놓음.

✝**세심한**: 작은 일에도 매우 꼼꼼하게 주의를 기울인.

✝**수칙**: 지키도록 정한 규칙.

✝**착용**: 옷이나 신발 등을 입거나 신거나 함.

✝**적응**: 어떤 환경에 익숙해지거나 알맞게 변화함.

✝**소름**: 무섭거나 추울 때 피부에 좁쌀 같은 것이 돋는 것.

✝**창백해진다면**: 얼굴이나 피부가 푸른빛이 돌 만큼 핏기 없이 하얘진다면.

✝**중단**: 어떤 일을 중간에 멈추거나 그만둠.

정답 확인
6쪽

 쏙쏙! 내용 정리

빈칸에 들어갈 낱말을 글에서 찾아 쓰세요.

1 물놀이를 할 때는 ⓞⓩ을 위한 세심한 주의가 필요하다.

✎ _____

2 물놀이를 ⓢⓩ하기 전에 지켜야 할 안전 수칙이 있다.

✎ _____

3 물놀이를 할 때 지켜야 할 안전 ⓢⓒ이 있다.

✎ _____

4 ⓜⓝⓞ 안전 수칙을 잘 지켜야 한다.

✎ _____

1
내용
이해

이 글의 내용과 관련 있는 장소가 아닌 것은 무엇인가요? (   )

① 개울　　　　　② 하천　　　　　③ 바다
④ 운동장　　　　⑤ 수영장

2
글의
목적

이 글을 쓴 까닭으로 가장 알맞은 것은 무엇인가요?

(   )

① 구명조끼 착용 방법을 알려 주기 위해서
② 여름에 물놀이를 하는 까닭을 알려 주기 위해서
③ 물놀이할 때 필요한 준비물을 알려 주기 위해서
④ 수영 능력과 체력의 중요성을 알려 주기 위해서
⑤ 안전한 물놀이를 위한 주의 사항을 알려 주기 위해서

3
내용
이해

이 글에 나온 안전 수칙 내용으로 알맞지 않은 것은 무엇인가요? (   )

① 무리한 행동은 하지 않는다.
② 구명조끼와 튜브를 착용한다.
③ 음식을 먹고 곧바로 물에 들어간다.
④ 미끄러지지 않게 물놀이용 신발을 신는다.
⑤ 준비 운동을 충분히 한 후에 물놀이를 한다.

4
어휘

㉠과 뜻이 반대되는 말은 무엇인가요? (   )

① 긴　　　　　② 무거운　　　　　③ 떨어진
④ 가까운　　　⑤ 가벼운

5 물놀이를 할 때 몸을 차가운 물에 적응시키는 방법으로 알맞은 그림에 ○표 하세요.

내용 추론

6 물놀이를 하던 중 '몸에 소름이 돋고 피부가 창백해진 친구'를 보았을 때 알맞은 말을 한 친구는 누구일까요? (   )

적용

① 재희: 차가운 얼음물을 마셔 보자.

② 소연: 너무 깊은 곳까지 가지 않도록 조심해.

③ 성주: 잠깐 물놀이를 중단하고 쉬는 게 좋겠어.

④ 하진: 미끄러지지 않게 물놀이용 신발을 신어 봐.

⑤ 강우: 팔다리를 더 힘차게 움직이며 체력을 키워 봐.

7 빈칸에 알맞은 말을 써서, 이 글의 짜임을 정리해 보세요.

글의 구조

물놀이 안전 수칙

물놀이를 시작하기 전	물놀이를 할 때
- 준비 운동 충분히 하기 - ❶( )와 튜브 착용하기 - 물놀이용 신발 신기	- 차가운 물에 적응하기 - 음식이 소화된 후 물놀이하기 - 무리한 행동은 하지 않기

❷(   )를 할 때에는 ❸(   )을 꼭 지켜야 한다.

1 다음 낱말의 뜻으로 알맞은 것을 찾아 선으로 이으세요.

방심 •
　　　　　　　• 조심하지 않고 마음을 놓음.

적응 •
　　　　　　　• 어떤 일을 중간에 멈추거나 그만둠.

중단 •
　　　　　　　• 어떤 환경에 익숙해지거나 알맞게 변화함.

2 다음 문장의 빈칸에 들어갈 알맞은 낱말을 보기 에서 골라 쓰세요.

보기
　　　　　방심　　　　적응　　　　중단

(1) 소나기로 야구 경기가 잠시 ☐☐ 되었다.

(2) 전학 온 친구가 우리 학교에 빨리 ☐☐ 을 했다.

(3) 사자는 풀을 먹느라 ☐☐ 한 얼룩말을 향해 달리기 시작했다.

확장
3 다음 낱말이 아래의 문장에서 어떤 뜻으로 사용되었는지 골라 번호를 쓰세요.

빠지다
① 물이나 구덩이 속으로 떨어져 잠기다.

② 박혀 있던 것이 제자리에서 나오다.

(1) 손에 박혀 있던 가시가 빠지다. 　　　　　　　(　　)
(2) 염소가 외나무다리를 건너다 물에 빠지다. 　　(　　)

오늘
나의 실력은?
부모님의
응원 한마디

- ☑ 이야기
- ☐ 시
- ☐ 극본
- ☐ 설명하는 글
- ☐ 주장하는 글
- ☐ 생활 글

1 옛날에 말 한 마리와 당나귀 한 마리를 가진 주인이 먼 길을 떠났습니다. 그런데 주인은 말에게는 짐을 하나도 싣지 않고 당나귀에게만 짐을 가득 실었습니다. 길을 가다가 너무 힘이 들었던 당나귀가 말에게 부탁하였습니다.

"말아, 내 짐을 좀 나누어 지어 줄 수 있겠니? 혼자서 이 많은 짐을 다 ⁺지고 가려니 너무 힘이 들어."

"무슨 소리야? ㉠주인님께서 너에게만 짐을 주셨는데 왜 내가 나누어 지어야 하니? 다시는 그런 말 하지도 마!"

2 ㉡말의 ㉢말을 들은 당나귀는 더욱 힘이 쭉 빠졌습니다. 결국 혼자서 많은 짐을 지고 길을 가던 당나귀는 길에서 쓰러져 죽고 말았습니다.

"아이고, 내가 어쩌자고 당나귀에게 이 짐을 다 실었을까? 불쌍한 당나귀야, 미안하구나! 내가 아침에 정신없이 길을 나서느라 너에게만 짐을 실었구나."

3 주인은 당나귀에게 실었던 짐을 모두 말에게로 옮겨 실었습니다. 그리고 말에게 죽은 당나귀도 함께 실었습니다.

"내가 잘못하여 당나귀가 죽게 되었는데 여기 두고 갈 수는 없지. 우리 집 ⁺뒤뜰에 ⁺묻어 주어야겠어. 말은 당나귀보다 덩치가 크니까 이 정도 짐은 ⁺거뜬히 질 수 있을 거야."

말은 허리가 끊어질 듯이 아팠습니다. 그리고 당나귀의 부탁을 일찍 들어주지 않은 자신을 ⁺원망하였습니다.

낱말 풀이

+ **지고:** 물건을 나르기 위하여 어깨나 등에 얹고.
+ **뒤뜰:** 집이나 건물의 뒤에 있는 마당.
+ **묻어:** 물건을 흙이나 다른 물건 속에 넣고 위를 덮어서 가리어.
+ **거뜬히:** 다루기가 간편하고 손쉽게.
+ **원망:** 마음에 들지 않아서 탓하거나 미워함.

쏙쏙! 내용 정리

빈칸에 들어갈 낱말을 글에서 찾아 쓰세요.

1 혼자 모든 ㅈ을 짊어진 당나 귀가 말에게 짐을 나누어 지자 고 부탁했지만 거절당했다.

✎ _____

2 힘들어 하던 ㄷㄴㄱ가 길 에서 쓰러져 죽게 되었다.

✎ _____

3 모든 짐과 죽은 당나귀까지 짊 어지게 된 ㅁ은 당나귀의 부 탁을 들어주지 않은 것을 후회 하였다.

✎ _____

1
내용
이해

주인은 처음에 누구에게 짐을 모두 실었나요?

(   )

① 말   ② 소   ③ 당나귀
④ 어떤 사람   ⑤ 말과 당나귀

2
내용
이해

말에게 짐을 나누어 지어 달라고 부탁했을 때 당나귀의 마음은 어떠했을까요? (   )

① 먼 길을 떠나게 되어서 신났다.
② 말과 함께 여행을 가서 기뻤다.
③ 짐이 무거워 너무 힘이 들었다.
④ 자신이 먼저 말을 걸어서 부끄러웠다.
⑤ 힘이 센 자신의 모습이 자랑스러웠다.

3
내용
추론

말이 ㉠과 같이 말한 까닭은 무엇일까요? (   )

① 당나귀와 친해지고 싶었기 때문에
② 주인님에게 혼나기 싫었기 때문에
③ 주인님에게 칭찬받을 수 있기 때문에
④ 짐을 나누어 지면 자신이 힘들어지기 때문에
⑤ 짐을 나누어 지면 당나귀가 더 힘들어지기 때문에

4
어휘

㉡과 ㉢ 중, 다음 뜻에 해당하는 것의 기호를 쓰세요.

(1) 얼굴, 다리가 길고 목에 갈기가 있는 동물.

(   )

(2) 생각이나 느낌을 표현하고 전달하는 소리.

(   )

5 이 글의 내용으로 알맞은 것에는 ○표, 알맞지 <u>않은</u> 것에는 X표 하세요.

내용
이해

(1) 당나귀와 말은 서로를 도와 무사히 여행을 마쳤다. ( )

(2) 당나귀가 쓰러지자 말은 당나귀보다 적은 짐을 들게 되었다. ( )

(3) 짐을 들게 된 말은 당나귀의 부탁을 거절했던 자신의 행동을 후회했다.

( )

6 이 글의 주제로 가장 알맞은 것은 무엇인가요? ( )

주제

① 고통 없이 얻을 수 있는 것은 없다.

② 최선을 다해 노력하면 언젠가는 성공한다.

③ 상대방의 처지를 생각하면서 행동해야 한다.

④ 어려운 일이 있더라도 스스로 해결해야 한다.

⑤ 잘 알지도 못하면서 잘난 척을 해서는 안 된다.

7 빈칸에 알맞은 말을 써서, 이 글의 짜임을 정리해 보세요.

글의
구조

> 당나귀가 혼자만 많은 짐을 지고 감.

↓

> 말은 짐을 나누어 지자는 **❶**( )의 부탁을 거절함.

↓

> **❷**( )가 길에서 쓰러져 죽음.

↓

> **❸**( )은 모든 짐에 죽은 당나귀까지 지고 가게 됨.

⬇

> **❹**( )은 당나귀의 상황을 고려하지 않고
> 자신만을 생각하다가 더 힘든 상황에 처하게 되었다.

어휘 마무리

1 다음 뜻을 지닌 낱말을 보기 에서 골라 빈칸에 쓰세요.

> **보기**
>
> 거뜬히   원망   지다

(1) 다루기가 간편하고 손쉽게.   (   )

(2) 마음에 들지 않아서 탓하거나 미워함.   (   )

(3) 물건을 나르기 위하여 어깨나 등에 얹다.   (   )

2 다음 문장의 빈칸에 들어갈 알맞은 낱말을 찾아 선으로 이으세요.

나무꾼이 지게를 (   ).   •   •   거뜬히

이 정도 일은 (   ) 해낼 수 있다.   •   •   원망

이번 일로 서로에 대한 (   )이 쌓였다. •   •   지다

확장

3 다음 낱말이 아래의 문장에서 어떤 뜻으로 사용되었는지 번호를 쓰세요.

묻다

① 물건을 흙이나 다른 물건 속에 넣고 위를 덮어서 가리다.

② 대답이나 설명을 요구하며 말하다.

(1) 김치 항아리를 땅에 <u>묻다</u>.   (   )

(2) 친구에게 궁금한 내용을 <u>묻다</u>.   (   )

오늘
나의 실력은?   부모님의
응원 한마디

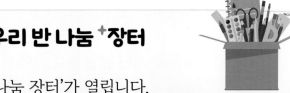

□ 이야기
□ 시
□ 극본
□ 설명하는 글
□ 주장하는 글
☑ 생활 글

우리 반 나눔 ✦장터

1 다음 주에 '우리 반 나눔 장터'가 열립니다.

'나눔 장터'는 나에게는 더 이상 필요하지 않지만 버리기에는 쓸 만하고, 다른 사람에게는 ✦쓸모 있는 물건을 나누는 장터입니다. 물건을 쓰레기로 버리는 대신 필요한 사람에게 나누어 주면, 쓰레기의 양이 ㉠줄어 지구 환경을 지키고 주위 사람들과 나눔도 ✦실천할 수 있습니다. '우리 반 나눔 장터'에 참여하여, 생활 속에서 '나눔'과 '다시 사용'을 실천해 봅시다.

2 1. ✦일시: 6월 12일 수요일 2~3교시

2. 장소: 우리 반 교실

3. 준비할 나눔 물건

　- 내가 잘 사용하지 않는 물건

　- 작아져서 입지 않는 옷이나 신지 못하는 신발

　- 집에 너무 많이 있어서 나누면 좋을 물건들

4. 나눔 방법

　- 가져온 물건만큼 '나눔 ✦교환권'을 받습니다.

　- 친구들의 나눔 가게에 가서 필요하거나 쓸 만한 물건이 있는지 살피고 '나눔 교환권'과 물건을 바꿉니다.

5. 주의 사항

　- 나눔 물건은 깨끗하게 닦거나 빨아서 준비합니다.

　- 고장 나거나 지저분한 물건, 지나치게 낡은 물건은 가지고 오지 않습니다.

　- 한 번 나눔을 한 물건은 돌려받을 수 없습니다.

　- 서로 나누고 남은 물건은 ✦회수하여 집으로 가져갑니다.

낱말 풀이

✦**장터**: 물건을 사고파는 장이 서는 곳.

✦**쓸모**: 쓸 만한 가치.

✦**실천**: 생각한 것을 실제 행동으로 옮김.

✦**일시**: 날짜와 시간.

✦**교환**: 무엇을 다른 것으로 바꿈.

✦**회수**: 내주었거나 빌려주었던 것을 도로 거두어들임.

쏙쏙! 내용 정리

빈칸에 들어갈 낱말을 글에서 찾아 쓰세요.

1 ☐☐ 장터를 통해 환경을 지키고, '나눔'과 '다시 사용'을 실천할 수 있다.

 _____

2 우리 반 나눔 장터의 일시, 장소, 나눔 물건, 나눔 ☐☐, 주의 사항에 대해 안내한다.

 _____

1
글의
목적

이 글을 쓴 까닭으로 알맞은 것은 무엇인가요? (   )

① 좋은 물건을 사는 방법을 알리기 위해서
② 어려운 이웃을 돕는 방법을 알리기 위해서
③ 물건을 오래 사용하는 방법을 알리기 위해서
④ 우리 반에서 열리는 나눔 장터를 알리기 위해서
⑤ 우리 학교에서 열리는 체육 대회를 알리기 위해서

2
내용
이해

나눔 장터를 하는 까닭으로 알맞지 않은 것은 무엇인가요? (   )

① 지구 환경을 지키기 위해서
② 쓰레기의 양을 줄이기 위해서
③ 좋은 물건을 비싸게 팔아 이익을 남기기 위해서
④ 주위 사람들과 서로 나누는 경험을 하기 위해서
⑤ 쓰지 않는 물건을 나누어서 다시 사용하기 위해서

3
내용
이해

친구들의 나눔 가게에서 물건을 얻기 위해 필요한 것은 무엇인지 찾아 쓰세요.

☐☐☐☐☐

4
어휘

㉠과 뜻이 반대되는 말은 무엇인가요? (   )

① 같아   ② 늘어   ③ 달라
④ 작아   ⑤ 적어

5 **내용 이해** 이 글을 읽고 '우리 반 나눔 장터' 소식을 <u>잘못</u> 말한 친구는 누구인가요?

(   )

① 선빈: 나눔 물건을 미리 준비해 와야 한대.
② 지민: 우리 반 교실에서 나눔 장터가 열린대.
③ 영지: 나눔 장터는 6월 12일 2~3교시 동안 열린대.
④ 정우: 나누고 남은 물건은 집으로 다시 가져가면 된대.
⑤ 효선: 나눔을 한 물건은 한 번은 다시 돌려받을 수 있대.

6 **적용** 나눔 장터 준비를 바르게 한 친구의 이름을 쓰세요.

> 아영: 나는 고장 난 로봇을 준비했어. 나에게 더 이상 필요 없으니까 나눔 장
>   터에 가져가면 좋을 것 같아.
> 태준: 몇 번 안 신었는데 작아져서 신지 못하는 신발이 있어. 미리 깨끗하게
>   빨아서 준비해 두었어.
> 설아: 내가 가진 것 중 가장 비싸고 소중하게 여기는 물건을 준비했어. 포장
>   도 예쁘게 해서 가져가야겠어.

(   )

7 **글의 구조** 빈칸에 알맞은 말을 써서, 이 글의 짜임을 정리해 보세요.

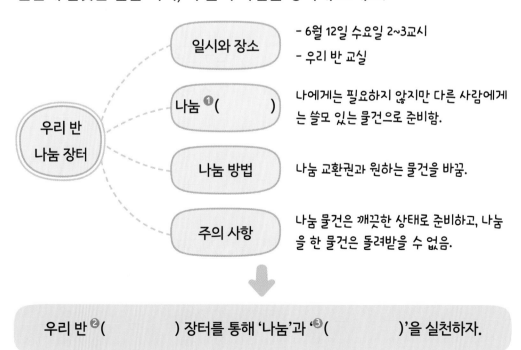

우리 반 나눔 장터

- 일시와 장소
  - 6월 12일 수요일 2~3교시
  - 우리 반 교실
- 나눔 ❶(   )
  - 나에게는 필요하지 않지만 다른 사람에게는 쓸모 있는 물건으로 준비함.
- 나눔 방법
  - 나눔 교환권과 원하는 물건을 바꿈.
- 주의 사항
  - 나눔 물건은 깨끗한 상태로 준비하고, 나눔을 한 물건은 돌려받을 수 없음.

⬇

우리 반 ❷(   ) 장터를 통해 '나눔'과 ❸(   )'을 실천하자.

1 다음 낱말의 뜻으로 알맞은 것을 찾아 선으로 이으세요.

교환 •　　　　　　　• 쓸 만한 가치.

실천 •　　　　　　　• 무엇을 다른 것으로 바꿈.

쓸모 •　　　　　　　• 생각한 것을 실제 행동으로 옮김.

2 다음 문장의 빈칸에 들어갈 알맞은 낱말을 보기에서 골라 쓰세요.

보기
　　　　교환　　　　실천　　　　쓸모

(1) 이 의자는 여러모로 [ ][ ] 가 있다.

(2) 이 옷은 [ ][ ] 이 가능한 제품이다.

(3) 방학 때 짰던 계획을 [ ][ ] 해야겠다.

확장
3 다음 밑줄 친 낱말의 알맞은 뜻을 보기에서 골라 번호를 쓰세요.

보기
닦다 { ① 더러운 것을 없애려고 문지르다.
② 어떤 일을 하기 위한 기초나 바탕을 마련하다.

(1) 그릇을 깨끗하게 닦다. 　　　　　　　　　　　(　　　)

(2) 국어 공부를 잘하기 위해 기초를 닦다. 　　　　(　　　)

오늘
나의 실력은?   　　　부모님의
응원 한마디

□ 이야기
□ 시
□ 극본
☑ 설명하는 글
□ 주장하는 글
□ 생활 글

1 올림픽은 4년마다 열리는 세계에서 가장 큰 운동 대회로, 여름과 겨울에 나뉘어 열려요. 올림픽에는 많은 나라의 선수들이 ⁺참가해 여러 종목의 경기를 하지요.

2 여름에 열리는 올림픽에서는 ⁺육상, 수영, 탁구, 양궁 등의 경기가 펼쳐집니다. 그리고 □ㄱ□ 에 열리는 올림픽에서는 스키, ⁺쇼트 트랙, ⁺피겨 스케이팅 등 눈과 얼음 위에서 할 수 있는 종목의 경기가 펼쳐집니다. 경기 종목에서 1등을 한 선수에게는 금메달, 2등을 한 선수에게는 은메달, 3등을 한 선수에게는 동메달을 ㄴ수여해요. 각각의 종목에서 ⁺우승을 하기 위해서는 많은 연습과 노력이 필요합니다.

3 그런데 올림픽은 단순히 우승만을 가리기 위해서 열리는 대회가 아니에요. 오히려 승리하는 것보다 정정당당하게 ⁺승부를 겨루는 것, 최선을 다해 부지런히 노력하는 것에 더 ⁺중점을 두고 있어요. 또한 전 세계 사람들이 모여 서로 다양한 문화를 주고받을 수 있는 기회도 마련됩니다. 이렇게 운동을 통해 사람들의 몸과 마음을 건강하게 하고, 나아가 세계 ⁺평화를 이루려고 하는 것이 올림픽의 목표입니다. 이러한 까닭 때문에 올림픽이 매우 중요한 대회로 인정받고 있는 것입니다.

낱말 풀이

+ **참가**: 경기나 행사에 가서 함께함.
+ **육상**: 땅 위에서 하는 달리기, 뛰기, 던지기 등의 여러 가지 경기.
+ **쇼트 트랙**: 한 바퀴의 거리가 짧은 실내 얼음판 트랙에서 속도를 겨루는 스케이트 경기.
+ **피겨 스케이팅**: 스케이트를 타고 얼음판 위에서 여러 가지 동작을 하며 기술의 정확성과 예술성을 겨루는 운동.
+ **우승**: 경기에서 상대를 모두 이겨 일 위를 함.
+ **승부**: 이김과 짐.
+ **중점**: 가장 중요하게 생각해야 할 점.
+ **평화**: 갈등이 없이 조용하고 화목함.

쏙쏙! 내용 정리

빈칸에 들어갈 낱말을 글에서 찾아 쓰세요.

1 ○ ㄹ ㅍ 은 4년마다 열리는 세계 운동 대회이다.

✏️ _____

2 올림픽에서는 다양한 경기가 펼쳐지며, 경기에서 1~3등을 한 선수에게는 ㅁ ㄷ 을 준다.

✏️ _____

3 올림픽은 ○ ㄷ 을 통해 사람들의 몸과 마음을 건강하게 하고, 세계 평화를 이루고자 한다.

✏️ _____

1
중심 소재

이 글에서 설명하는 것은 무엇인가요? (   )

① 여름   ② 우승   ③ 운동
④ 올림픽   ⑤ 금메달

2
내용 이해

이 글의 내용으로 알맞은 것은 무엇인가요? (   )

① 올림픽은 3년마다 열린다.
② 올림픽은 여름에만 열린다.
③ 올림픽에서는 한 종목의 경기만 열린다.
④ 올림픽에는 세계 여러 나라의 선수들이 참가한다.
⑤ 올림픽 경기 종목에서 우승한 선수에게 동메달을 수여한다.

3
내용 추론

㉠에 들어갈 말로 알맞은 것은 무엇인가요? (   )

① 옛날   ② 아침   ③ 저녁
④ 가을   ⑤ 겨울

4
어휘

㉡과 바꾸어 쓸 수 있는 말은 무엇인가요? (   )

① 주어요   ② 놓쳐요   ③ 들어요
④ 받아요   ⑤ 만들어요

5 이 글에 나오는 올림픽의 목표로 알맞지 <u>않은</u> 것은 무엇인가요? (   )

내용
이해

① 세계 평화를 이루는 것
② 최선을 다해 노력하는 것
③ 오로지 우승만을 가리는 것
④ 사람들의 몸과 마음을 건강하게 하는 것
⑤ 여러 나라 사람들이 다양한 문화를 주고받는 것

6 이 글을 읽고 나눈 대화입니다. 알맞게 말한 친구의 이름을 쓰세요.

적용

> 해준: 어제 올림픽 경기 봤어? 우리나라 선수가 3등을 해서 너무 속상해. 반칙을 해서라도 이겼어야 했어.
> 태희: 나는 그 선수가 마지막까지 최선을 다해 경기하는 모습을 보고 가슴이 뭉클했어. 열심히 노력한 선수에게 박수를 보내고 싶어.

(   )

7 빈칸에 알맞은 말을 써서, 이 글의 짜임을 정리해 보세요.

글의
구조

올림픽	뜻과 시기	4년마다 열리는 세계에서 가장 큰 운동 대회이며, 여름과 겨울에 나뉘어 열림.
	경기 종목	여름에는 육상, 수영 등, ❶( )에는 스키, 쇼트 트랙 등의 경기가 펼쳐짐.
	메달의 종류	1등에게는 ❷( ), 2등에게는 은메달, 3등에게는 동메달을 줌.
	목표	사람들의 몸과 마음을 건강하게 하고, 나아가 세계 평화를 이루려고 함.

⬇

❸(   )은 세계적으로 가장 크고 중요한 운동 대회이다.

1 다음 뜻을 지닌 낱말을 보기에서 골라 빈칸에 쓰세요.

보기

우승   중점   평화

(1) 갈등이 없이 조용하고 화목함.   (   )
(2) 가장 중요하게 생각해야 할 점.   (   )
(3) 경기에서 상대를 모두 이겨 일 위를 함.   (   )

2 다음 문장의 빈칸에 들어갈 알맞은 낱말을 찾아 선으로 이으세요.

| 전쟁이 없어 세계 (   )가 이어졌다. | • | | • | 우승 |

| 나는 물건을 살 때 가격에 (   )을 둔다. | • | | • | 중점 |

| 나는 결승 경기에서 이겨 이번 태권도 대회에서 (   )했다. | • | | • | 평화 |

확장
3 다음 밑줄 친 낱말의 알맞은 뜻을 보기에서 골라 번호를 쓰세요.

보기

펼치다 { ① 종이 등을 펴서 드러내다.
         ② 경기 등을 보거나 즐길 수 있도록 사람들 앞에 나타내다.

(1) 수업 시간에 교과서를 펼치다.   (   )
(2) 아름다운 장미꽃 축제를 펼치다.   (   )

오늘
나의 실력은?

부모님의
응원 한마디

1 어느 날, 한 ✛양치기 소년이 양들을 데리고 마을에서 멀리 떨어진 풀밭으로 가 풀을 먹이고 있었어요. 풀을 뜯고 있는 양들을 돌보다가 심심해진 소년은 재미있는 장난이 떠올랐어요.

㉠"늑대다! 늑대가 나타났어요! 늑대가 양들을 잡아먹고 있어요!"

그러자 마을 사람들이 늑대를 ✛쫓아 주려고 너도나도 달려왔어요.

"늑대가 어디 있지?"

마을 사람들은 저마다 ✛궁금하여 양치기 소년에게 물었어요. 소년은 재미있다는 듯이 깔깔 웃으며 대답했어요.

"하하하, 늑대는 없어요. 제가 장난을 친 거예요."

그 말을 들은 마을 사람들은 화를 내며 돌아갔어요.

2 며칠이 지나고, 심심해진 양치기 소년은 또 거짓말을 하였어요. 양치기 소년의 거짓말에 ✛속아 또 달려온 마을 사람들은 양치기 소년에게 몹시 화가 났어요.

"✛거짓말쟁이 같으니! 다시는 네 말을 믿지 않을 거야."

3 그러던 어느 날이었어요. 이번에는 정말로 늑대가 나타났어요. 늑대는 ✛닥치는 대로 양을 잡아먹기 시작했어요.

다급해진 양치기 소년은 마을 사람들을 향해 소리치며 마을로 달려갔어요.

㉡"진짜 늑대가 나타났어요! 도와주세요! 이번에는 정말이에요!"

그러나 마을 사람들은 아무도 밖으로 나오지 않았어요.

"저 녀석이 또 거짓말을 하는군."

양치기 소년에게 두 번이나 속은 마을 사람들은 들은 체도 하지 않았어요. 양치기 소년은 그제야 거짓말했던 것을 [㉢] 했어요.

낱말 풀이

✛ **양치기**: 양을 돌보고 기르는 일을 하는 사람.

✛ **쫓아**: 떠나도록 몰아내어.

✛ **궁금하여**: 무엇이 무척 알고 싶어.

✛ **속아**: 남의 거짓이나 속임수에 넘어가.

✛ **거짓말쟁이**: 거짓말을 많이 하는 사람.

✛ **닥치는 대로**: 이것저것 가릴 것 없이 눈에 띄는 대로.

쏙쏙! 내용 정리

빈칸에 들어갈 낱말을 글에서 찾아 쓰세요.

1 ⟨ㅇ ㅊ ㄱ⟩ 소년이 심심해서 늘대가 나타났다고 거짓말을 했다.

✎ _____

2 며칠 후 양치기 소년은 또 같은 ⟨ㄱ ㅈ ㅁ⟩을 했다.

✎ _____

3 어느 날 정말로 늑대가 나타났지만 ⟨ㅁ ㅇ ㅅ ㄹ⟩들은 거짓말인 줄 알고 양치기 소년을 도와주지 않았다.

✎ _____

1
내용
이해

양치기 소년은 무엇이 나타났다고 거짓말을 했나요? 알맞은 말을 쓰세요.

☐☐

2
내용
이해

양치기 소년이 마을 사람들에게 거짓말을 한 까닭은 무엇일까요? (   )

① 양이 풀을 뜯고 있어서
② 늑대가 양을 잡아먹어서
③ 마을 사람들이 화를 내서
④ 양을 돌보다가 심심해져서
⑤ 마을 사람들이 들은 체도 하지 않아서

3
내용
추론

양치기 소년은 ㉠과 ㉡을 말할 때 어떤 마음이었을까요? (   )

	㉠	㉡
①	슬프다.	신난다.
②	신난다.	재미있다.
③	재미있다.	다급하다.
④	걱정된다.	화가 난다.
⑤	화가 난다.	즐겁다.

4
어휘

㉢에 들어갈 말로 알맞은 것은 무엇인가요? (   )

① 감사   ② 궁금   ③ 후회
④ 훈훈   ⑤ 후련

5 늦대가 진짜로 나타났을 때 마을 사람들이 아무도 밖으로 나오지 않은 까닭은 무엇일까요? (   )

내용
추론

① 늦대가 별로 무섭지 않아서
② 양치기 소년이 일을 잘해서
③ 늦대는 양을 잡아먹을 수 없어서
④ 양치기 소년의 목소리가 너무 작아서
⑤ 양치기 소년이 또 거짓말을 한다고 생각해서

6 양치기 소년과 비슷한 경험을 한 친구의 이름을 쓰세요.

적용

소진: 언니랑 동생이 싸웠을 때 동생 편만 들었더니, 언니와 다투게 되었어.

서희: 무엇이든지 조금만 어려워지면 바로 포기했더니 이제 하고 싶은 게 없어졌어.

정민: 청소하는 게 귀찮아서 꾀병을 몇 번 부렸는데 진짜 아팠을 때 부모님께서 믿어 주시지 않았어.

(   )

7 알맞은 말에 ○표 하여, 이 글의 짜임을 정리해 보세요.

글의
구조

양치기 소년	마을 사람들
늦대가 나타났다고 거짓말을 함.	도와주러 옴.
또 같은 거짓말을 함.	❶(도와주러 옴 / 도와주러 오지 않음).
진짜 늦대가 나타나서 도와 달라고 함.	❷(도와주러 옴 / 도와주러 오지 않음).

거짓말을 계속하면 ❸(사실 / 장난)을 말해도 믿지 않을 수 있으니,
거짓말을 하면 안 된다.

탄탄 어휘 마무리

1 다음 낱말의 뜻으로 알맞은 것을 찾아 선으로 이으세요.

궁금하다 •   • 떠나도록 몰아내다.

속다 •   • 무엇이 무척 알고 싶다.

쫓다 •   • 남의 거짓이나 속임수에 넘어가다.

2 다음 문장의 빈칸에 들어갈 알맞은 낱말을 보기 에서 골라 쓰세요.

> **보기**
>
> 궁금하다   속다   쫓다

(1) 친구의 장난에 또 ☐☐.

(2) 동생 다리에 붙으려는 모기를 ☐☐.

(3) 오늘 그 식당이 문을 열었는지 ☐☐☐☐.

확장

3 다음 말의 뜻을 보고, 문장에 어울리는 낱말을 골라 ○표 하세요.

-쟁이	그러한 특성을 많이 가진 사람.
-장이	그것과 관련된 기술을 가진 사람.

(1) 내 친구는 (심술쟁이 / 심술장이)이다.

(2) 할아버지는 양복을 만드는 전문가인 (양복장이 / 양복쟁이)이다.

오늘
나의 실력은?   부모님의
응원 한마디

☐ 이야기
☐ 시
☐ 극본
☑ 설명하는 글
☐ 주장하는 글
☐ 생활 글

1 호랑이는 동물 중에서도 무척 힘이 세고 ㉠날래서 동물의 왕으로 불렸어요. 옛날 우리나라에서는 이러한 호랑이를 많이 볼 수 있었어요. 사람들이 산이나 마을 가까이에서 만날 수 있는 가장 무서운 동물이었지요. 호랑이는 사람들에게 두려움의 대상이면서도, ✛위엄 있는 모습 때문에 ✛경외의 대상이기도 했어요.

2 그래서인지 호랑이는 옛날부터 우리 삶에 아주 깊숙이 자리 잡고 있어요. 옛날이야기를 떠올려 보면 호랑이가 자주 등장하는 것을 쉽게 알 수 있을 거예요. 이야기에 등장하는 호랑이의 모습은 [㉡]. 사람들을 벌벌 떨게 할 만큼 무섭게도 나오고, 어려움에 처한 사람을 돕고 은혜도 ✛갚을 줄 아는 착한 동물로도 나와요. 또 어리석은 행동을 해서 사람들의 웃음을 ✛자아내기도 하지요.

3 호랑이는 옛날 그림에도 자주 등장해요. 옛날 사람들은 그림 속 호랑이가 나쁜 기운을 막아 주고, 사람들을 지켜 준다고 믿었어요. 그래서 호랑이 그림을 걸어 놓았지요.

4 지금도 호랑이는 많은 사랑을 받고 있어요. 우리나라에서 열린 올림픽의 ✛마스코트이기도 했지요. 이처럼 힘세고 ✛용맹한 동물인 호랑이는 우리 민족의 사랑을 듬뿍 받아 온 동물이랍니다.

▲ 옛날 그림 속 호랑이

낱말 풀이

✛**위엄**: 존경할 만한 지위가 있어 엄숙한 분위기.

✛**경외**: 어떤 대상을 두려워하며 우러러 봄.

✛**갚을**: 남에게 도움을 받은 만큼 되돌려줄.

✛**자아내기도**: 어떤 감정이 나오기도.

✛**마스코트**: 어떤 행사를 상징하는 동물이나 동물 인형.

✛**용맹한**: 용감하고 날래며 기운찬.

쏙쏙! 내용 정리

빈칸에 들어갈 낱말을 글에서 찾아 쓰세요.

1 ㅎㄹㅇ 는 옛날 사람들에게 경외의 대상이었다.

🖉 _____

2 호랑이는 옛날 ㅇㅇㄱ 에 자주 등장한다.

🖉 _____

3 호랑이는 옛날 ㄱㄹ 에도 자주 등장한다.

🖉 _____

4 호랑이는 지금까지 우리 민족의 ㅅㄹ 을 듬뿍 받아 온 동물이다.

🖉 _____

1
중심소재

이 글에서 주로 설명하는 것은 무엇인가요? (　　　　)

① 옛날이야기
② 호랑이의 먹이
③ 호랑이와 우리 민족
④ 호랑이를 그리는 방법
⑤ 호랑이의 생김새와 움직임

2
내용이해

이 글에 나오는 호랑이에 대한 설명으로 알맞은 것은 무엇인가요? (　　　　)

① 옛날이야기에 호랑이는 가끔 등장했다.
② 옛날에는 호랑이를 약한 동물로 생각했다.
③ 옛날에는 우리나라에 호랑이가 살지 않았다.
④ 지금은 사람들이 호랑이에게 큰 관심이 없다.
⑤ 옛날 사람들은 호랑이를 경외의 대상으로 보았다.

3
어휘

㉠의 뜻으로 알맞은 것에 ○표 하세요.

(1) 몸이 작고 가벼워서.　　　　　　(　　　　)
(2) 움직임이 나는 것처럼 매우 빨라서.　(　　　　)

4
내용추론

㉡에 들어갈 말로 알맞은 것은 무엇인가요? (　　　　)

① 다양해요
② 단순해요
③ 동일해요
④ 똑같아요
⑤ 비슷해요

5 옛날 사람들이 호랑이 그림을 걸어 놓은 까닭은 무엇인가요? (   )

내용
이해

① 호랑이가 동물의 왕이어서

② 호랑이가 사람들에게 즐거움을 주어서

③ 호랑이가 평화를 사랑하는 동물이어서

④ 호랑이가 다른 동물로부터 사람들을 보호해 주어서

⑤ 호랑이가 나쁜 기운을 막아 주고 사람들을 지켜 준다고 믿어서

6 다음 옛날이야기에 나오는 호랑이의 모습으로 알맞은 것은 무엇인가요?

적용

(   )

> 나무꾼이 나무를 하고 있는데 갑자기 나타난 새끼 호랑이가 나무꾼을 이끌고 동굴로 갔어요. 동굴 안에는 목에 뼈가 걸려 아파하고 있는 어미 호랑이가 있었어요. 나무꾼은 무서웠지만 꾹 참고 호랑이 목에 손을 집어넣어 뼈를 빼내 주었어요. 다음 날 호랑이는 멧돼지를 잡아 나무꾼의 집 앞마당에 두었어요. 나무꾼은 호랑이에게 고마워했답니다.

① 사나운 호랑이   ② 어리석은 호랑이   ③ 욕심쟁이 호랑이

④ 겁이 많은 호랑이   ⑤ 은혜 갚은 호랑이

7 빈칸에 알맞은 말을 써서, 이 글의 짜임을 정리해 보세요.

글의
구조

호랑이

옛날 사람들은 경외의 대상으로 생각함.

옛날이야기에서 다양한 모습으로 자주 등장함.

나쁜 기운을 막아 준다고 생각하여
옛날 ❶(   )에 많이 그려짐.

올림픽 ❷(   )를 할 만큼 지금도 사랑을 받고 있음.

❸(   )는 옛날부터 지금까지 우리 민족에게 많은 사랑을 받고 있다.

1 다음 낱말의 뜻으로 알맞은 것을 찾아 선으로 이으세요.

용맹하다 •　　　　　　　• 어떤 감정이 나오다.

위엄 •　　　　　　　• 용감하고 날래며 기운차다.

자아내다 •　　　　　　　• 존경할 만한 지위가 있어 엄숙한 분위기.

2 다음 문장의 빈칸에 들어갈 알맞은 낱말을 보기에서 골라 쓰세요.

보기

　　　　용맹하다　　　　위엄　　　　자아내다

(1) 그 일이 나의 흥미를 □□□□.

(2) 이순신 장군은 호랑이처럼 □□□□.

(3) 왕은 □□ 있는 모습으로 당당하게 서 있었다.

확장

3 다음 낱말의 뜻을 보고, 문장에 어울리는 낱말을 골라 ○표 하세요.

| 갚다 | 남에게 도움을 받은 만큼 되돌려주다. |
| 같다 | 서로 다르지 않다. |

(1) 나는 친구와 키가 (갚다 / 같다).

(2) 부모님께 이제껏 길러 주신 은혜를 (갚다 / 같다).

□ 이야기
☑ 시
□ 극본
□ 설명하는 글
□ 주장하는 글
□ 생활 글

그만뒀다

문삼석

1　신발 물어 던진
강아지 녀석
✦혼내 주려다
그만뒀다.

ⓒ✦살래살래 흔드는
고 꼬리 땜에…….

2　우유병 ✦넘어뜨린
고양이 녀석
✦꿀밤을 ✦먹이려다
그만뒀다.

✦쫑긋쫑긋 ✦세우는
고 귀 땜에…….

낱말 풀이

✦ **혼내**: 심하게 꾸지람을 해.

✦ **살래살래**: 몸 한 부분을 가볍게 잇따라 흔드는 모양.

✦ **넘어뜨린**: 바로 선 물건을 쓰러지게 한.

✦ **꿀밤**: 주먹 끝으로 머리를 살짝 때리는 것.

✦ **먹이려다**: 다른 사람을 때리려다.

✦ **쫑긋쫑긋**: 입술이나 귀를 빳빳하게 세우거나 뽀족하게 내미는 모양.

✦ **세우는**: 몸의 일부를 위로 똑바르게 펴는.

쏙쏙! 내용 정리

빈칸에 들어갈 낱말을 글에서 찾아 쓰세요.

1 ㄱ ㅇ ㅈ 를 혼내려다 살래 살래 흔드는 꼬리 때문에 그만뒀다.

✎ _____

2 ㄱ ㅇ ㅇ 에게 꿀밤을 먹이려다 쫑긋쫑긋 세우는 귀 때문에 그만뒀다.

✎ _____

1

내용
추론

이 시에서 말하는 이는 누구일까요? 알맞은 것에 ○표 하세요.

(1) 강아지 ( )

(2) 고양이 ( )

(3) 강아지와 고양이를 기르는 사람 ( )

2

내용
이해

강아지와 고양이가 저지른 일로 알맞은 것을 찾아 선으로 이으세요.

강아지 •

고양이 •

• 우유병을 넘어뜨림.

• 신발을 물어 던짐.

3

내용
추론

강아지와 고양이가 저지른 일을 보고 말하는 이는 처음에 어떤 마음이 들었을까요? ( )

① 무섭다. ② 즐겁다.

③ 흐뭇하다. ④ 부끄럽다.

⑤ 화가 난다.

4

어휘

㉠과 바꾸어 쓸 수 있는 말은 무엇인가요? ( )

① 반짝반짝 ② 방긋방긋 ③ 살랑살랑

④ 보송보송 ⑤ 부글부글

5 다음 빈칸에 들어갈 알맞은 말은 무엇일까요? (   )

내용
추론

> 말하는 이가 강아지와 고양이를 혼내지 않은 까닭은 강아지가 꼬리를 흔들고, 고양이가 귀를 세우는 모습이 _____ 때문입니다.

① 미웠기   ② 귀여웠기   ③ 걱정됐기
④ 이상했기   ⑤ 창피했기

6 말하는 이와 비슷한 경험을 한 친구의 이름을 쓰세요.

적용

> 지영: 동생이 너무 얄밉게 굴어서 내가 동생을 밀었거든. 그런데 어머니가 보시고 나를 많이 혼내셨어.
>
> 나연: 동생이랑 자전거를 타는데 갑자기 동생이 넘어졌어. 동생이 많이 아프다고 울어서 내가 안아 줬어.
>
> 민호: 내 장난감을 동생이 부러뜨려서 화가 많이 났는데 동생이 와서 내 팔을 흔들며 "형아."라고 말해서 나도 모르게 웃어 버렸어.

(   )

7 알맞은 말에 ◯표 하여, 이 시의 내용을 정리해 보세요.

시의
구조

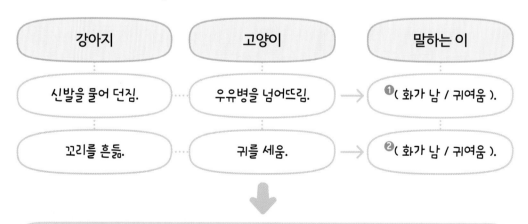

강아지	고양이	말하는 이
신발을 물어 던짐.	우유병을 넘어뜨림.	❶(화가 남 / 귀여움).
꼬리를 흔듦.	귀를 세움.	❷(화가 남 / 귀여움).

> 말하는 이는 말썽을 부린 강아지와 고양이를 혼내려고 했지만,
> 귀여운 모습을 보고 혼내지 못했다.

1 다음 낱말의 뜻으로 알맞은 것을 찾아 선으로 이으세요.

넘어뜨리다 •

세우다 •

혼내다 •

• 심하게 꾸지람을 하다.

• 바로 선 물건을 쓰러지게 하다.

• 몸의 일부를 위로 똑바르게 펴다.

2 다음 문장의 빈칸에 들어갈 알맞은 낱말을 보기 에서 골라 쓰세요.

보기

넘어뜨리다　　　세우다　　　혼내다

(1) 고양이가 갑자기 꼬리를 ⬜⬜⬜.

(2) 아버지가 거짓말을 한 동생을 ⬜⬜⬜.

(3) 거센 태풍이 나무를 순식간에 ⬜⬜⬜⬜⬜.

확장

3 다음 밑줄 친 낱말의 알맞은 뜻을 보기 에서 골라 번호를 쓰세요.

보기

먹이다 { ① 음식을 입에 넣어 삼키게 하다.
　　　　② 다른 사람을 때리다.

(1) 아기에게 밥을 <u>먹이다</u>. 　　　　　　　　　(　　)

(2) 동생에게 꿀밤을 <u>먹이다</u>. 　　　　　　　　(　　)

오늘
나의 실력은?   　　부모님의
응원 한마디

□ 이야기
□ 시
□ 극본
□ 설명하는 글
□ 주장하는 글
☑ 생활 글

1 누구나 ✛손쉽게 만드는

미래 떡볶이

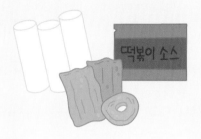

미래 떡볶이에는 떡, 어묵, 떡볶이 소스가 들어 있어요.

2 만드는 방법

❶ 붙어 있는 떡을 찬물에 넣고 씻으면서 떼어 주세요.

❷ 냄비에 떡, 어묵, 떡볶이 소스, 물 400 mL (종이컵으로 두 컵)를 넣고 ㉠센 불에 끓여 주세요.

❸ 끓기 시작하면 중간 불로 줄인 후 약 3~4분 동안 떡이 냄비에 ✛눌어붙지 않게 잘 ✛저어 주세요.

❹ 국물이 잘 ✛졸여졌으면 떡볶이를 접시에 담고 맛있게 먹어요.

3 주의 사항

✛냉동 보관하시고, ✛소비 기한 내에 드시기 바랍니다.

낱말 풀이

✛**손쉽게:** 어떤 것을 다루기가 어렵지 않게.

✛**눌어붙지:** 음식이 타서 그릇의 바닥에 붙지.

✛**저어:** 액체나 가루가 고르게 섞이도록 이리저리 돌려.

✛**졸여졌으면:** 찌개, 국 등의 물을 줄어들게 했으면.

✛**냉동:** 고기 등을 상하지 않게 보관하기 위해 얼림.

✛**소비 기한:** 식품을 먹어도 이상이 없을 것으로 인정되는 기간.

쏙쏙! 내용 정리

빈칸에 들어갈 낱말을 글에서 찾아 쓰세요.

1 미래 떡볶이에는 ㄸ, 어묵, 떡볶이 소스가 들어 있다.

🖉 _____

2 냄비에 떡, 어묵, 떡볶이 소스와 ㅁ을 넣고 끓여서 떡볶이를 만든다.

🖉 _____

3 미래 떡볶이는 냉동 보관하고 ㅅ ㅂ ㄱ ㅎ 내에 먹어야 한다.

🖉 _____

1
중심 소재

이 글은 어떤 요리를 만드는 방법에 대한 설명인가요? 빈칸에 알맞은 말을 쓰세요.

☐ ☐ ☐

2
글의 목적

다음 중 이 글을 읽어 보도록 추천해 줄 만한 친구는 누구인가요? ( )

① 떡볶이를 싫어하는 친구

② 맛있는 떡볶이 가게를 찾고 있는 친구

③ 떡볶이를 쉽게 만들어 보고 싶은 친구

④ 떡볶이를 누가 만들었는지 궁금한 친구

⑤ 떡볶이가 언제 만들어졌는지 알고 싶은 친구

3
내용 이해

미래 떡볶이에 들어 있는 재료가 <u>아닌</u> 것을 두 가지 고르세요. (,)

① 떡   ② 깻잎   ③ 어묵

④ 돼지고기   ⑤ 떡볶이 소스

4
내용 이해

미래 떡볶이를 만드는 방법으로 알맞은 것은 무엇인가요? ( )

① 물이 끓어도 계속 센 불로 한다.

② 물은 종이컵으로 한 컵을 넣는다.

③ 떡이 냄비에 눌어붙지 않게 계속 저어 준다.

④ 붙어 있는 떡은 떼지 않고 덩어리째 넣는다.

⑤ 떡과 어묵이 모두 익은 다음에 소스를 넣는다.

5 ⊙과 뜻이 반대되는 말은 무엇인가요? (   )

어휘

① 큰   ② 강한   ③ 굵은
④ 약한   ⑤ 많은

6 다음은 미래 떡볶이를 요리하려고 준비한 친구의 메모입니다. 알맞지 <u>않은</u>
내용에 X표 하세요.

적용

> (1) 재료가 다 들어 있는지 확인할 것   (   )
> (2) 소비 기한이 지나지 않은 것인지 확인할 것   (   )
> (3) 떡이 딱딱해지지 않도록 냉장고에 넣지 말 것   (   )
> (4) 만드는 방법에 나온 대로 순서를 지켜서 요리할 것   (   )

7 빈칸에 알맞은 말을 써서, 이 글의 짜임을 정리해 보세요.

글의
구조

미래 떡볶이 만들기

미래 떡볶이 재료   만드는 ❶(   )   주의 사항

떡, 어묵, 떡볶이 소스   냄비에 준비된 재료와 물을 넣고 끓임.   냉동 보관을 하고, ❷(   ) 내에 먹어야 함.

↓

미래 ❸(   )에 안내된 방법대로 손쉽게 떡볶이를 만들자.

1 다음 뜻을 지닌 낱말을 보기에서 골라 빈칸에 쓰세요.

> 보기
>
> 눌어붙다   손쉽다   젓다

(1) 어떤 것을 다루기가 어렵지 않다.   (   )

(2) 음식이 타서 그릇의 바닥에 붙다.   (   )

(3) 액체나 가루가 고르게 섞이도록 이리저리 돌리다.   (   )

2 다음 문장의 빈칸에 들어갈 알맞은 낱말을 찾아 선으로 이으세요.

이제 익숙해져서 일 처리가 (   ).   •   •   눌어붙다

우유에 초콜릿 가루를 넣고 잘 섞이도록
막대로 (   ).   •   •   손쉽다

고기를 너무 센 불에 구워서 프라이팬에
고기가 (   ).   •   •   젓다

확장

3 다음 낱말의 뜻을 보고, 문장에 어울리는 낱말을 골라 ○표 하세요.

끓다	액체가 몹시 뜨거워져서 거품이 솟아오르다.
끊다	줄 등의 이어진 것을 잘라 따로 떨어지게 하다.

(1) 라면이 보글보글 (끓다 / 끊다).

(2) 길게 이어진 줄을 짧게 (끓다 / 끊다).

오늘
나의 실력은?   부모님의
                                                            응원 한마디

☐ 이야기
☐ 시
☐ 극본
☑ 설명하는 글
☐ 주장하는 글
☐ 생활 글

1 우리 주변의 다양한 식물들을 자세히 들여다보면 재미있는 사실을 알 수 있습니다. 바로 잎이 나는 모습이 식물의 ✛종류마다 조금씩 ㉠다르다는 점이에요.

2 먼저 줄기에 잎이 두 ✛장씩 서로 ✛마주 보고 나는 식물이 있어요. 이런 ✛형태를 '마주나기'라고 부른답니다. 두 장의 잎이 사이좋게 마주 보고 자라기 때문에 두 팔을 벌린 듯한 모습으로 보이기도 하지요.

▲ 마주나기

3 이와는 달리 줄기에 잎이 한 장씩 서로 번갈아 가며 나는 식물이 있어요. 이 식물의 줄기를 자세히 살펴보면 잎이 서로 어긋나 있는 것을 알 수 있습니다. 이런 형태를 '어긋나기'라고 불러요.

▲ 어긋나기

4 또, 줄기의 같은 높이에 여러 장의 잎이 빙 돌아가며 바퀴 모양으로 나는 경우도 있어요. 이렇게 나는 형태는 '돌려나기'라고 한답니다.

▲ 돌려나기

▲ 뭉쳐나기

5 마지막으로, 줄기의 같은 자리에 여러 장의 잎이 한꺼번에 뭉쳐서 나는 식물이 있습니다. 이런 형태를 '뭉쳐나기'라고 해요.

6 식물이 잘 자라기 위해서는 잎이 햇빛을 많이 받아야 해요. 그렇게 해야 식물이 자라는 데 필요한 ✛영양분이 생기기 때문입니다. 그래서 식물은 햇빛을 ✛골고루 받을 수 있도록 잎을 피웁니다. 식물의 잎이 나는 모습이 다양한 까닭도 바로 그 때문입니다.

낱말 풀이

✛ **종류**: 어떤 기준에 따라 여러 가지로 나눈 갈래.
✛ **장**: 종이같이 얇고 넓적한 물건을 세는 단위.
✛ **마주**: 서로 똑바로 향하여.
✛ **형태**: 사물의 생긴 모양.
✛ **영양분**: 생물이 살아가는 데 필요한 것을 받아들여 생명을 유지하기 위한 성분.
✛ **골고루**: 많고 적음의 차이가 없이 비슷비슷하게.

쏙쏙! 내용 정리

빈칸에 들어갈 낱말을 글에서 찾아 쓰세요.

1 식물의 종류마다 ⟨ㅇ⟩이 나는 모습이 조금씩 다르다.

✎ _____

2 줄기에 잎이 두 장씩 서로 마주 보고 나는 형태를 '⟨ㅁ⟩⟨ㅈ⟩⟨ㄴ⟩⟨ㄱ⟩'라고 한다.

✎ _____

3 줄기에 잎이 한 장씩 서로 번갈아 가며 나는 형태를 '⟨ㅇ⟩⟨ㄱ⟩⟨ㄴ⟩⟨ㄱ⟩'라고 한다.

✎ _____

4 줄기의 같은 높이에 여러 장의 잎이 빙 돌아가며 나는 형태를 '⟨ㄷ⟩⟨ㄹ⟩⟨ㄴ⟩⟨ㄱ⟩'라고 한다.

✎ _____

5 줄기의 같은 자리에 여러 장의 잎이 한꺼번에 나는 형태를 '⟨ㅁ⟩⟨ㅊ⟩⟨ㄴ⟩⟨ㄱ⟩'라고 한다.

✎ _____

6 ⟨ㅎ⟩⟨ㅂ⟩을 골고루 받기 위해서 식물의 잎이 나는 모습이 다양한 것이다.

✎ _____

1 〔중심 소재〕 이 글에서 설명하는 것은 무엇인가요? 빈칸에 알맞은 말을 쓰세요.

> 식물의 ☐ 이 나는 모습

2 〔내용 이해〕 이 글을 통해 알 수 없는 내용은 무엇인가요? ( )

① 마주나기의 모습 ② 어긋나기의 모습

③ 돌려나기의 모습 ④ 뭉쳐나기의 모습

⑤ 뿌리나기의 모습

3 〔내용 이해〕 다음 그림에 대한 설명으로 알맞은 것을 찾아 선으로 이으세요.

 ·

 ·

· 줄기에 잎이 두 장씩 서로 마주 보고 나는 모양

· 줄기의 같은 높이에 여러 장의 잎이 빙 돌아가며 나는 모양

4 〔어휘〕 ㉠과 뜻이 반대되는 말은 무엇인가요? ( )

① 같다 ② 맞다 ③ 틀리다

④ 특별하다 ⑤ 독특하다

5 식물의 잎이 나는 모습이 조금씩 다른 까닭은 무엇인가요? (   )

내용 이해

① 물을 잘 흡수하기 위해서
② 햇빛을 골고루 받기 위해서
③ 잎이 작게 자라게 하기 위해서
④ 식물을 잘 구별하게 하기 위해서
⑤ 꽃을 천천히 피우게 하기 위해서

6 다음은 해바라기 사진을 보고 나눈 대화 내용입니다. 이 글의 내용을 알맞게 이해한 친구의 이름을 쓰세요.

적용

소영: 해바라기의 잎이 줄기에 한 장씩 서로 번갈아 가며 나 있구나.
다현: 맞아. 두 장의 잎이 서로 마주 보고 자라서 두 팔을 벌린 모습 같아.

(   )

7 알맞은 말에 ○표 하여, 이 글의 짜임을 정리해 보세요.

글의 구조

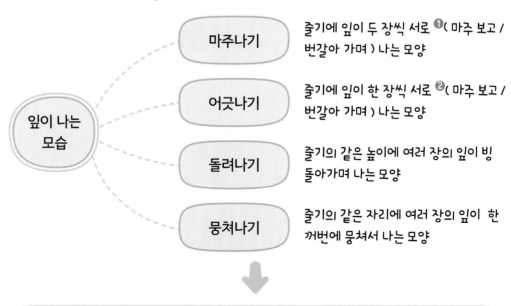

잎이 나는 모습

마주나기 — 줄기에 잎이 두 장씩 서로 ❶(마주 보고 / 번갈아 가며) 나는 모양

어긋나기 — 줄기에 잎이 한 장씩 서로 ❷(마주 보고 / 번갈아 가며) 나는 모양

돌려나기 — 줄기의 같은 높이에 여러 장의 잎이 빙 돌아가며 나는 모양

뭉쳐나기 — 줄기의 같은 자리에 여러 장의 잎이 한꺼번에 뭉쳐서 나는 모양

잎이 나는 모습이 다양한 까닭은 ❸(햇빛 / 영양분)을 골고루 받기 위해서이다.

1 다음 낱말의 뜻으로 알맞은 것을 찾아 선으로 이으세요.

골고루 •

마주 •

영양분 •

• 서로 똑바로 향하여.

• 많고 적음의 차이가 없이 비슷비슷하게.

• 생물이 살아가는 데 필요한 것을 받아들여 생명을 유지하기 위한 성분.

2 다음 문장의 빈칸에 들어갈 알맞은 낱말을 보기 에서 골라 쓰세요.

보기

골고루   마주   영양분

(1) 밭에 씨앗을 ☐☐☐ 뿌리다.

(2) 약국은 병원과 ☐☐ 보는 곳에 있다.

(3) 이 음식에는 ☐☐☐ 이 풍부하게 들어 있다.

확장

3 다음 낱말의 뜻을 보고, 문장에 어울리는 낱말을 골라 ○표 하세요.

장	종이같이 얇고 넓적한 물건을 세는 단위.
권	책이나 공책을 세는 단위.
명	사람의 수를 세는 단위.

(1) 학생들 열 (장 / 권 / 명)이 있다.

(2) 책상 위에 종이가 한 (장 / 권 / 명) 있다.

(3) 내가 좋아하는 이야기책이 책상 위에 세 (장 / 권 / 명) 있다.

오늘
나의 실력은?

부모님의
응원 한마디

- ☑ 이야기
- ☐ 시
- ☐ 극본
- ☐ 설명하는 글
- ☐ 주장하는 글
- ☐ 생활 글

1 옛날 옛적에 호랑이와 두꺼비가 떡을 만들어 먹기로 하였습니다. 호랑이와 두꺼비는 똑같이 쌀을 한 바가지씩 가져다가 떡을 만들었습니다. ✚떡시루에서 ✚김이 ✚모락모락 올라왔습니다. 맛있는 냄새가 솔솔 나자, 호랑이는 떡을 혼자 먹고 싶은 생각이 들었습니다. 그래서 두꺼비에게 말하였습니다.

"두꺼비야, 우리 떡시루를 산꼭대기까지 가지고 가자. 거기에서 떡시루 잡기 내기를 하자. 떡시루를 산 아래로 굴린 다음, 쫓아가 먼저 잡는 쪽이 떡을 다 먹는 내기야."

이 말을 들은 두꺼비는 보나 마나 자기가 질 게 뻔하다고 생각해서 내기를 하고 싶지 않았습니다. 하지만 잠시 뒤에 ㉠좋은 생각이 떠올랐는지 자신 있게 말하였습니다.

"좋아, 내기를 하자."

2 호랑이와 두꺼비는 떡시루를 가지고 산꼭대기로 올라가 떡시루를 힘껏 굴렸습니다. 떡시루는 산 아래로 ✚떼굴떼굴 굴러갔습니다.

걸음이 빠른 호랑이는 떡시루를 쫓아가려고 ✚쌩쌩 달렸습니다.

3 그런데 떡시루가 떼굴떼굴 굴러가면서 그 안에 들어 있던 떡이 조금씩 밖으로 떨어져 나왔습니다. 호랑이는 그것도 모르고 떡시루를 잡을 생각에 ㉡　　 달리기만 하였습니다.

산꼭대기에서 이 모습을 본 두꺼비는 배꼽을 쥐고 깔깔깔 웃었습니다.

"내 그럴 줄 알았다니까. 이제 ✚슬슬 떡을 모아 볼까?"

낱말 풀이

✚ **떡시루:** 떡을 찌는 데 쓰는, 바닥에 작은 구멍이 여러 개 뚫려 있는 그릇.

✚ **김:** 액체가 열을 받아 기체로 변한 것.

✚ **모락모락:** 김, 연기가 조금씩 자꾸 피어오르는 모양.

✚ **떼굴떼굴:** 큰 물건이 계속 구르는 모양.

✚ **쌩쌩:** 빠르게 움직일 때 나는 소리.

✚ **슬슬:** 서두르지 않고 천천히 행동하는 모양.

쏙쏙! 내용 정리

빈칸에 들어갈 낱말을 글에서 찾아 쓰세요.

1 호랑이와 두꺼비가 떡을 만든 후  잡기 내기를 하기로 했다.

 _____

2 ㅎㄹㅇ가 굴러가는 떡시루를 쫓아갔다.

🖉 _____

3 두꺼비는 떼굴떼굴 굴러가는 떡시루 안에서 조금씩 떨어져 나오는 ㄸ을 보며 웃었다.

🖉 _____

---

1 두꺼비와 호랑이가 한 내기는 무엇인가요? (   )

내용
이해

① 떡시루 잡기　　　　② 떡시루 만들기
③ 떡 빨리 먹기　　　　④ 떡 빨리 만들기
⑤ 떡 많이 만들기

2 호랑이가 두꺼비에게 내기를 하자고 한 까닭은 무엇인가요? (   )

내용
이해

① 떡을 혼자 먹고 싶어서
② 달리기하는 것을 좋아해서
③ 두꺼비와 같이 놀고 싶어서
④ 내기를 좋아하는 성격이어서
⑤ 떡이 다 만들어질 때까지 기다리기가 지루해서

3 ㉠으로 알맞은 것은 무엇일까요? (   )

내용
추론

① 떡시루와 함께 굴러갈 생각
② 호랑이 꼬리에 매달려 갈 생각
③ 떡시루가 천천히 굴러갈 것이라는 생각
④ 호랑이보다 더 빨리 뛸 수 있을 것이라는 생각
⑤ 떡시루가 구를 때 떡이 밖으로 떨어질 것이라는 생각

4 ㉡에 들어갈 말로 알맞지 않은 것은 무엇인가요?

어휘

(   )

① 열심히　　② 힘차게　　③ 재빨리
④ 느긋하게　　⑤ 쏜살같이

5 이 글을 읽고 떠올린 장면으로 알맞은 것에 ○표 하세요.

내용
추론

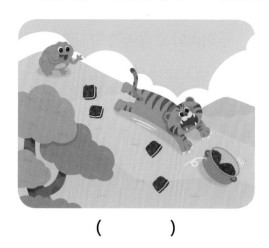 

(   )   (   )

6 이 글의 '호랑이'와 비슷한 경험을 한 친구는 누구인가요? (   )

적용

① 재민: 어려운 상황에서 꾀를 내어 무사히 해결된 적이 있어.

② 다은: 욕심을 부리다가 내가 가진 것도 잃어버린 적이 있어.

③ 태연: 용돈을 열심히 모아서 가지고 싶던 책을 산 적이 있어.

④ 서진: 힘을 모았더니 어렵던 일도 쉽게 마무리 지었던 적이 있어.

⑤ 가윤: 연습을 꾸준히 해서 달리기 시합에서 일 등을 한 적이 있어.

7 알맞은 말에 ○표 하여, 이 글의 짜임을 정리해 보세요.

글의
구조

> 호랑이와 두꺼비가 (떡 / 떡시루) 잡기 내기를 하기로 함.

↓

> 산 아래로 굴러가는 떡시루를 호랑이가 재빨리 쫓아감.

↓

> ❷(두꺼비 / 호랑이)는 떡시루 밖으로 떨어져 나오는 떡을 모아서 먹으려고 함.

> 호랑이는 혼자서 떡을 다 먹으려고 지나치게
> ❸(호기심 / 욕심)을 부리다가 떡을 더 먹지 못했다.

1 다음 뜻을 지닌 낱말을 보기 에서 골라 빈칸에 쓰세요.

보기

| 떼굴떼굴 | 모락모락 | 쌩쌩 |

(1) 빠르게 움직일 때 나는 소리.　　　　　　　　　　(　　　　　)

(2) 큰 물건이 계속 구르는 모양.　　　　　　　　　　(　　　　　)

(3) 김, 연기가 조금씩 자꾸 피어오르는 모양.　　　　(　　　　　)

2 다음 문장의 빈칸에 들어갈 알맞은 낱말을 찾아 선으로 이으세요.

차들이 도로 위를 (　　) 달린다.　　·　　　　　·　떼굴떼굴

초가집 굴뚝에서 연기가 (　　) 피어오른다.　　·　　　　　·　모락모락

동생이 배가 아픈지 갑자기 배를 잡고 (　　) 구르기 시작했다.　　·　　　　　·　쌩쌩

확장

3 다음 밑줄 친 '김'의 뜻으로 알맞은 그림의 번호를 쓰세요.

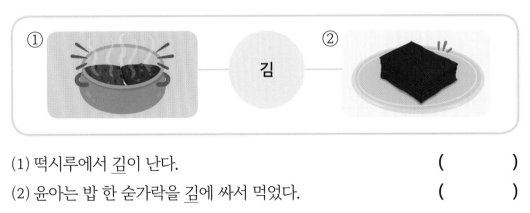

①　　　　　　김　　　　　②

(1) 떡시루에서 김이 난다.　　　　　　　　　　　　　(　　　　　)

(2) 윤아는 밥 한 숟가락을 김에 싸서 먹었다.　　　　(　　　　　)

☐ 이야기
☐ 시
☐ 극본
☑ 설명하는 글
☐ 주장하는 글
☐ 생활 글

1 동물들은 대부분 꼬리가 있어요.

꼬리는 왜 있을까요?

(㉮) 개와 늑대, 그리고 그 밖의 많은 동물이 꼬리로 이야기를 해요. 늑대가 꼬리를 하늘을 향해 쭉 뻗으면 ㉠"내가 대장이야!"라는 뜻이에요. 서서 꼬리를 늘어뜨리고 있으면 "✦관심 없어."라는 ✦표시이지요.

(㉯) 꼬리를 비스듬히 옆으로 향하게 하면 "✦꼼짝 않고 있을게.", 꼬리를 왼쪽, 오른쪽으로 부드럽게 살랑살랑 흔들면 "기분이 좋아."라고 말하는 거예요. (㉰)

2 새나 하늘다람쥐처럼 나무 사이를 날아다니는 동물들은 꼬리를 움직여 방향을 잡아요. 하늘다람쥐는 나무 사이를 ㉡건널 때 꼬리로 방향을 ✦조절해요. 그리고 많은 동물이 꼬리를 써서 몸의 ✦균형을 잡거나 방향을 바꿔요. (㉱)

3 어떤 동물들은 꼬리로 위험하다는 ✦신호를 보낸답니다. 흰꼬리사슴이 무서운 동물을 피해 도망을 갈 때 그 꼬리를 보면 달아나려는 방향을 알 수 있어요. 비버는 위험이 다가오면 꼬리로 물을 찰싹찰싹 쳐서 다른 비버들에게 알려 줘요. 방울뱀은 꼬리를 흔들어 다른 동물들이 가까이 오지 못하게 해요. (㉲)

- 르네 라히르 글, 조병준 옮김, 『살랑살랑 꼬리로 말해요』 중에서

낱말 풀이

✦**관심**: 어떤 것을 향하여 끌리는 감정과 생각.

✦**표시**: 의견이나 감정을 겉으로 드러내 보임.

✦**꼼짝**: 몸을 느리게 조금 움직이는 모양.

✦**조절**: 상황에 알맞게 맞춤.

✦**균형**: 어느 한쪽으로 기울거나 치우치지 않은 상태.

✦**신호**: 서로 약속하여 사용하는 일정한 부호.

쏙쏙! 내용 정리

빈칸에 들어갈 낱말을 글에서 찾아
쓰세요.

1 개와 늑대 등 많은 동물들은
꼬리로 ○○ㄱ를 한다.

🖉 _____

2 나무 사이를 날아다니는 동물
들은 꼬리로 ㅂㅎ을 잡는다.

🖉 _____

3 어떤 동물들은 꼬리를 이용해
○ㅎ하다는 신호를 보낸다.

🖉 _____

1
중심
소재

이 글에서 설명하는 것은 무엇인가요? 빈칸에 알맞은
말을 쓰세요.

동물 [ ][ ]의 다양한 쓰임새

2
내용
이해

이 글에서 동물들이 꼬리를 이용하여 하는 일이 <u>아닌</u> 것
은 무엇인가요? (   )

① 몸의 균형을 잡는 데 사용한다.
② 하늘 높이 날아오를 수 있게 해 준다.
③ 자신의 생각을 다른 동물들에게 알린다.
④ 자신의 무리에게 위험하다는 신호를 보낸다.
⑤ 나무 사이를 건너며 방향을 조절하는 데 쓴다.

3
내용
추론

늑대가 ㉠을 뜻하는 모습으로 알맞은 것에 ○표 하세요.

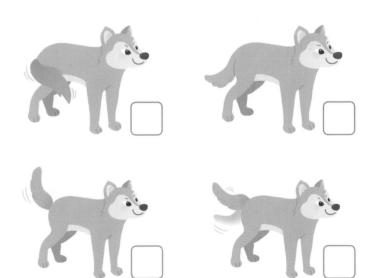

4
어휘

㉡과 바꾸어 쓸 수 있는 말은 무엇인가요? (   )

① 걸을   ② 멈출   ③ 이동할
④ 그만할   ⑤ 헤엄칠

5

내용 이해

위험하다고 생각될 때 비버가 하는 행동은 무엇인가요? (   )

① 다른 비버들이 자신을 쳐다볼 수 있게 꼬리를 흔든다.

② 다른 비버들이 알 수 있게 꼬리로 물을 찰싹찰싹 친다.

③ 꼬리로 나무에 매달려 다른 비버들에게 소리를 지른다.

④ 꼬리를 부드럽게 살랑살랑 흔들어 적을 혼란스럽게 한다.

⑤ 꼬리로 도망가려는 방향을 알려 다른 비버들이 따라올 수 있게 한다.

6

내용 추론

㉮~㉲ 중, 보기 의 내용이 들어가기에 알맞은 곳은 어디인가요? (   )

보기

　호랑이나 치타, 표범처럼 빨리 달리는 동물들은 긴 꼬리를 이용해 갑자기 방향을 바꾸어도 넘어지지 않게 몸의 균형을 잡습니다.

① ㉮　　　　② ㉯　　　　③ ㉰　　　　④ ㉱　　　　⑤ ㉲

7

글의 구조

빈칸에 알맞은 말을 써서, 이 글의 짜임을 정리해 보세요.

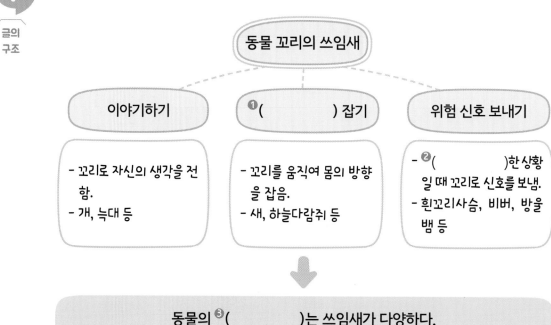

동물 꼬리의 쓰임새

이야기하기	❶( ) 잡기	위험 신호 보내기
- 꼬리로 자신의 생각을 전함. - 개, 늑대 등	- 꼬리를 움직여 몸의 방향을 잡음. - 새, 하늘다람쥐 등	- ❷( )한 상황일 때 꼬리로 신호를 보냄. - 흰꼬리사슴, 비버, 방울뱀 등

⬇

동물의 ❸(   )는 쓰임새가 다양하다.

1 다음 낱말의 뜻으로 알맞은 것을 찾아 선으로 이으세요.

균형 •

꼼짝 •

신호 •

• 몸을 느리게 조금 움직이는 모양.

• 서로 약속하여 사용하는 일정한 부호.

• 어느 한쪽으로 기울거나 치우치지 않은 상태.

2 다음 문장의 빈칸에 들어갈 알맞은 낱말을 보기 에서 골라 쓰세요.

보기
균형   꼼짝   신호

(1) 여기에서 ⬚⬚ 말고 기다려야 한다.

(2) 친구가 뛰다가 ⬚⬚ 을 잃고 넘어졌다.

(3) 횡단보도를 건너기 위해 ⬚⬚ 를 기다렸다.

확장

3 다음 낱말의 뜻을 보고, 문장에 어울리는 낱말을 골라 ○표 하세요.

관심	어떤 것을 향하여 끌리는 감정과 생각.
결심	어떻게 하기로 굳게 마음을 정함.

(1) 나는 오늘 전학 온 친구에게 (관심 / 결심)이 많다.

(2) 올해에는 부모님 말씀을 더 잘 듣기로 (관심 / 결심)했다.

오늘
나의 실력은?

부모님의
응원 한마디

1 유빈이가 깊이 잠든 밤, 유빈이의 책상 위에 있던 물건들이 깨어나서 유빈이가 공부하는 데 누가 더 중요한지 말하며 자기 자랑을 하기 시작했습니다.

2 연필은 뾰족한 심으로 지우개를 　⦿　⁺찌르며 말하였습니다.

"유빈이가 글씨를 쓸 수 있는 건 모두 내 덕분이야. 내가 없으면 수업 시간에 공부한 내용을 쓸 수 없어. 그러니까 유빈이가 공부를 하는 데 내가 가장 중요해."

그러자 지우개가 말하였습니다.

"글쎄. 과연 네가 그런 말을 할 수 있을까? 네가 글씨를 잘못 썼을 때 누가 도와주었는지 잊었니? 넌 내가 없으면 틀려도 고치지 못하잖아."

3 이 말을 들은 공책은 ⁺한심하다는 듯이 말하였습니다.

"얘들아, 너희들은 내가 없으면 한 글자도 못 쓰고 못 고친다는 사실을 모르는구나. 내가 없으면 도대체 어디에 쓸 거야?"

이 말을 들은 책가방은 크게 웃으며 말하였습니다.

"너희를 학교까지 데려다주는 건 바로 나야. 내가 ⁺담아 주지 않으면 너희들은 학교에 가서 유빈이와 함께 공부할 수가 없어."

그때, 자고 있던 유빈이가 몸을 ⁺뒤척였습니다. 책가방은 아주 작은 목소리로 말하였습니다.

"쉿, 유빈이 깨겠다. 누가 더 중요한지 내일 밤에 다시 얘기하자."

낱말 풀이

⁺ **찌르며:** 끝이 뾰족한 것으로 어떤 것에 쑥 들어가도록 밀며.

⁺ **한심하다는:** 모자라서 딱하거나 어이없다는.

⁺ **담아:** 어떤 물건을 그릇 등에 넣어.

⁺ **뒤척였습니다:** 몸이나 물건을 이리저리 움직이거나 뒤집었습니다.

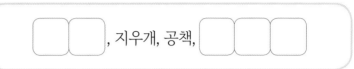

쏙쏙! 내용 정리

빈칸에 들어갈 낱말을 글에서 찾아 쓰세요.

1 유빈이의 물건들이 유빈이가 ㄱㅂ하는 데 누가 더 중요한지 말하려고 한다.

✎ _____

2 ㅇㅍ과 ㅈㅇㄱ가 각각 이유를 들어 자신이 더 중요하다고 말하였다.

✎ _____

3 ㄱㅊ과 ㅊㄱㅂ도 각각 이유를 들어 자신이 더 중요하다고 말하였다.

✎ _____

---

1 【내용이해】 이 글에서 자기 자랑을 한 등장인물을 찾아 쓰세요.

☐☐ , 지우개, 공책, ☐☐☐

2 【내용이해】 이 글의 등장인물들은 무엇에 대해 이야기했나요?

( )

① 유빈이를 누가 더 좋아하는지에 대해
② 유빈이가 누구를 더 아끼는지에 대해
③ 유빈이와 누가 더 재미있게 노는지에 대해
④ 유빈이가 공부하는 데 누가 더 중요한지에 대해
⑤ 유빈이가 건강해지는 데 누가 더 도움이 되는지에 대해

3 【내용이해】 등장인물이 자랑한 내용을 찾아 선으로 이으세요.

 · · 글씨를 쓸 수 있는 건 내 덕분이야.

 · · 내가 없으면 어디에 글자를 쓰고 지우겠니?

 · · 내가 아니면 너희들은 학교에 가서 공부할 수 없어.

 · · 글씨를 잘못 썼을 때 내가 있어야 고칠 수 있어.

4 【어휘】 ㉠에 들어갈 말로 알맞은 것은 무엇인가요? ( )

① 돌돌 ② 뚝뚝 ③ 쾅쾅
④ 콕콕 ⑤ 훨훨

5 이 글에 보기와 같이 자기 자랑을 하는 인물이 등장한다면, 다음 중 누구일까요? (   )

내용
추론

> **보기**
>
> "얘들아, 너희들 말만 하지 말고 내 말도 들어 줘. 내 도움이 없으면 유빈이는 줄을 반듯하게 그을 수 없단다. 나야말로 유빈이가 공부할 때 꼭 필요한 존재야."

① 풀   ② 자   ③ 가위
④ 색연필   ⑤ 투명 테이프

6 서로 자기 자랑만 하는 등장인물들에게 알맞은 말을 한 친구의 이름을 쓰세요.

적용

> 지민: 자기 자랑을 할 때에는 좀 더 재미있게 말하는 것이 좋겠어.
> 수호: 너희들 모두 유빈이가 공부하는 데 필요한 물건들이니까 서로를 인정하고 잘 지냈으면 좋겠어.

(   )

7 빈칸에 알맞은 말을 써서, 이 글의 짜임을 정리해 보세요.

글의
구조

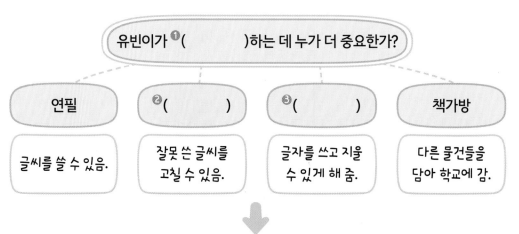

유빈이가 ❶(   )하는 데 누가 더 중요한가?

연필	❷( )	❸( )	책가방
글씨를 쓸 수 있음.	잘못 쓴 글씨를 고칠 수 있음.	글자를 쓰고 지울 수 있게 해 줌.	다른 물건들을 담아 학교에 감.

⬇

유빈이의 물건들이 이유를 들어 각자 자신이 더 중요하다고 주장하고 있다.

1 다음 뜻을 지닌 낱말을 보기 에서 골라 빈칸에 쓰세요.

> 보기
>
> 담다   뒤척이다   한심하다

(1) 어떤 물건을 그릇 등에 넣다.   (   )
(2) 모자라서 딱하거나 어이없다.   (   )
(3) 몸이나 물건을 이리저리 움직이거나 뒤집다.   (   )

2 다음 문장의 빈칸에 들어갈 알맞은 낱말을 찾아 선으로 이으세요.

그릇에 음식을 ( ).	•	•	담다
잠이 안 와서 몸을 자꾸 ( ).	•	•	뒤척이다
친구 이름도 모르는 내가 너무 ( ).	•	•	한심하다

확장
3 다음 낱말의 뜻을 보고, 문장에 어울리는 낱말을 골라 ○표 하세요.

| 잊다 | 한번 알았던 것을 기억하지 못하다. |
| 잃다 | 가지고 있던 물건이 자신도 모르게 없어져 더 이상 갖지 못하게 되다. |

(1) 갑자기 집 현관 비밀번호를 (잊다 / 잃다).
(2) 공원에서 내가 아끼던 지갑을 (잊다 / 잃다).

□ 이야기
□ 시
□ 극본
□ 설명하는 글
□ 주장하는 글
☑ 생활 글

날짜: 20◯◯ 5월 6일 목요일	날씨: 화창함

민속촌으로 간 현장 체험 학습

① 민속촌으로 현장 체험 학습을 갔다. 민속촌에서 우리 ✦조상들이 살던 집도 살펴보고 여러 가지 옛 생활 ✦도구도 볼 수 있었다. 기억에 남는 것은 맷돌이다. 맷돌은 둥글넓적한 두 돌이 포개진 모양으로, 윗돌에 뚫린 구멍에 ✦곡식을 넣고 손잡이를 돌려서 곡식을 ✦가는 데 쓰이는 도구이다. 그리고 옷감을 두드려 펴는 데 쓰는 도구인 다듬이도 보았다. 나는 직접 다듬이질도 해 보았다.

'탕탕탕탕'

다듬이질 소리가 경쾌하게 들렸다.

② 여러 가지 민속놀이도 체험해 보았다. 시연이와 나는 함께 널뛰기를 하였다. 널뛰기는 ㉠긴 ✦판자의 양쪽 끝에 서서 서로 발을 ✦구르며 높이 뛰어오르는 전통 놀이이다. 처음에는 조금 무서웠는데 몇 번 해 보니 잘할 수 있었다.

그리고 나는 그네도 탔다. 발을 굴러 높이 올라갔더니 기분이 상쾌해졌다. 마음이 하늘까지 높이 올라간 것 같았다.

끝으로 투호 놀이도 하였다. 둥근 통 모양의 병에 화살을 던져 넣는 놀이였다. 나는 시간 가는 줄 모르고 투호 놀이를 하였다. 처음에는 화살이 잘 들어가지 않았지만 점점 ✦기술이 늘어 화살을 잘 던지게 되었다.

다시 가고 싶은 즐겁고 신나는 현장 체험 학습이었다.

낱말 풀이

✦ **조상**: 자신이 살고 있는 세대 이전의 모든 세대.

✦ **도구**: 어떤 일을 할 때 쓰이는 기구.

✦ **곡식**: 쌀, 밀 등 밥이나 빵으로 쓰이는 먹거리.

✦ **가는**: 잘게 부수거나 가루를 내기 위하여 단단한 물건에 대고 문지르거나 으깨는.

✦ **판자**: 평평하고 넓게 만든 나뭇조각.

✦ **구르며**: 발로 그네 발판 등을 세게 밟아 누르며.

✦ **기술**: 사물을 잘 다루거나 사용할 수 있는 능력.

쏙쏙! 내용 정리

빈칸에 들어갈 낱말을 글에서 찾아 쓰세요.

1 민속촌에서 조상들이 쓰던 옛 ㅅㅎ ㄷㄱ를 보았다.

✏ _____

2 민속촌에서 여러 가지 ㅁㅅ ㄴㅇ도 체험해 보았다.

✏ _____

1
내용
이해

글쓴이가 현장 체험 학습을 다녀온 곳은 어디인가요?

(   )

① 동물원   ② 과학관   ③ 미술관

④ 민속촌   ⑤ 놀이공원

2
내용
이해

글쓴이가 민속촌에서 본 옛 생활 도구는 무엇인지 이 글에서 찾아 쓰세요.

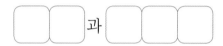

☐☐ 과 ☐☐☐

3
내용
추론

글쓴이가 민속놀이를 체험한 순서대로 번호를 쓰세요.

(   )   (   )   (   )

4
어휘

㉠과 뜻이 반대되는 말은 무엇인가요? (   )

① 굵은   ② 좁은   ③ 짧은

④ 커다란   ⑤ 부드러운

5 그네를 탈 때 글쓴이의 마음은 어떠하였나요? (   )

내용
추론

① 마음대로 되지 않아 속상했다.

② 집에 가고 싶어서 짜증이 났다.

③ 높이 올라가니 기분이 좋고 시원했다.

④ 갑자기 튀어올라서 무섭고 두려웠다.

⑤ 빨리 움직여서 당황스럽고 불안했다.

6 다음은 이 글을 읽고 친구들끼리 나눈 대화입니다. 알맞지 <u>않은</u> 말을 한 친구의 이름을 쓰세요.

적용

> 은서: 맷돌은 지금의 세탁기와 같은 역할을 했구나.
>
> 시우: 옷감을 펴 주는 다듬이는 지금의 다리미와 비슷해.
>
> 하윤: 널뛰기는 시소와 비슷하지만 서서 탄다는 점이 달라.

(   )

7 빈칸에 알맞은 말을 써서, 이 글의 짜임을 정리해 보세요.

글의
구조

민속촌에서 있었던 일

옛 생활 도구 구경하기

- ❶(   )과 다듬이를 봄.
- 다듬이질을 직접 해 봄.

민속놀이 체험하기

- 널뛰기를 하고 그네를 타고
❷(   )를 함.

❸(   )에서 즐겁고 신나게 현장 체험 학습을 했다.

1 다음 낱말의 뜻으로 알맞은 것을 찾아 선으로 이으세요.

곡식 •

• 자신이 살고 있는 세대 이전의 모든 세대.

기술 •

• 쌀, 밀 등 밥이나 빵으로 쓰이는 먹거리.

조상 •

• 사물을 잘 다루거나 사용할 수 있는 능력.

2 다음 문장의 빈칸에 들어갈 알맞은 낱말을 보기 에서 골라 쓰세요.

보기

곡식   기술   조상

(1) 형은 기계를 다루는 ☐☐ 이 점점 늘었다.

(2) 옛날부터 우리 ☐☐ 들은 이웃을 도우며 살았다.

(3) 우리가 먹는 ☐☐ 은 농민들이 땀 흘리며 가꾼 것이다.

확장

3 다음 낱말의 뜻을 보고, 문장에 어울리는 낱말을 골라 ○표 하세요.

| 들리다 | 소리가 귀를 통해 알아차려지다. |
| 들르다 | 지나가는 길에 잠깐 들어가 머무르다. |

(1) 멀리서 음악 소리가 (들리다 / 들르다).

(2) 영화를 보러 가기 전에 잠깐 서점에 (들리다 / 들르다).

□ 이야기
□ 시
□ 극본
□ 설명하는 글
☑ 주장하는 글
□ 생활 글

1 밥을 먹을 때 당근이나 가지 같은 채소를 남겨서 부모님께 ✚꾸지람을 들었던 적이 있나요? 어린이는 맛을 ✚예민하게 느낄 수 있어요. 그래서 ✚쌉쌀한 맛을 내는 채소를 싫어하는 어린이들이 많아요. 또는 달콤한 과자나 ✚즉석식품 같은 ✚자극적인 맛을 좋아해서 그런 음식만 먹으려고 하는 어린이들도 많이 있지요. 이렇게 좋아하는 음식만 먹으면서 음식을 골고루 먹지 않는 것을 '편식'이라고 해요.

2 좋아하는 음식만 먹고 싶은데, 왜 어른들은 편식을 하면 안 된다고 할까요? 그것은 바로 우리의 건강 때문이에요. 우리의 몸이 자라고 우리가 ㉠활동하기 위해서는 여러 영양소가 필요해요. 이 영양소들은 다양한 음식에 골고루 들어 있어요. 따라서 좋아하는 음식만 먹게 되면 다양한 영양소를 얻을 수 없어서, 몸이 쉽게 피곤해지거나 ✚면역력이 떨어져 자주 아프게 될 수 있어요.

3 초등학생 때는 ✚식습관이 ✚형성되는 아주 중요한 시기예요. 따라서 이 시기에 편식하는 식습관을 고치고 건강한 식습관을 가지도록 노력해야 해요. 우선 싫어하는 음식이더라도 조금씩이나마 맛보려고 노력해야 해요. 한두 번 먹다 보면 맛에 익숙해질 수도 있고, 전과 다르게 맛있게 느껴질 수도 있어요. 또 싫어하는 음식을 배고플 때 먹어 보는 것도 도움이 되어요. 그동안 편식을 했었다면, 앞으로 급식에 나오는 반찬을 모두 한 번씩이라도 맛보려고 노력해 보는 것은 어떨까요?

낱말 풀이

✚**꾸지람**: 윗사람이 아랫사람의 잘못을 꾸짖는 말.

✚**예민하게**: 무엇인가를 느끼는 능력이 매우 빠르고 뛰어나게.

✚**쌉쌀한**: 조금 쓴 맛이 나는.

✚**즉석식품**: 간단히 조리할 수 있고 저장하기 편리한 가공식품.

✚**자극적인**: 어떤 반응이나 흥분을 일으키는.

✚**면역력**: 몸 밖에서 들어온 병균을 이겨 내는 힘.

✚**식습관**: 음식을 먹는 것과 관련된 습관.

✚**형성되는**: 어떤 모습이나 모양이 갖추어지는.

쏙쏙! 내용 정리

빈칸에 들어갈 낱말을 글에서 찾아 쓰세요.

1 좋아하는 음식만 먹으면서 음식을 골고루 먹지 않는 것을 ㅍ ㅅ 이라고 한다.

✎ _____

2 편식을 하면 안 되는 까닭은 우리의 ㄱ ㄱ 때문이다.

✎ _____

3 ㅍ ㅅ 하는 식습관을 고치고 건강한 식습관을 가지자.

✎ _____

1
중심
소재

이 글에서 주로 다루고 있는 내용은 무엇인가요?

(   )

① 과자   ② 급식   ③ 채소
④ 편식   ⑤ 면역력

2
내용
이해

좋아하는 음식만 먹으면 안 되는 까닭은 무엇인가요?
빈칸에 알맞은 말을 찾아 쓰세요.

> 다양한 ☐☐☐ 를 얻을 수 없어서 우리의
> 건강이 안 좋아질 수 있기 때문이다.

3
주제

이 글의 글쓴이의 주장으로 알맞은 것은 무엇인가요?

(   )

① 영양소의 종류를 알자.
② 과자와 즉석식품을 많이 먹자.
③ 편식하지 않는 건강한 식습관을 기르자.
④ 건강한 밥상을 위해 음식 재료를 직접 기르자.
⑤ 다양한 음식을 할 수 있게 요리 실력을 기르자.

4
어휘

㉠과 바꾸어 쓸 수 있는 말은 무엇인가요? (   )

① 쉬기   ② 멈추기   ③ 움직이기
④ 꼼꼼하기   ⑤ 그만하기

5 이 글을 읽고 알 수 <u>없는</u> 내용은 무엇인가요? (   )

내용
추론

① 편식의 뜻
② 편식을 할 때 좋은 점
③ 편식이 우리 몸에 미치는 영향
④ 편식하는 습관을 고쳐야 하는 까닭
⑤ 건강한 식습관을 기르기 위한 실천 방법

6 올바른 식습관을 기르기 위한 실천 계획을 가장 알맞게 세운 친구는 누구인 가요? (   )

적용

① 지수: 규칙적으로 운동하는 습관을 길러야겠어.
② 영후: 좋아하는 음식만 집중적으로 꾸준히 먹어야겠어.
③ 예서: 맛있어 보이지 않는 음식도 한 번씩은 먹어 보아야겠어.
④ 도현: 식습관은 어른일 때 형성되니까 편식 습관은 그때 고쳐야겠어.
⑤ 서진: 부모님이 계실 때에만 싫어하는 음식을 먹는 척이라도 해야겠어.

7 빈칸에 알맞은 말을 써서, 이 글의 짜임을 정리해 보세요.

글의
구조

	편식의 뜻	좋아하는 음식만 먹으려고 하는 것
편식	편식을 하면 안 되는 까닭	편식을 하면 다양한 영양소를 얻을 수 없어 ❶( )이 안 좋아지므로
	편식을 고치기 위한 실천 방안	싫어하는 음식도 맛보려는 노력을 해야 함.

↓

❷(   )하는 식습관을 고치고 건강한 식습관을 가지도록 노력하자.

탄탄 어휘 마무리

1 다음 낱말의 뜻으로 알맞은 것을 찾아 선으로 이으세요.

꾸지람 •　　　　　　　• 음식을 먹는 것과 관련된 습관.

면역력 •　　　　　　　• 몸 밖에서 들어온 병균을 이겨 내는 힘.

식습관 •　　　　　　　• 윗사람이 아랫사람의 잘못을 꾸짖는 말.

2 다음 문장의 빈칸에 들어갈 알맞은 낱말을 보기에서 골라 쓰세요.

보기
　　　　꾸지람　　　　면역력　　　　식습관

(1) 동생하고 싸워서 부모님께 ☐☐☐ 을 들었다.

(2) 어렸을 때부터 올바른 ☐☐☐ 을 들여야 한다.

(3) 규칙적으로 운동을 하면 ☐☐☐ 을 높일 수 있다.

확장
3 다음 밑줄 친 낱말의 알맞은 뜻을 보기에서 골라 번호를 쓰세요.

보기

떨어지다 { ① 위쪽에서 아래쪽으로 내려지다.
② 다른 것보다 수준이 낮거나 못하다.

(1) 하늘에서 빗방울이 떨어지다.　　　　　　　　　　　(　　　)

(2) 이 물건은 다른 물건에 비해 품질이 떨어지다.　　　(　　　)

오늘
나의 실력은?   　　　부모님의
응원 한마디

☑ 이야기
☐ 시
☐ 극본
☐ 설명하는 글
☐ 주장하는 글
☐ 생활 글

1 어느 날, 동물 나라 임금님이 돼지와 토끼와 사슴한테 흙을 주며 말하였습니다.

"이 흙은 아픈 상처를 치료할 수 있는 신기한 흙이란다. 이 신기한 흙으로 그릇을 ✦빚어 주지 않겠니? 가장 아름다운 그릇을 빚어 주면 상을 주마."

2 동물들은 이튿날부터 열심히 그릇을 빚기 시작하였습니다. 그리고 그릇을 다 빚자 임금님에게 가지고 갔습니다. 누가 상을 받는지 보려고 여러 동물도 함께 갔습니다. 임금님은 그릇을 ✦찬찬히 살펴보았습니다. 그러다가 사슴이 만든 그릇을 보고 고개를 갸우뚱하였습니다. 이 모습을 본 아기 다람쥐가 웃으며 말하였습니다.

"하하하, 구멍 난 그릇이야. 바닥에 구멍이 뻥 뚫렸잖아?"

모두 웃음을 터트렸습니다.

3 "사슴아, 너는 어찌하여 구멍 난 그릇을 빚었느냐?"

"임금님, 저는 친구를 도와주고 싶었습니다."

사슴이 고개를 ㉠숙이며 대답하였습니다. 그때 염소가 앞으로 나서며 말하였습니다.

"임금님, 저는 다리를 다쳐서 ✦보름 동안이나 꼼짝을 못하였습니다. 이 소식을 들은 사슴이 자기가 빚던 그릇의 바닥을 ✦떼어 저에게 가지고 왔습니다. 그리고 제 아픈 다리에 발라 주었습니다. 그래서 사슴의 그릇에 구멍이 생겼습니다."

염소의 말을 듣고 임금님은 매우 기뻐하였습니다. 그리고 사슴한테 큰 상을 내렸습니다.

- 최은섭, 「하느님이 찾는 그릇」 중에서

낱말 풀이

✦ **빚어**: 흙 등을 반죽하고 주물러서 어떤 형태를 만들어.

✦ **찬찬히**: 꼼꼼하고 차분하게.

✦ **보름**: 열다섯 날 동안.

✦ **떼어**: 붙어 있거나 이어져 있는 것을 떨어지게 하여.

정답 확인 20쪽

쏙쏙! 내용 정리

빈칸에 들어갈 낱말을 글에서 찾아 쓰세요.

1 임금님은 상처를 치료할 수 있는 ㅎ 으로 아름다운 그릇을 빚어 달라고 했다.

✏ _____

2 사슴은 바닥에 ㄱ ㅁ 이 뚫린 그릇을 만들어 왔다.

✏ _____

3 다친 ㅇ ㅅ 에게 그릇의 바닥을 떼어 준 사슴에게 임금님은 큰 상을 내렸다.

✏ _____

1
내용 이해

동물 나라 임금님이 돼지, 토끼, 사슴에게 준 것은 무엇인가요? (　　　)

① 흙으로 만든 그릇
② 구멍이 뻥 뚫린 그릇
③ 그릇을 다 빚고 남은 흙
④ 아픈 상처를 치료할 수 있는 흙
⑤ 가장 아름다운 그릇을 만든 동물에게 줄 상

2
내용 이해

동물 나라 임금님은 누구에게 상을 준다고 하였나요?

(　　　)

① 다른 친구를 치료해 준 동물
② 가장 열심히 그릇을 빚은 동물
③ 가장 아름다운 그릇을 빚은 동물
④ 흙을 조금 써서 그릇을 빚은 동물
⑤ 친구들과 힘을 모아 그릇을 빚은 동물

3
내용 추론

사슴이 만든 그릇으로 알맞은 것에 ○표 하세요.

4
어휘

㉠과 뜻이 반대되는 말은 무엇인가요? (　　　)

① 들며　　② 저으며　　③ 잡으며
④ 구부리며　　⑤ 움츠리며

5 ‘사슴’은 다른 동물들이 자신의 그릇을 보고 웃었을 때, 어떤 기분이었을까요? (　　　　)

내용 추론

① 심심했을 것이다.　　　　② 즐거웠을 것이다.

③ 고마웠을 것이다.　　　　④ 부끄러웠을 것이다.

⑤ 안쓰러웠을 것이다.

6 동물 나라 임금님이 사슴에게 큰 상을 준 까닭을 <u>잘못</u> 이해한 친구의 이름을 쓰세요.

내용 추론

> 희선: 다른 동물들은 만들지 못하는 새로운 그릇을 만들었기 때문이야.
>
> 찬영: 구멍이 뚫린 그릇이지만, 신기한 흙을 다른 친구를 치료하는 데 썼기 때문이야.
>
> 선호: 동물 나라 임금님은 사슴의 그릇이 가장 아름다운 그릇이라고 생각했기 때문이야.

(　　　　　　　　)

7 빈칸에 알맞은 말을 써서, 이 글의 짜임을 정리해 보세요.

글의 구조

> 임금님이 동물들에게 상처를 치료할 수 있는 신기한 흙을 주고는 가장 아름다운 ❶(　　　　　　)을 빚어 달라고 함.

↓

> ❷(　　　　　　)이 바닥에 구멍이 뚫린 그릇을 만들어 옴.

↓

> 그릇의 바닥을 떼어 다친 염소를 치료해 준 사슴에게 임금님이 큰 상을 내림.

> 다친 친구를 위해 소중한 것을 내어 준 ❸(　　　　　　)이 큰 상을 받았다.

1 다음 뜻을 지닌 낱말을 보기 에서 골라 빈칸에 쓰세요.

보기
떼다   빚다   찬찬히

(1) 꼼꼼하고 차분하게.   (   )

(2) 붙어 있거나 이어져 있는 것을 떨어지게 하다.   (   )

(3) 흙 등을 반죽하고 주물러서 어떤 형태를 만들다.   (   )

2 다음 문장의 빈칸에 들어갈 알맞은 낱말을 찾아 선으로 이으세요.

아름다운 도자기를 (   ).   •   •   떼다

책을 (   ) 다시 읽어 보았다.   •   •   빚다

벽에 붙어 있던 달력을 (   ).   •   •   찬찬히

확장

3 다음 낱말의 뜻을 보고, 문장의 밑줄 친 낱말과 뜻이 같은 것에 ○표 하세요.

이레	일곱 날.
열흘	열 날.
보름	열다섯 날.

(1) 비가 <u>15일</u> 동안이나 계속 내렸다.   (이레 / 열흘 / 보름)

(2) 우리 가족은 <u>10일</u> 동안 여행을 떠났다.   (이레 / 열흘 / 보름)

(3) 지수는 택배를 받기 위해 <u>7일</u> 동안 기다렸다.   (이레 / 열흘 / 보름)

오늘
나의 실력은?   부모님의
응원 한마디

□ 이야기
□ 시
□ 극본
☑ 설명하는 글
□ 주장하는 글
□ 생활 글

1 추석은 우리나라의 대표적인 ✛명절입니다. 추석에는 그해 거두어들인 ✛햇곡식과 ✛햇과일 등으로 ✛차례를 지냅니다. 그리고 조상의 ✛산소를 찾아가서 돌보는 성묘를 하기도 합니다.

2 또 추석에는 ✛햅쌀로 맛있는 떡을 만들어 먹는데, 이 떡이 바로 '송편'입니다. 송편은 쌀가루를 반죽하여 그 안에 콩, 밤, 대추, 깨와 같은 여러 가지 ✛재료를 넣은 뒤 반달 모양으로 빚어 만듭니다. 온 가족이 옹기종기 모여 앉아 송편을 빚으면 마음이 더욱 풍요로워집니다.

3 추석에 하는 대표적인 민속놀이로는 강강술래가 있습니다. ㉠ 커다란 보름달 아래에서 여러 사람이 함께 손을 잡고 원을 그리며 빙빙 돌면서 춤을 추고 노래를 부르는 놀이입니다.

4 그리고 산이나 들에 나가 달이 뜨기를 기다려 맞이하는 달맞이를 합니다. 환하게 뜬 보름달에 소원을 빌기도 하고, 달빛에 따라 1년 농사를 미리 ✛점치기도 합니다.

낱말 풀이

✛**명절**: 해마다 전통적으로 즐기거나 기념하는 날.

✛**햇곡식**: 그해에 새로 난 곡식.

✛**햇과일**: 그해에 새로 난 과일.

✛**차례**: 추석이나 설날 등의 낮에 지내는 제사.

✛**산소**: 사람의 무덤을 높여 이르는 말.

✛**햅쌀**: 그해에 새로 난 쌀.

✛**재료**: 물건을 만드는 데 쓰이는 것.

✛**점치기도**: 운수나 좋고 나쁜 일을 미리 점으로 알아보기도.

쏙쏙! 내용 정리

빈칸에 들어갈 낱말을 글에서 찾아 쓰세요.

1 추석에는 차례를 지내고 ㅅ ㅁ 를 한다.
✎ _____

2 추석에는 ㅅ ㅍ 을 만들어 먹는다.
✎ _____

3 추석에는 ㄱ ㄱ ㅅ ㄹ 를 한다.
✎ _____

4 추석에는 ㄷ ㅁ ㅇ 를 한다.
✎ _____

1
중심
소재

이 글에서 설명하고 있는 것은 무엇인가요? 빈칸에 알맞은 말을 쓰세요.

☐☐

2
내용
이해

이 글에서 알 수 있는 내용이 <u>아닌</u> 것은 무엇인가요?

(   )

① 추석에는 떡국을 끓여 먹습니다.
② 추석에는 송편을 만들어 먹습니다.
③ 추석에는 햇곡식과 햇과일로 차례를 지냅니다.
④ 추석에는 보름달을 보고 소원을 빌기도 합니다.
⑤ 추석에는 조상의 산소를 찾아가서 성묘를 합니다.

3
내용
이해

송편을 만드는 과정에 맞게 순서대로 번호를 쓰세요.

쌀가루를 반죽한다.	☐
반달 모양으로 빚는다.	☐
반죽 안에 콩, 밤 같은 여러 재료를 넣는다.	☐

4
어휘

㉠과 바꾸어 쓸 수 있는 말은 무엇인가요? (   )

① 큰   ② 많은   ③ 작은
④ 적은   ⑤ 높은

5

보기에서 설명하는 놀이의 이름을 이 글에서 찾아 쓰세요.

보기

• 추석에 하는 대표적인 민속놀이이다.

• 여러 사람이 함께 손을 잡고 원을 그리며 빙빙 돌면서 춤을 추고 노래를 부르는 놀이이다.

(   )

6

다음은 이 글을 읽고 친구들끼리 나눈 대화입니다. 이 글을 <u>잘못</u> 이해한 친구의 이름을 쓰세요.

지호: 햇곡식과 햇과일은 그해에 새로 난 곡식과 과일을 뜻해.

시율: 추석에 차례를 지낼 때는 그해에 새로 난 곡식과 과일을 사용해.

하진: 추석에 떡을 만들 때는 작년에 추수해서 먹다 남은 쌀을 사용해.

(   )

7

빈칸에 알맞은 말을 써서, 이 글의 짜임을 정리해 보세요.

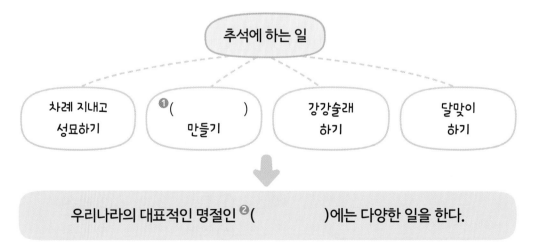

추석에 하는 일

| 차례 지내고 성묘하기 | ❶(   ) 만들기 | 강강술래 하기 | 달맞이 하기 |

우리나라의 대표적인 명절인 ❷(   )에는 다양한 일을 한다.

탄탄 어휘 마무리

1 다음 낱말의 뜻으로 알맞은 것을 찾아 선으로 이으세요.

명절 •

산소 •

재료 •

• 물건을 만드는 데 쓰이는 것.

• 사람의 무덤을 높여 이르는 말.

• 해마다 전통적으로 즐기거나 기념하는 날.

2 다음 문장의 빈칸에 들어갈 알맞은 낱말을 보기 에서 골라 쓰세요.

보기
명절   산소   재료

(1) 부모님과 함께 할아버지의 ☐☐ 를 찾아갔다.

(2) 집을 만들기 위해서는 여러 ☐☐ 가 필요하다.

(3) 우리 가족은 ☐☐ 이 되면 할머니 댁으로 간다.

확장
3 다음 낱말이 아래의 문장에서 어떤 뜻으로 사용되었는지 골라 번호를 쓰세요.

부르다

① 음악의 흐름에 따라 노래하다.

② 음식을 먹어서 배 속이 가득 찬 느낌이 있다.

(1) 동생이 유치원에서 배운 동요를 부르다. (   )

(2) 떡볶이를 너무 많이 먹어서 배가 부르다. (   )

승현이의 ✛험난한 동물원 나들이

1 오늘은 토요일, 승현이와 하영이가 동물원에 가기로 약속한 날이에요. 승현이는 8시부터 맛있는 간식을 가방에 ✛챙기기 시작했어요. 동물을 좋아하는 승현이는 월요일에 하영이와 약속한 후부터 토요일이 오기를 손꼽아 기다렸어요. 승현이는 신이 나서 약속 시간 삼십 분 전부터 나와 하영이의 집 앞에서 하영이를 기다렸어요.

2 그런데 약속 시간인 9시가 다 되었는데도 하영이가 나오지 않았어요. 승현이는 걱정이 되어 하영이에게 전화를 걸었어요.

"하영이니? 왜 안 나오는 거야? 오늘 우리 동물원에 가기로 했잖아!"

"응? 우리 일요일에 가기로 했잖아!"

"아차! 그랬구나!"

승현이가 요일을 잘못 안 것이었어요. 승현이는 아쉬웠지만 하루 더 ✛참기로 했어요.

3 ✛마침내 일요일이 되어 승현이와 하영이는 동물원으로 갔어요.

"아니! 왜 문이 안 열려 있지?"

동물원 문은 굳게 닫혀 있었어요. 문 앞에는 안내문이 써 붙여져 있었어요.

'오늘부터 다음 주 화요일까지 ㉠사흘간 동물원 공사로 문을 열지 않습니다. ✛양해 부탁드립니다.'

㉡승현이와 하영이는 실망하여 그 자리에 주저앉고 말았어요.

낱말 풀이 🐻

✛ **험난한**: 일이 사납고 어려워 고생스러운.

✛ **챙기기**: 필요한 물건을 찾아서 갖추어 놓기.

✛ **참기**: 어떤 시간 동안을 견디고 기다리기.

✛ **마침내**: 드디어 마지막에는.

✛ **양해**: 다른 사람의 사정을 이해하고 너그럽게 받아들임.

쏙쏙! 내용 정리

빈칸에 들어갈 낱말을 글에서 찾아 쓰세요.

1 ㅌ요일에 승현이는 동물원에 가려고 하영이를 기다렸다.

🖉 _____

2 동물원에 가기로 한 날은 ㅇ요일이었다.

🖉 _____

3 일요일이 되어 동물원에 함께 갔지만 ㄱㅅ로 동물원 문을 열지 않았다.

🖉 _____

1
내용
이해

승현이와 하영이가 함께 가기로 약속한 곳은 어디인지 찾아 쓰세요.

☐ ☐ ☐

2
내용
추론

이 글의 제목을 읽고 내용을 알맞게 예상한 친구의 이름을 쓰세요.

> 산이: '나들이'라는 말이 있는 것으로 보아 승현이가 즐겁고 신나는 동물원 구경을 할 것 같아.
> 찬이: '험난한'이라는 말이 있는 것으로 보아 승현이의 동물원 구경이 쉽지 않을 것이라는 생각이 들어.

(   )

3
내용
이해

약속한 요일을 착각했다는 것을 안 승현이의 마음은 어떠했나요? (   )

① 신이 나서 팔짝 뛰었다.
② 화가 나서 엉엉 울었다.
③ 기쁜 마음으로 다시 기다렸다.
④ 두려운 마음이 들어 도망쳤다.
⑤ 아쉽지만 조금 더 참기로 했다.

4
어휘

㉠의 뜻으로 알맞은 것은 무엇인가요? (   )

① 2일간   ② 3일간   ③ 4일간
④ 5일간   ⑤ 6일간

5 ⓒ처럼 승현이가 그 자리에 주저앉은 까닭은 무엇인가요? (   )

내용
이해

① 동물원의 안내문이 따로 없었기 때문에
② 동물원 문이 생각보다 일찍 열려 있었기 때문에
③ 동물원에 들어갈 생각만 해도 너무 즐거웠기 때문에
④ 동물원에 가기로 한 약속 날짜를 잘못 알았기 때문에
⑤ 힘들게 도착한 동물원이 문을 닫아서 실망스러웠기 때문에

6 이 글에서 일이 일어난 순서대로 번호를 쓰세요.

내용
추론

토요일 8시에 승현이는 간식을 챙겼다.	
월요일에 승현이는 하영이와 약속을 했다.	
토요일 9시에 승현이는 하영이에게 전화를 했다.	
일요일에 승현이와 하영이가 동물원에 갔는데 문이 닫혀 있었다.	

 알맞은 말에 ○표 하여, 이 글의 짜임을 정리해 보세요.

글의
구조

> 승현이가 한 일

| 토요일 | 하영이와 동물원에 가기 위해 기다렸지만,
약속 날짜를 착각함. |
| 일요일 | 하영이와 동물원에 갔지만
❶(축제 / 공사) 때문에 문을 닫아 들어가지 못함. |

> 승현이는 동물원에 가지 못해 무척 ❷(실망 / 후련)했다.

1 다음 뜻을 지닌 낱말을 보기 에서 골라 빈칸에 쓰세요.

> **보기**
>
> 양해   챙기다   험난하다

(1) 일이 사납고 어려워 고생스럽다.   (   )

(2) 필요한 물건을 찾아서 갖추어 놓다.   (   )

(3) 다른 사람의 사정을 이해하고 너그럽게 받아들임.   (   )

2 다음 문장의 빈칸에 들어갈 알맞은 낱말을 찾아 선으로 이으세요.

| 준비물을 가방에 (   ). | • | | • | 양해 |

| 학생들의 (   )를 얻어 학교 공사를 시작했다. | • | | • | 챙기다 |

| 최고의 전문가가 되는 길은 생각보다 무척 (   ). | • | | • | 험난하다 |

확장

3 보기 의 밑줄 친 말의 뜻으로 알맞은 것에 ○표 하세요.

> **보기**
>
>   한 달 전에 가장 친한 친구인 민아가 갑자기 전학을 갔다. 전학 가기 전날 너무 슬퍼서 민아와 껴안고 엉엉 울었다. 그런데 민아를 드디어 이번 주 토요일에 만나게 된다. 나는 이날을 벌써부터 손꼽아 기다리고 있다.

(1) 날짜를 세어 가며 몹시 기다리고 있다.   (   )

(2) 느긋하고 여유 있는 마음으로 기다리고 있다.   (   )

오늘
나의 실력은?

부모님의
응원 한마디

- ☐ 이야기
- ☐ 시
- ☐ 극본
- ☐ 설명하는 글
- ☐ 주장하는 글
- ☑ 생활 글

1 우리나라를 상징하는 꽃인 무궁화를 색종이로 만들어 볼 거예요.

먼저 무궁화가 어떤 꽃인지 알아볼까요? 무궁화는 '✦영원히 ✦피고 또 피어서 지지 않는 꽃'이라는 뜻을 담고 있어요. 무궁화는 우리나라 어디서나 잘 자라요. 무궁화는 ㉠석 달 정도 꽃을 피우는데, 매일 새로운 꽃을 피웁니다. 새벽에 꽃이 피었다가 오후에는 꽃이 ✦오므라들고 해 질 즈음에는 꽃이 져서 떨어져요. 이렇게 석 달을 매일매일 꽃이 새로 피고 지는 것을 ✦반복합니다. 이러한 특성이 우리 민족의 ✦근면한 모습을 닮아 우리나라를 상징하는 꽃이 되었지요.

2 그럼, 색종이를 접어 우리나라를 상징하는 꽃인 무궁화를 만들어 볼까요?

꽃잎 접기

❶ 색종이를 반으로 접었다가 펴요.

❷ 양쪽과 윗부분을 접어요.

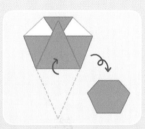

❸ 아랫부분을 위로 접어 올리면 완성. 같은 방법으로 꽃잎 5개를 만들어요.

✦꽃술 접기

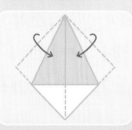

❹ 색종이를 반으로 접었다가 편 후 양쪽을 접어요.

❺ 양쪽을 접은 상태에서 한쪽으로 다시 접어요.

합치기

❻

㉢

낱말 풀이

- ✦**영원히**: 끝없이 이어지는 상태로.
- ✦**피고**: 꽃봉오리나 잎이 벌어지고.
- ✦**오므라들고**: 퍼져 있던 물건의 끝부분이 둥글고 조그맣게 한곳으로 모이고.
- ✦**반복**: 같은 일을 여러 번 계속함.
- ✦**근면**: 성실하고 부지런히 일함.
- ✦**꽃술**: 꽃의 가운데에 있는 암술과 수술.

쏙쏙! 내용 정리

빈칸에 들어갈 낱말을 글에서 찾아 쓰세요.

1 ㅁㄱㅎ는 우리나라를 상 징하는 꽃이다.

✏ _____

2 무궁화 색종이 접기는 무궁화 의 꽃잎과 ㄲㅅ을 각각 접 고 합치면 된다.

✏ _____

1
중심
소재

이 글에서 설명하고 있는 꽃의 이름을 쓰세요.

[ ][ ][ ]

2
내용
이해

무궁화에 대한 설명으로 알맞지 <u>않은</u> 것은 무엇인가요?

(   )

① 우리나라를 상징하는 꽃이다.
② 우리나라 어디서나 잘 자란다.
③ 우리 민족의 근면한 모습과 닮은 꽃이다.
④ 꽃이 한번 피면 석 달 동안 계속 피어 있다가 진다.
⑤ 영원히 피고 또 피어서 지지 않는 꽃이라는 뜻을 지 닌다.

3
어휘

㉠과 바꾸어 쓸 수 있는 말은 무엇인가요? (   )

① 1개월   ② 2개월   ③ 3개월
④ 4개월   ⑤ 10개월

4
내용
추론

㉡에 들어갈 그림으로 알맞은 것에 ○표 하세요.

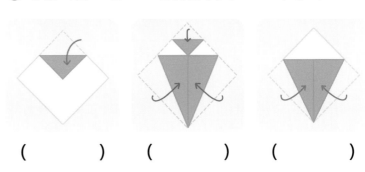

(   )   (   )   (   )

5 ⓒ에 들어갈 내용으로 가장 알맞은 것은 무엇인가요? (   )

내용
추론

① 꽃잎 3개만 붙여서 무궁화 완성!

② 양쪽 부분을 접어서 무궁화 완성!

③ 위쪽과 아래쪽 부분을 접어서 무궁화 완성!

④ 꽃잎 1개와 꽃술 1개를 붙여서 무궁화 완성!

⑤ 꽃잎 5개와 꽃술 1개를 붙여서 무궁화 완성!

6 이 글을 읽고 알 수 있는 내용이 <u>아닌</u> 것은 무엇인가요? (   )

내용
추론

① 무궁화의 특징

② 무궁화의 씨앗 모양

③ '무궁화'라는 이름의 뜻

④ 무궁화가 꽃을 피우는 기간

⑤ 색종이로 무궁화를 접는 방법

7 알맞은 말에 ○표 하여, 이 글의 짜임을 정리해 보세요.

글의
구조

무궁화

특징	색종이로 접는 방법
어디서나 잘 자라고 ❶(한 달 / 석 달) 정도 매일 새로운 꽃을 피움.	색종이로 접은 꽃잎 ❷(1개 / 5개)와 꽃술 1개를 붙여서 무궁화를 완성함.

⬇

우리나라를 상징하는 꽃인 ❸(진달래 / 무궁화)의
특징을 알고 색종이로 접어 보자.

어휘 마무리

1 다음 낱말의 뜻으로 알맞은 것을 찾아 선으로 이으세요.

근면 •   • 성실하고 부지런히 일함.

반복 •   • 끝없이 이어지는 상태로.

영원히 •   • 같은 일을 여러 번 계속함.

2 다음 문장의 빈칸에 들어갈 알맞은 낱말을 보기 에서 골라 쓰세요.

> 보기
>
> 근면   반복   영원히

(1) 너와의 만남을 ☐☐☐ 잊지 못할 것이다.

(2) 이 춤은 같은 동작을 ☐☐ 해서 따라 하기 쉽다.

(3) 어머니께서는 항상 바르고 ☐☐ 한 자세를 지니라고 하셨다.

확장

3 다음 밑줄 친 낱말의 알맞은 뜻을 보기 에서 골라 번호를 쓰세요.

> 보기
>
> 접다 ① 종이를 꺾어서 겹치게 하다.
>   ② 생각을 그만두거나 의견을 포기하다.

(1) 짝꿍을 향한 내 마음을 <u>접다</u>.   (   )

(2) 동생이 색종이로 종이비행기를 <u>접다</u>.   (   )

오늘
나의 실력은?   부모님의
응원 한마디

☐ 이야기
☐ 시
☐ 극본
☑ 설명하는 글
☐ 주장하는 글
☐ 생활 글

1 '글로켄슈필'을 +연주해 본 적이 있나요? 이름이 +낯설어서 연주해 본 적이 없다고 생각하는 친구들도 있을 거예요. 하지만 글로켄슈필은 친구들한테도 매우 ㉠익숙한 악기예요. 글로켄슈필은 작은 +강철 조각을 순서대로 늘어놓고 두 개의 채로 치면서 소리를 내는 악기입니다. 비슷한 악기로는 실로폰이 있어요. 하지만 실로폰은 작은 강철 조각이 아닌 작은 나무 조각을 늘어놓은 것이에요.

2 글로켄슈필은 강철 조각의 길이에 따라 각각 다른 음을 내요. 강철 조각의 길이가 길수록 낮은 소리가 나고, 강철 조각의 길이가 짧을수록 높은 소리가 나지요. 글로켄슈필은 특히 높은 소리를 연주할 때 잘 들리는 악기예요.

3 글로켄슈필을 연주할 때에는 양손으로 긴 채의 뒷부분을 쥐고, 강철 조각을 가볍게 튕기듯 쳐요. 이때 어깨와 팔의 +긴장을 푼 다음 글로켄슈필에서 좀 떨어져서 연주해야 해요.

4 글로켄슈필은 어려운 기술을 익히지 않고도 예쁜 소리를 낼 수 있는 악기예요. 또한 어린이용 글로켄슈필도 있어서 친구들이 악기를 배우려고 할 때 사용할 수 있는 좋은 악기이지요. 또, +특유의 +선명하고 맑은 소리가 나서 더욱 즐겁게 연주할 수 있는 악기랍니다.

낱말 풀이

+**연주**: 악기를 다루어 음악을 들려줌.

+**낯설어서**: 전에 경험한 적이 없어 익숙하지가 않아서.

+**강철**: 단단하게 만든 쇠.

+**긴장**: 몸의 근육이 계속 움츠러드는 상태.

+**특유**: 그 사물만이 특별히 갖추고 있음.

+**선명하고**: 뚜렷하면서 분명하고.

정답 확인
24쪽

쓱쓱! 내용 정리

빈칸에 들어갈 낱말을 글에서 찾아 쓰세요.

1 글로켄슈필은 작은 ㄱㅊ 조각을 순서대로 늘어놓고 채로 치는 악기이다.

✎ _____

2 글로켄슈필은 강철 조각의 ㄱㅇ에 따라 음의 높낮이가 다르다.

✎ _____

3 글로켄슈필을 연주할 때에는 양손에 ㅊ를 쥐고 강철 조각을 가볍게 튕기듯 친다.

✎ _____

4 글로켄슈필은 어려운 ㄱㅅ을 익히지 않아도 예쁜 소리를 내는 악기이다.

✎ _____

1
중심 소재

이 글에서 설명하고 있는 악기는 무엇인가요?

(   )

① 장구   ② 소고   ③ 피아노
④ 실로폰   ⑤ 글로켄슈필

2
내용 이해

글로켄슈필과 실로폰의 다른 점은 무엇인가요? 빈칸에 알맞은 말을 쓰세요.

> 글로켄슈필은 작은 강철 조각을 늘어놓은 것이고, 실로폰은 작은 ☐☐ 조각을 늘어놓은 것이다.

3
내용 이해

글로켄슈필의 강철 조각 길이에 따른 음으로 알맞은 것을 찾아 선으로 이으세요.

| 길이가 길수록 | • | | • | 낮은 소리가 난다. |
| 길이가 짧을수록 | • | | • | 높은 소리가 난다. |

4
내용 추론

이 글에 나오는 글로켄슈필을 연주하는 모습으로 알맞은 것에 ○표 하세요.

 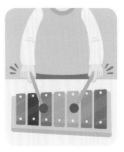 

(   )   (   )   (   )

5 ⊙과 뜻이 반대되는 말은 무엇인가요? (   )

어휘

① 낯선   ② 친한   ③ 소중한

④ 조용한   ⑤ 재미있는

6 글로켄슈필을 추천하기에 알맞지 <u>않은</u> 친구는 누구인가요? (   )

적용

① 은지: 채로 치면서 신나게 연주하고 싶어.

② 상훈: 줄을 튕겨서 연주하는 악기이면 좋겠어.

③ 예서: 선명하고 맑게 울리는 소리를 듣고 싶어.

④ 지민: 어린이용으로 만들어진 것이 있으면 좋을 거 같아.

⑤ 도진: 어려운 기술을 익히지 않아도 예쁜 소리가 났으면 좋겠어.

7 빈칸에 알맞은 말을 써서, 이 글의 짜임을 정리해 보세요.

글의
구조

글로켄슈필

작은 강철 조각을 순서대로 늘어놓고 두 개의 ❶(   )로 치면서 소리를 내는 악기임.

강철 조각의 ❷(   )에 따라 음의 높낮이가 달라짐.

양손에 채를 쥐고 강철 조각을 가볍게 튕기듯 침.

↓

❸(   )은 쉽게 소리를 낼 수 있는 악기로, 선명하고 맑은 소리를 낸다.

1 다음 낱말의 뜻으로 알맞은 것을 찾아 선으로 이으세요.

긴장 •

선명하다 •

연주 •

• 뚜렷하면서 분명하다.

• 악기를 다루어 음악을 들려줌.

• 몸의 근육이 계속 움츠러드는 상태.

2 다음 문장의 빈칸에 들어갈 알맞은 낱말을 보기 에서 골라 쓰세요.

보기
긴장   선명하다   연주

(1) 오빠는 피아노 ⬜⬜ 를 잘한다.

(2) 이 옷은 무늬가 진하고 ⬜⬜⬜⬜ .

(3) 민준이는 ⬜⬜ 을 하면 얼굴이 빨개지고 땀을 흘린다.

확장
3 다음 밑줄 친 낱말의 알맞은 뜻을 보기 에서 골라 번호를 쓰세요.

보기

풀다 { ① 묶이거나 매인 것을 원래의 상태로 되게 하다.
       ② 긴장된 상태를 부드럽게 하다.

(1) 차에서 내리기 위해 안전벨트를 풀다. ( )

(2) 경기가 시작되기 전 선수들이 가볍게 뛰며 긴장을 풀다. ( )

오늘
나의 실력은?

부모님의
응원 한마디

1 옛날, 어느 고을에 심술궂은 ✛원님이 있었습니다. 원님은 자기보다 더 마을 사람들의 ✛신뢰를 받는 ✛이방을 혼내 주려고 ✛벼르고 있었습니다. 어느 겨울날 원님은 이방을 불러 명하였습니다.

"여봐라, 이방. 산딸기를 먹고 싶으니 산에 가서 따 오너라."

"사, ✛사또……. ㉠이 겨울에 산딸기가 어디에 열린다는 말씀이옵니까?"

놀란 이방은 벌벌 떨며 대답했습니다. 원님은 버럭 화를 내며 말하였습니다.

㉡"네 이놈, 내 명을 어기면 큰 벌을 내릴 것이야."

2 ✛가엾은 이방은 걱정을 하던 끝에 병이 나서 눕고 말았습니다. 이방에게는 영리한 아들이 있었습니다. 아들은 아버지를 대신하여 원님을 찾아갔습니다.

"저희 아버지께서 산딸기를 따다가 ✛독사에게 물리셔서 제가 대신 왔사옵니다."

원님은 화를 내며 되물었습니다.

㉢"이 겨울에 독사가 어디 있단 말이냐?"

3 이방의 아들은 ✛공손하게 대답하였습니다.

"겨울에 독사가 없듯이 ㉣ 도 없지 않겠습니까? 부디 명을 거두어 주십시오."

"허허허, 어린 네가 참으로 영리하구나."

영리한 아들의 지혜에 감탄한 원님은 자기의 잘못을 ㉤뉘우치고 아들에게 큰 상을 내렸답니다.

☑ 이야기
☐ 시
☐ 극본
☐ 설명하는 글
☐ 주장하는 글
☐ 생활 글

낱말 풀이

✛**원님**: 옛날에 고을을 맡아 다스리던 관리를 높이는 말.
✛**신뢰**: 굳게 믿고 의지함.
✛**이방**: 옛날에 원님을 도와 업무를 보던 관리.
✛**벼르고**: 어떤 일을 하려고 마음을 단단히 먹으면서 기다리고.
✛**사또**: 일반 백성이나 하급 관리가 '원님'을 부르던 말.
✛**가엾은**: 마음이 아플 정도로 불쌍하고 딱한.
✛**독사**: 독이 있는 뱀.
✛**공손하게**: 말이나 행동이 예의가 바르고 겸손하게.

104 하루 한장 독해✛ 1단계

빈칸에 들어갈 낱말을 글에서 찾아 쓰세요.

1 원님은 이방에게 겨울에 ㅅ ㄸㄱ 를 따 오라고 명했다.
✎ _____

2 이방의 아들이 원님을 찾아와 이방이 ㄷ ㅅ 에게 물렸다고 했다.
✎ _____

3 원님은 자기의 잘못을 뉘우치고 이방의 아들에게 큰 ㅅ 을 내렸다.
✎ _____

1 내용 이해

원님이 이방에게 내린 명령과, 그 명령을 내린 까닭을 바르게 짝 지은 것은 무엇인가요? (   )

명령	까닭
① 큰 벌을 내릴 것	이방에게 큰 상을 내리려고
② 산딸기를 따 올 것	이방을 혼내 주려고
③ 독사를 잡아 올 것	이방의 아들에게 상을 주려고
④ 산딸기를 따 올 것	이방을 쉬게 해 주려고
⑤ 독사를 잡아 올 것	이방의 병을 낫게 하려고

2 내용 추론

㉠에서 짐작할 수 있는 내용을 정리했습니다. 알맞은 말을 골라 ○표 하세요.

산딸기는 겨울에 구할 수 (있다 / 없다).
따라서 이방은 원님이 내린 명령을 (잘 따를 것이다 / 따르지 못할 것이다).

3 내용 추론

원님이 ㉡과 ㉢을 말할 때의 목소리로 알맞은 것은 무엇일까요? (   )

① 졸린 목소리
② 행복한 목소리
③ 겁먹은 목소리
④ 화내는 목소리
⑤ 감탄하는 목소리

4 내용 추론

㉣에 들어갈 말을 이 글에서 찾아 쓰세요.

5 ㉤과 바꾸어 쓸 수 있는 말은 무엇인가요? (   )

어휘

① 감싸고   ② 따지고   ③ 반성하고

④ 칭찬하고   ⑤ 야단치고

6 다음은 이 글을 읽은 후 나눈 대화입니다. 글의 내용을 <u>잘못</u> 이해한 친구의 이름을 쓰세요.

내용
추론

> 나은: 마을 사람들의 신뢰를 받았다는 것으로 보아, 이방은 좋은 사람일 것
>   같아.
>
> 서진: 원님에게 지혜롭게 답한 것으로 보아, 이방의 아들은 영리한 인물일
>   거야.
>
> 태영: 이방의 아들한테도 심술궂은 명령을 내린 것으로 보아, 원님은 자기밖
>   에 모르는 사람인 것 같아.

(   )

7 알맞은 말에 ○표 하여, 이 글의 짜임을 정리해 보세요.

글의
구조

원님의 명령	이방 아들의 대답
"이방, 겨울에 산딸기를 따 오너라."	"아버지께서 산딸기를 따다 독사에게 물리셨습니다."

둘 다 ❶(가능한 일 / 가능하지 않은 일)임.

이방 아들의 ❷(욕심 / 지혜)에 감탄한 원님이 자기의 잘못을 뉘우쳤다.

1 다음 뜻을 지닌 낱말을 [보기]에서 골라 빈칸에 쓰세요.

> **[보기]**
>
> 가엾다   공손하다   벼르다

(1) 마음이 아플 정도로 불쌍하고 딱하다. ( )

(2) 말이나 행동이 예의가 바르고 겸손하다. ( )

(3) 어떤 일을 하려고 마음을 단단히 먹으면서 기다리다. ( )

2 다음 문장의 빈칸에 들어갈 알맞은 낱말을 찾아 선으로 이으세요.

> 예의 바른 지수는 어른들에게 ( ).   •

• 가엾다

> 언니가 짓궂은 장난을 치는 동생을 혼내 주려고 ( ).   •

• 공손하다

> 눈이 내리는 추운 겨울에 밖에서 떨고 있는 강아지가 ( ).   •

• 벼르다

확장

3 다음 밑줄 친 낱말의 알맞은 뜻을 [보기]에서 골라 번호를 쓰세요.

> **[보기]**
>
> 따다 { ① 달려 있거나 붙어 있는 것을 잡아서 떼다.
> ② 꽉 닫혀 있는 것을 열다.

(1) 통조림의 뚜껑을 <u>따다</u>. ( )

(2) 사과나무에서 사과를 <u>따다</u>. ( )

오늘
나의 실력은?   부모님의
응원 한마디

☐ 이야기
☐ 시
☐ 극본
☑ 설명하는 글
☐ 주장하는 글
☐ 생활 글

1 집을 나서서 도로를 지나다 보면 자주 보이는 것들이 있어요. 바로 교통 표지판이에요. 교통 표지판은 도로에서 사람과 자동차가 안전하게 다닐 수 있게 지켜야 할 내용을 기호로 나타낸 것이에요. 기호는 어떤 뜻을 나타내는 간단한 그림, 글자, 숫자를 말해요. 만약 교통 표지판 내용이 글로 길게 쓰였다면 어떻게 될까요? 사람과 차들이 ⁺마구 ⁺뒤엉킨 도로의 모습을 상상할 수 있을 거예요. 그래서 도로처럼 ㉠신속하게 움직여야 할 상황일수록 내용이 한눈에 쏙 들어오는 기호로 알려야 하는 것이지요.

2 또한 교통 표지판은 색깔로 그 뜻을 ⁺전달해요. 파란색 교통 표지판은 '이대로 하세요'라는 뜻을 담고 있어요. 따라서 파란색 표지판을 보면 표지판에 적힌 내용대로 따르면 되어요.

▲ 횡단보도로 건너기

빨간색 교통 표지판은 '하지 마세요'라는 뜻을 담고 있어요. 도로의 안전을 지키기 위해 ⁺금지하는 내용을 표시한 것이지요. 빨간색은 멀리서도 눈에 잘 ⁺띄기 때문에 금지하는 내용을 표시하는 데 알맞답니다.

▲ 걷는 것 금지

노란색 교통 표지판은 '주의하세요'라는 뜻을 담고 있어요. 도로 주변에 위험한 것이 있거나 조심해야 할 것이 있을 때 이를 알려 주어서 안전하게 다닐 수 있게 해 준답니다.

▲ 도로 공사 중

낱말 풀이

✚ **마구:** 매우 심하게.

✚ **뒤엉킨:** 이것저것 마구 섞여서 한 덩어리가 된.

✚ **전달:** 내용이나 뜻을 전하여 알게 함.

✚ **금지:** 어떤 행동을 하지 못하게 함.

✚ **띄기:** 눈에 보이기.

빈칸에 들어갈 낱말을 글에서 찾아 쓰세요.

1 교통 표지판은 도로에서 안전을 위해 지켜야 할 내용을 ㄱㅎ로 나타낸 것이다.

✏️_____

2 교통 표지판은 ㅅㄲ로 그 뜻을 전달한다.

✏️_____

1
글의 목적

글쓴이가 이 글을 쓴 까닭으로 알맞은 것은 무엇인가요? (　　　　)

① 교통 표지판의 뜻과 특징을 알려 주기 위해서
② 여러 나라의 교통 표지판을 알려 주기 위해서
③ 교통 표지판을 만드는 방법을 알려 주기 위해서
④ 교통 표지판을 처음 만든 사람을 알려 주기 위해서
⑤ 과거에 교통 표지판이 없었을 때의 상황을 알려 주기 위해서

2
내용 이해

교통 표지판을 기호로 나타낸 까닭으로 알맞은 것에 ○표 하세요.

(1) 전달할 내용을 한눈에 쏙 들어오게 하려고 　　　　(　　　　)

(2) 전달할 내용을 최대한 자세하게 설명하려고 　　　　(　　　　)

3
내용 이해

교통 표지판의 색깔에 담긴 뜻을 찾아 선으로 이으세요.

파란색 교통 표지판	•	•	'주의하세요' 라는 뜻
빨간색 교통 표지판	•	•	'하지 마세요' 라는 뜻
노란색 교통 표지판	•	•	'이대로 하세요' 라는 뜻

4
어휘

㉠의 뜻으로 알맞은 것에 ○표 하세요.

(1) 매우 빠르게. 　　　　(　　　　)

(2) 매우 천천히. 　　　　(　　　　)

5 다음 상황에서 설치해야 할 표지판으로 알맞은 것을 골라 ○표 하세요.

적용

> 교통경찰: 여기는 자전거가 다니면 안 되는 길입니다. 이 사실을 알리기 위해 표지판을 설치해야겠어요.

(   )   (   )   (   )

6 교통 표지판이 필요한 곳으로 알맞은 곳은 어디인가요? (   )

내용
추론

① 건물 안에서 화장실을 찾을 때
② 집에서 부모님 방과 내 방을 구별할 때
③ 학교에서 우리 교실을 쉽게 찾으려고 할 때
④ 이어지는 도로가 미끄럽다는 것을 알려 줄 때
⑤ 놀이공원에서 가장 인기 많은 놀이 기구를 소개할 때

 7 빈칸에 알맞은 말을 써서, 이 글의 짜임을 정리해 보세요.

글의
구조

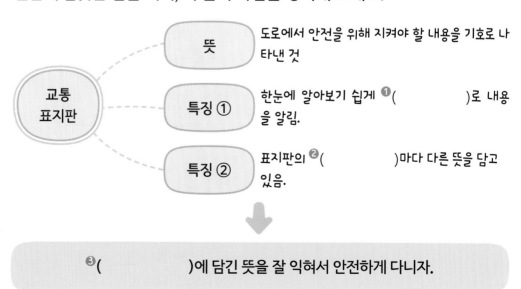

교통
표지판

뜻 : 도로에서 안전을 위해 지켜야 할 내용을 기호로 나타낸 것

특징 ① : 한눈에 알아보기 쉽게 ❶(   )로 내용을 알림.

특징 ② : 표지판의 ❷(   )마다 다른 뜻을 담고 있음.

❸(   )에 담긴 뜻을 잘 익혀서 안전하게 다니자.

탄탄 어휘 마무리

1 다음 낱말의 뜻으로 알맞은 것을 찾아 선으로 이으세요.

금지 •

마구 •

전달 •

• 매우 심하게.

• 어떤 행동을 하지 못하게 함.

• 내용이나 뜻을 전하여 알게 함.

2 다음 문장의 빈칸에 들어갈 알맞은 낱말을 보기에서 골라 쓰세요.

> **보기**
>
> 금지   마구   전달

(1) 너무 급해서 문을 ☐☐ 두드렸다.

(2) 이 미술관은 사진 촬영을 ☐☐ 한다.

(3) 이 편지로 나의 마음이 잘 ☐☐ 되었으면 좋겠다.

확장

3 다음 낱말이 아래의 문장에서 어떤 뜻으로 사용되었는지 골라 번호를 쓰세요.

따르다

① 규칙, 명령 또는 다른 사람의 의견을 그대로 실행하다.

② 액체가 담긴 물건을 기울여 액체를 밖으로 흐르게 하다.

(1) 동생이 놀이 규칙을 잘 **따르다**.   (   )

(2) 주전자에 담긴 물을 컵에 **따르다**.   (   )

오늘
나의 실력은?   부모님의
응원 한마디

1 옛날 옛날 어느 동네에 어여쁜 딸을 셋이나 둔 아버지가 있었어요. 하루는 아버지가 딸 셋을 한자리에 불러 이렇게 말했어요.

"이제 너희도 많이 컸으니 내년엔 할아버지 ✦생신 선물을 준비해 보아라."

그러고는 콩 한 알씩을 나눠 주었어요.

2 "작디작은 콩 한 알로 선물을 준비하라고? 말도 안 돼."

큰딸은 콩을 창밖으로 던져 버렸어요.

"콩을 심어 놓으면 가만히 둬도 무럭무럭 자랄 테니까!"

둘째 딸은 콩을 땅에 심고 꾹 밟아 놓았어요.

3 그런데 막내딸은 산에 올라가 콩을 ✦미끼로 써서 꿩을 잡았어요.

"꿩을 ㉠ 팔아서 무엇을 살까?"

막내딸은 꿩을 팔아 병아리 한 ✦쌍을 샀어요. 병아리를 어미 닭으로 키우고, 어미 닭이 달걀을 ✦낳으면 병아리를 ✦까게 하여 다시 어미 닭으로 키웠어요.

4 마침내 시간이 흘러 할아버지 생신날이 되었어요. 아버지가 세 딸을 불러 선물을 가져오라고 했어요. 큰딸과 둘째 딸은 고개만 수그리고 아무 말도 하지 못했어요. 그때 막내딸이 송아지를 끌고 나왔어요. 사람들은 깜짝 놀랐어요. 그러자 막내딸은 콩 한 알로 송아지를 사게 된 이야기를 해 주었어요. 할아버지와 아버지는 ✦함박웃음을 지었어요.

– 한해숙, 『콩 한 알과 송아지』 중에서

낱말 풀이

✦ **생신**: '생일'을 높이는 말.

✦ **미끼**: 동물을 잡기 위해 사용하는 먹이.

✦ **쌍**: 둘을 하나로 묶어 세는 단위.

✦ **낳으면**: 배 속의 아이, 새끼, 알을 몸 밖으로 내보내면.

✦ **까게**: 알을 품어서 새끼가 껍질을 깨고 나오게.

✦ **함박웃음**: 크고 밝게 웃는 웃음.

쏙쏙! 내용 정리

빈칸에 들어갈 낱말을 글에서 찾아 쓰세요.

1 아버지가 딸 셋에게 할아버지 생신 선물을 준비하라고 말하며 ㅋ 한 알씩을 줬다.

_____

2 큰딸은 콩을 ㅊㅂ으로 던졌고, 둘째 딸은 콩을 땅에 심고 꾹 밟았다.

_____

3 막내딸은 콩을 미끼로 ㄲ을 잡아서 팔고, 병아리를 사서 어미 닭으로 키웠다.

_____

4 할아버지 생신날, 막내딸이 ㅅㅇㅈ를 끌고 나왔다.

_____

---

1 아버지가 딸 셋을 한자리에 부른 까닭은 무엇인가요? 빈칸에 알맞은 말을 쓰세요.

내용
이해

> 내년에 드릴 할아버지의 ☐☐ ☐☐을
> 준비해 보라는 말을 하기 위해서

2 큰딸이 콩을 창밖으로 던져 버린 까닭은 무엇인가요?

내용
이해

(   )

① 아버지가 콩을 좋아하지 않기 때문에
② 둘째 딸도 콩을 버릴 것이라고 하였기 때문에
③ 할아버지가 선물을 주지 않아도 된다고 했기 때문에
④ 콩 한 알이 없어도 스스로 선물을 준비할 수 있기 때문에
⑤ 작디작은 콩 한 알로 선물을 준비할 수는 없다고 생각했기 때문에

3 할아버지의 생신날에 막내딸이 선물로 준비한 것은 무엇인가요? (   )

내용
이해

① 닭   ② 꿩   ③ 병아리
④ 송아지   ⑤ 콩 한 알

4 ㉠과 뜻이 반대되는 말은 무엇인가요? (   )

어휘

① 사서   ② 자서   ③ 깨서
④ 사용해서   ⑤ 판매해서

5

내용
이해

막내딸이 한 일의 순서대로 번호를 쓰세요.

① 콩을 미끼로 써서 꿩을 잡았다.

② 꿩을 팔아 병아리 한 쌍을 샀다.

③ 할아버지 생신날 송아지를 끌고 왔다.

④ 병아리를 어미 닭으로 키워서 병아리를 까게 하여 다시 어미 닭으로 키웠다.

(   ) → (   ) → (   ) → (   )

6

내용
추론

다음은 등장인물이 각자 지은 이 글의 제목입니다. 이 글의 제목과 제목을 지은 인물을 바르게 짝 지어 선으로 이으세요.

제목		제목을 지은 인물
손녀딸의 선물	• •	막내딸
콩 한 알로 산 송아지	• •	할아버지

7

글의
구조

알맞은 말에 ○표 하여, 이 글의 짜임을 정리해 보세요.

아버지가 콩 한 알을 주며 할아버지 생신 선물을 준비하라고 함.

큰딸, 둘째 딸	막내딸
콩 한 알을 ❶(소중하게 / 보잘것없게) 여겨서 생신 선물을 준비하지 못함.	콩 한 알을 사용해 송아지를 생신 선물로 가져옴.

콩 한 알로 큰 선물을 마련한 막내딸은 무척 ❷(어리석은 / 지혜로운) 인물이다.

1 다음 낱말의 뜻으로 알맞은 것을 찾아 선으로 이으세요.

까다 •   • '생일'을 높이는 말.

미끼 •   • 동물을 잡기 위해 사용하는 먹이.

생신 •   • 알을 품어서 새끼가 껍질을 깨고 나오게 하다.

2 다음 문장의 빈칸에 들어갈 알맞은 낱말을 보기에서 골라 쓰세요.

보기
> 까다   미끼   생신

(1) 알을 품고 있던 거위가 새끼를 □□.

(2) 아저씨는 새우를 □□로 낚시를 했다.

(3) 할머니의 □□ 잔치에 친척들이 다 모였다.

확장
3 다음 낱말의 뜻을 보고, 문장에 어울리는 낱말을 골라 ○표 하세요.

낳다	배 속의 아이, 새끼, 알을 몸 밖으로 내보내다.
낫다	병이나 상처 등이 없어져 본래대로 되다.

(1) 푹 쉬어서 감기가 빨리 (낳다 / 낫다).

(2) 우리 집 개가 귀여운 새끼를 (낳다 / 낫다).

오늘
나의 실력은?   부모님의
응원 한마디

☐ 이야기
☐ 시
☐ 극본
☑ 설명하는 글
☐ 주장하는 글
☐ 생활 글

1 유리창에 붙어 있는 인형을 본 적이 있나요? 물건을 유리에 붙일 때에 사용하는 ✛흡착판은 문어의 ✛빨판을 ✛본떠 만들었습니다. 문어는 빨판을 이용하여 어디에나 잘 달라붙습니다. 우리가 ㉠흔히 쓰는 칫솔걸이의 흡착판도 이것을 본떠 만든 물건입니다.

▲ 흡착판

2 낙하산은 민들레씨를 본떠 만들었습니다. 민들레씨의 가는 실 끝에는 털이 여러 개 달려 있습니다. 이 털이 있어서 민들레씨는 둥둥 떠서 멀리까지 날아갈 수 있습니다. 또, 천천히 땅에 떨어지게 됩니다. 낙하산을 이용하면 비행기에서 안전하게 땅으로 내려올 수 있습니다.

▲ 낙하산

3 숲속을 걷다 보면 옷에 열매가 붙어 있는 경우가 있습니다. 도꼬마리 열매에는 ✛갈고리 모양의 가시가 많이 있습니다. 그래서 짐승의 털에 잘 붙습니다. 이것을 보고 단추나 끈보다 더 쉽게 붙였다 떼었다 할 수 있는 물건인 벨크로를 만들었습니다.

▲ 벨크로

4 이렇게 우리 주변에는 동물이나 식물을 본떠 만든 발명품이 많습니다. 이런 물건은 사람들의 생활을 더 편하게 만들어 줍니다. 자연은 누구보다 ✛위대한 발명왕인 셈입니다.

낱말 풀이

✛**흡착판**: 어떤 물질이 달라붙도록 만든 판.

✛**빨판**: 문어 같은 동물의 발에 달려 있어, 다른 물체에 달라붙을 때 쓰는 몸의 기관.

✛**본떠**: 이미 있는 것을 그대로 따라서 하여.

✛**갈고리**: 무엇을 걸거나 잡아당기는 데 쓰는, 끝이 뾰족하고 꼬부라진 도구.

✛**위대한**: 뛰어나고 훌륭한.

쏙쏙! 내용 정리

빈칸에 들어갈 낱말을 글에서 찾아 쓰세요.

1 '흡착판'은 문어의 ㅃㅍ 을 본떠 만든 것이다.

✎ _____

2 'ㄴㅎㅅ'은 민들레씨를 본 떠 만든 것이다.

✎ _____

3 '벨크로'는 ㄷㄲㅁㄹ 열 매를 본떠 만든 것이다.

✎ _____

4 자연을 본떠 만든 ㅂㅁㅍ 이 많다.

✎ _____

1 흡착판은 문어 빨판의 어떤 점을 본떠 만들었나요? 알 맞은 말에 ○표 하세요.

> 내용 이해

> 문어의 빨판은 어디에나
> (잘 달라붙는다 / 잘 떨어진다).

2 민들레씨가 멀리까지 날아갈 수 있는 까닭은 무엇인가 요? (　　　　)

> 내용 이해

① 민들레씨가 매우 무겁기 때문에
② 민들레씨를 새들이 물어서 옮겨 주기 때문에
③ 민들레는 바람이 있을 때만 씨를 뿌리기 때문에
④ 민들레씨의 가는 실 끝에 털이 달려 있기 때문에
⑤ 민들레씨가 뭉치면 바람개비 모양이 되기 때문에

3 도꼬마리 열매가 옷에 쉽게 붙는 까닭은 무엇인가요?

　　　　　　　　　　　　　　　(　　　　)

> 내용 이해

① 열매에 빨판이 달려 있기 때문에
② 열매에 단추가 달려 있기 때문에
③ 열매의 끝부분에 자석이 있기 때문에
④ 열매에 갈고리 모양의 가시가 많이 달려 있기 때문에
⑤ 열매에 바늘 모양의 큰 가시 한 개가 달려 있기 때문에

4 ㉠과 바꾸어 쓸 수 있는 말은 무엇인가요? (　　　　)

> 어휘

① 가끔　　　　② 자주　　　　③ 드물게
④ 때때로　　　⑤ 한 번만

5 다음 물건과 관련 있는 그림을 찾아 선으로 이으세요.

내용
추론

흡착판	낙하산	벨크로
•	•	•

 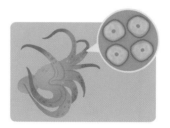 

6 이 글의 제목으로 알맞지 <u>않은</u> 것은 무엇인가요? (   )

내용
추론

① 자연은 위대한 발명왕
② 자연을 보고 발명했어요
③ 자연을 파괴하는 발명품
④ 동물이나 식물을 본뜬 발명품
⑤ 자연을 본떠 만든 생활 속 발명품

7 빈칸에 알맞은 말을 써서, 이 글의 짜임을 정리해 보세요.

글의
구조

흡착판	❷( )	벨크로
어디에나 잘 달라붙는 문어의 ❶( )을 본떠 만든 물건	멀리 날아가고 천천히 땅에 떨어지는 민들레씨를 본떠 만든 물건	옷과 털에 잘 붙는 도꼬마리 열매를 본떠 만든 물건

우리 주변에는 자연을 본떠 만든 ❸(   )이 많다.

1 다음 뜻을 지닌 낱말을 보기 에서 골라 빈칸에 쓰세요.

보기

갈고리   본뜨다   위대하다

(1) 뛰어나고 훌륭하다.   (   )

(2) 이미 있는 것을 그대로 따라서 하다.   (   )

(3) 무엇을 걸거나 잡아당기는 데 쓰는, 끝이 뾰족하고 꼬부라진 도구.

(   )

2 다음 문장의 빈칸에 들어갈 알맞은 낱말을 찾아 선으로 이으세요.

위에 있는 물건을 (   )로 잡아당겼다.   •   •   갈고리

박물관에 있는 작품들은 모두 (   ).   •   •   본뜨다

쿠키를 만들기 위해 동물 모양을 (   ).   •   •   위대하다

확장

3 다음 밑줄 친 낱말의 알맞은 뜻을 보기 에서 골라 번호를 쓰세요.

보기

붙다 ① 무엇이 어디에 닿아 떨어지지 않다.
　　　 ② 시험 등에 합격하다.

(1) 옷에 먼지가 <u>붙다</u>.   (   )

(2) 오래 전부터 준비했던 자격증 시험에 <u>붙다</u>.   (   )

오늘
나의 실력은?   부모님의
응원 한마디

☐ 이야기
☐ 시
☐ 극본
☑ 설명하는 글
☐ 주장하는 글
☐ 생활 글

1 자연재해는 황사, 홍수, 태풍, 폭설과 같은 자연 현상으로 인해 사람들이 입는 피해를 뜻해요. 우리나라는 계절에 따라 조금씩 다른 자연재해가 일어납니다.

2 봄에는 중국의 모래 먼지가 강한 바람을 타고 우리나라로 오는 '황사'가 일어나요. 황사가 발생하면 공기 중에 ㉠해로운 물질들이 많아져요. 그래서 우리의 ✦호흡 기관이나 눈에 병을 일으키기도 하고, 식물이 자라는 것을 방해하기도 합니다.

3 여름에는 '홍수'와 '태풍'이 발생해요. 홍수는 비가 많이 내려 하천이 넘치면서 일어나는 자연재해입니다. 홍수가 일어나면 도로나 건물, ✦농작물 등이 물에 잠기거나 ✦산사태가 나는 등 큰 피해를 입습니다. 태풍은 매우 강한 바람이 불면서 많은 비도 함께 내리는 현상으로, 건물을 부서뜨리거나 농작물을 거두어들일 수 없게 피해를 입혀요.

4 겨울에는 많은 눈이 한꺼번에 내리는 '폭설'이 일어나요. 폭설이 올 경우, 도로에 눈이 갑자기 많이 쌓이면서 교통이 ✦혼잡해지고, ✦눈사태 등이 일어날 수 있습니다.

5 이처럼 자연재해가 지나간 자리에는 큰 피해가 남아요. 따라서 자연재해를 더 잘 알고 그에 맞게 ✦대비하려는 노력이 필요합니다.

낱말 풀이

✦**호흡 기관**: 사람이나 동물의 몸에서 숨을 쉬는 일을 맡은 기관.

✦**농작물**: 논밭에 심어 가꾸는 곡식이나 채소.

✦**산사태**: 큰비로 산에서 돌과 흙이 무너져 내리는 일.

✦**혼잡**: 여러 가지가 한데 뒤섞여 어지럽고 복잡함.

✦**눈사태**: 산에 쌓인 눈이 갑자기 무너지면서 아래로 한꺼번에 떨어지는 일.

✦**대비**: 앞으로 일어날 수 있는 어려운 상황에 미리 준비함.

쏙쏙! 내용 정리

빈칸에 들어갈 낱말을 글에서 찾아 쓰세요.

1 자연재해는 황사, 홍수 같은 자연 현상으로 인해 사람들이 입는 ㅍㅎ를 뜻한다.
✎ _____

2 우리나라의 봄에는 ㅎㅅ가 일어난다.
✎ _____

3 우리나라의 여름에는 ㅎㅅ와 태풍이 발생한다.
✎ _____

4 우리나라의 겨울에는 ㅍㅅ이 일어난다.
✎ _____

5 자연재해를 더 잘 알고 그에 맞게 ㄷㅂ하자.
✎ _____

1
중심 소재

이 글에서 설명하는 것은 무엇인가요? (   )

① 비   ② 바람   ③ 계절
④ 자연재해   ⑤ 환경 오염

2
내용 이해

우리나라의 계절에 따라 일어나는 자연재해로 알맞은 것을 찾아 선으로 이으세요.

봄	•		•	폭설
여름	•		•	황사
겨울	•		•	홍수와 태풍

3
내용 이해

각 자연재해에 대한 설명으로 알맞으면 ○표, 알맞지 <u>않</u>으면 X표를 하세요.

(1) '황사'가 일어나면 도로나 건물이 물에 잠긴다.
                                (   )

(2) '폭설'은 짧은 시간 동안 많은 비가 내리는 현상이다.
                                (   )

(3) '태풍'이 오면 강한 바람 때문에 건물이 부서지기도 한다.   (   )

(4) '홍수'는 중국의 모래 먼지가 강한 바람을 타고 우리나라로 오는 현상을 말한다.   (   )

4
어휘

㉠과 바꾸어 쓸 수 있는 말은 무엇인가요? (   )

① 좋은   ② 나쁜   ③ 깨끗한
④ 가벼운   ⑤ 무거운

5 이 글을 읽고 알 수 <u>없는</u> 내용을 두 가지 고르세요. (,   )

내용
추론

① 자연재해의 뜻

② 자연재해의 종류

③ 자연재해의 좋은 점

④ 자연재해가 미치는 영향

⑤ 자연재해를 대비하는 방법

6 다음은 이 글을 읽고 떠올린 경험을 말한 것입니다. 이 글과 관련이 <u>없는</u> 경험을 말한 친구의 이름을 쓰세요.

적용

> 현주: 태풍이 올 때 바람이 심하게 불어서 쓰고 있던 우산이 부서졌던 경험이 있어.
>
> 수현: 밤이 되자 날이 어두워져서 앞에 있던 물건에 발이 걸려 넘어졌던 경험이 있어.
>
> 경호: 황사가 왔을 때 눈이 간지러워서 병원에 갔더니 황사 때문에 눈병이 난 것이라고 했어.

(   )

7 빈칸에 알맞은 말을 써서, 이 글을 짜임을 정리해 보세요.

글의
구조

```
                  우리나라에서 일어나는 자연재해
        ┌──────────────────┼──────────────────┐
        봄              ❶(        )            겨울
```

봄	❶( )	겨울
황사: 중국의 모래 먼지가 강한 바람을 타고 오는 것	- 홍수: 비가 많이 내려 하천이 넘치는 것 - 태풍: 강한 바람이 불면서 많은 비가 내리는 것	❷( ): 많은 눈이 한꺼번에 내리는 것

⬇

우리나라는 계절에 따라 조금씩 다른 ❸( )가 일어난다.

1 다음 낱말의 뜻으로 알맞은 것을 찾아 선으로 이으세요.

농작물 •

• 논밭에 심어 가꾸는 곡식이나 채소.

산사태 •

• 여러 가지가 한데 뒤섞여 어지럽고 복잡함.

혼잡 •

• 큰비로 산에서 돌과 흙이 무너져 내리는 일.

2 다음 문장의 빈칸에 들어갈 알맞은 낱말을 보기 에서 골라 쓰세요.

보기

농작물 산사태 혼잡

(1) 공항에 사람이 많아 매우 ☐☐하다.

(2) 농부는 논밭에서 여러 ☐☐☐을 거두어들였다.

(3) 사흘 내내 비가 계속 퍼부어서 결국 ☐☐☐가 일어났다.

확장

3 다음 낱말의 뜻을 보고, 문장에 어울리는 낱말을 골라 ○표 하세요.

| 쌓이다 | 여러 개의 물건이 겹겹이 포개어져 놓이다. |
| 싸이다 | 물건이 겉으로 보이지 않게 씌워져 있다. |

(1) 선물이 포장지에 (쌓여 / 싸여) 있다.

(2) 청소를 안 해서 방 안에 옷들이 잔뜩 (쌓여 / 싸여) 있다.

오늘
나의 실력은?   부모님의
응원 한마디

1 ✦울타리 안에 있던 여우가 울타리 밖으로 나가려고 울타리를 오르고 있다. 울타리 옆에는 가시나무가 서 있다. 이때 황새가 등장한다.

황새: (다급한 목소리로) 여우야, 위험해! 울타리를 넘지 마!

여우: (✦손사래를 치며) 괜찮아. 앞에 떨어진 고기만 재빨리 주워서 바로 올 거야.

2 여우가 울타리를 넘으려다 미끄러진다. 여우는 울타리에서 떨어질 것 같자 옆에 있던 가시나무를 ✦황급히 ㉠잡는다.

여우: (가시나무에서 발을 떼며) 앗! 아야! 따가워!

황새: (여우를 향해 달려가며) 여우야, 괜찮아? 많이 다쳤어?

3 여우: (눈물을 흘리며) 발에 다 가시가 박힌 것 같아. (가시나무를 바라보며) 도움을 받을까 해서 너를 잡았는데, 너는 내 상황을 더 나쁘게 만들었구나.

가시나무: (여우를 물끄러미 바라보며) 내 가시는 원래 남을 찔러. 이건 누구나 다 아는 사실이야. ㉡네가 나를 붙잡으려고 했던 게 잘못이야. 왜 남을 ✦탓하니?

가시나무의 말을 들은 여우는 아무 말도 못하고 고개를 숙인다.

낱말 풀이

✦**울타리**: 풀이나 나무를 엮어서 만든, 담 대신 경계를 표시하는 시설.

✦**손사래**: 어떤 말을 인정하지 않거나 거절할 때 손을 펴서 휘젓는 일.

✦**황급히**: 매우 급하게.

✦**탓**: 핑계로 삼아 잘못된 일을 나무라거나 원망하는 일.

쏙쏙! 내용 정리

빈칸에 들어갈 낱말을 글에서 찾아 쓰세요.

1 여우가 ⟨ㅇ ㅌ ㄹ⟩ 밖으로 넘어가려고 한다.

2 여우는 울타리를 넘다가 떨어질 것 같자 옆에 있던 ⟨ㄱ ㅅ ㄴ ㅁ⟩를 잡았다.

3 여우는 발에 가시에 박혀 아파하다가 ⟨ㄱ ㅅ ㄴ ㅁ⟩ 탓을 하였고, 이를 들은 가시나무는 남을 탓하면 안 된다고 했다.

1 〔내용 이해〕 이 글에 나오는 인물이 <u>아닌</u> 것을 두 가지 고르세요.
(,)

① 여우 　② 황새 　③ 까마귀
④ 사과나무 　⑤ 가시나무

2 〔내용 이해〕 이 글에 나오는 장면으로 알맞은 것은 무엇인가요?
( )

① 여우가 가시나무를 붙잡는 장면
② 가시나무가 여우를 도와주는 장면
③ 가시나무가 여우에게 사과하는 장면
④ 황새가 울타리 밖으로 나오려는 장면
⑤ 여우가 황새에게 위험하다고 소리치는 장면

3 〔내용 이해〕 여우가 눈물을 흘린 까닭은 무엇인가요? 빈칸에 알맞은 말을 쓰세요.

발에 ⟨ ⟩가 박혀서

4 〔어휘〕 ㉠과 뜻이 반대되는 말은 무엇인가요? ( )

① 놓는다 　② 줍는다 　③ 껴안는다
④ 바라본다 　⑤ 빼앗는다

| 6주 | 05일차 　**125**

5 ⓒ에 담긴 가시나무의 마음으로 알맞은 것을 두 가지 고르세요.

내용
추론
(,)

① 재미있다.　　② 후회된다.　　③ 행복하다.

④ 억울하다.　　⑤ 화가 난다.

6 이 글을 읽고 여우에게 해 줄 말로 알맞은 것은 무엇인가요? ( )

내용
추론
① 자신의 꿈을 향해 꾸준히 노력해야 해.

② 할 일을 미루며 게으르게 행동하면 안 돼.

③ 남을 부러워하지 말고 자신의 좋은 점을 찾아봐.

④ 나쁜 행동을 하면 결국 자신에게 되돌아오는 거야.

⑤ 잘못된 선택의 결과를 두고 다른 사람을 탓해 보아야 소용없어.

7 알맞은 말에 ◯표 하여, 이 글의 짜임을 정리해 보세요.

글의
구조

> 여우는 ❶(황새 / 가시나무)가 말리는 것을 듣지 않고 울타리를 넘으려고 함.

↓

> 여우는 울타리에서 떨어지지 않기 위해 가시나무를 잡음.

↓

> 여우는 발에 가시가 박히자 아파하며 ❷(황새 / 가시나무)를 탓함.

↓

> 가시나무가 남을 탓하지 말라고 하자 여우가 아무 말도 하지 못함.

⬇

> ❸(여우 / 황새)처럼 자신의 잘못된 선택을 남의 탓으로 돌리면 안 된다.

1 다음 뜻을 지닌 낱말을 보기 에서 골라 빈칸에 쓰세요.

> 보기
>
> 손사래   울타리   황급히

(1) 매우 급하게.   (   )

(2) 어떤 말을 인정하지 않거나 거절할 때 손을 펴서 휘젓는 일.

                       (   )

(3) 풀이나 나무를 엮어서 만든, 담 대신 경계를 표시하는 시설.

                       (   )

2 다음 문장의 빈칸에 들어갈 알맞은 낱말을 찾아 선으로 이으세요.

(   ) 나오느라 지갑을 못 챙겼다. •   • 손사래

염소가 (   )를 폴짝 넘어 달아났다. •   • 울타리

준혁이랑 사귀는 게 맞느냐는 질문에 소현
이는 절대 아니라며 (   )를 쳤다. •   • 황급히

확장

3 다음 밑줄 친 낱말의 알맞은 뜻을 보기 에서 골라 번호를 쓰세요.

> 보기
>
> 박히다 { ① 무엇이 두들겨져서 어디에 꽂히다.
>   ② 무엇이 인상에 깊이 남다.

(1) 벽에 나사가 깊이 <u>박히다</u>.   (   )

(2) 불꽃놀이의 멋진 장면이 가슴에 <u>박히다</u>.   (   )

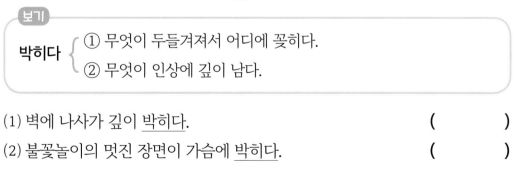

오늘
나의 실력은?   부모님의
응원 한마디

☐ 이야기
☐ 시
☐ 극본
☑ 설명하는 글
☐ 주장하는 글
☐ 생활 글

1 종이컵은 컵을 쓰고 버리기에 편리하도록 발명되었습니다. 종이컵은 유리컵과는 달리 쉽게 깨지지 않기 때문에 어린아이나 할아버지, 할머니께는 아주 편리한 물건입니다. 그리고 종이컵은 씻지 않아도 되기 때문에 간편하게 사용할 수 있습니다.

2 종이컵을 만들기 위해서는 여러 가지 재료가 필요합니다. 먼저, 종이의 ✛원료가 되는 나무가 필요합니다. 그리고 물이 필요합니다. 종이컵 한 개를 만들려면 우리가 학교에서 마시는 우유 한 ✛갑의 양만큼 물이 있어야 합니다. 종이컵을 많이 쓰면 쓸수록 나무와 물이 점점 많이 ㉠소모됩니다. 그러니까 종이컵을 쓰면 나무와 물도 그만큼 많이 쓰게 되는 것입니다.

3 사용한 종이컵은 ✛재활용할 수 있습니다. 종이컵을 재활용하여 화장지나 종이봉투 등 다른 물건을 만들 수 있습니다. 종이컵 예순다섯 개로 화장지 한 개를 만들 수 있습니다. 그래서 종이컵을 재활용하면 숲을 살릴 수 있습니다. 종이컵의 재료가 되는 나무를 많이 ✛베지 않아도 되기 때문입니다.

4 사용한 종이컵을 재활용하려면 종이컵을 바르게 버려야 합니다. 종이컵을 재활용하기 위해서는 사용한 종이컵을 종이컵 수거함에 넣어야 합니다. 이때 종이컵 안에 껌, 이쑤시개와 같은 쓰레기를 넣으면 종이컵을 재활용할 수 없습니다. 그러므로 종이컵 안에 쓰레기를 넣지 않고 종이컵만 종이컵 수거함에 넣어 버려야 합니다.

낱말 풀이

✛**원료**: 어떤 것을 만드는 데 들어가는 재료.

✛**갑**: 물건이 담긴 작은 상자를 세는 단위.

✛**재활용**: 버리는 물건을 다른 데에 다시 사용함.

✛**베지**: 칼이나 도끼 같은 도구로 자르거나 끊지.

쏙쏙! 내용 정리

빈칸에 들어갈 낱말을 글에서 찾아 쓰세요.

1 ㅈㅇㅋ은 쓰고 버리기에 편리하도록 발명되었다.

✎ _____

2 종이컵을 만들려면 ㄴㅁ와 물이 필요하다.

✎ _____

3 종이컵은 ㅈㅎㅇ을 할 수 있다.

✎ _____

4 종이컵을 바르게 버리기 위해서는 종이컵 ㅅㄱㅎ에 넣어야 한다.

✎ _____

1
중심
소재

이 글에서 설명하는 대상은 무엇인가요? (   )

① 물   ② 나무   ③ 유리컵

④ 종이컵   ⑤ 재활용

2
내용
이해

종이컵이 만들어진 까닭은 무엇인가요? (   )

① 재활용하기 위해서

② 나무와 물을 아끼기 위해서

③ 편리하게 컵을 사용하기 위해서

④ 오랫동안 컵을 사용하기 위해서

⑤ 유리컵을 주로 사용하기 위해서

3
내용
추론

2를 읽고 나눈 대화 내용입니다. 알맞게 말한 친구의 이름을 쓰세요.

> 기범: 나무와 물은 많이 있으니까 편리한 종이컵을 많이 사용하자.
> 수정: 종이컵을 많이 쓰면 나무와 물도 많이 쓰게 되니까 종이컵을 낭비하지 말자.

(   )

4
어휘

㉠의 뜻으로 알맞은 것에 ○표 하세요.

(1) 써서 없어집니다.   (   )

(2) 다시 사용할 수 있게 됩니다.   (   )

5 다음 중 종이컵을 알맞게 버린 친구는 누구인가요? (   )

적용

① 시윤: 사용한 종이컵을 쓰레기통에 버렸어.

② 이현: 사용한 종이컵만 종이컵 수거함에 버렸어.

③ 은서: 사용한 유리컵을 종이컵 수거함에 버렸어.

④ 지훈: 사용한 종이컵에 다른 쓰레기를 넣어서 쓰레기통에 버렸어.

⑤ 나연: 사용한 종이컵에 다른 쓰레기를 넣어서 종이컵 수거함에 버렸어.

6 글쓴이의 생각을 정리한 내용입니다. 빈칸에 들어갈 알맞은 말을 쓰세요.

내용
추론

필요할 때에만 ☐☐☐을 사용하고, 사용한 후에는 ☐☐

☐을 하기 위해 바른 방법으로 버려야 한다.

 7 알맞은 말에 ○표 하여, 이 글의 짜임을 정리해 보세요.

글의
구조

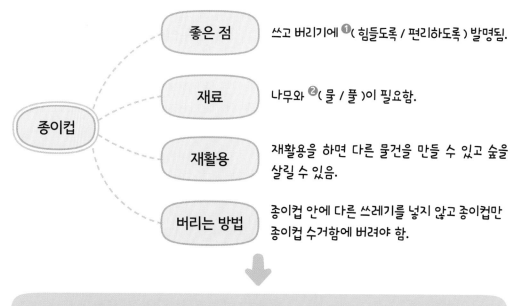

종이컵

좋은 점 — 쓰고 버리기에 ❶(힘들도록 / 편리하도록) 발명됨.

재료 — 나무와 ❷(물 / 풀)이 필요함.

재활용 — 재활용을 하면 다른 물건을 만들 수 있고 숲을 살릴 수 있음.

버리는 방법 — 종이컵 안에 다른 쓰레기를 넣지 않고 종이컵만 종이컵 수거함에 버려야 함.

⬇

종이컵을 ❸(아껴서 / 함부로) 사용하고, 바르게 버려서 재활용하자.

탄탄 어휘 마무리

1 다음 뜻을 지닌 낱말을 보기에서 골라 빈칸에 쓰세요.

> 보기
>
> 갑   원료   재활용

(1) 물건이 담긴 작은 상자를 세는 단위.   (   )

(2) 어떤 것을 만드는 데 들어가는 재료.   (   )

(3) 버리는 물건을 다른 데에 다시 사용함.   (   )

2 다음 문장의 빈칸에 들어갈 알맞은 낱말을 찾아 선으로 이으세요.

밀가루는 빵의 (   )가 된다.   •   •   갑

환경 보호를 위해 쓰레기를 (   )하자.   •   •   원료

성냥팔이 소녀는 성냥을 한 (   )도 못 팔았다.   •   •   재활용

확장
3 다음 밑줄 친 '베다'의 뜻으로 알맞은 그림의 번호를 쓰세요.

① / 베다 / ②

(1) 낫으로 벼를 베다.   (   )

(2) 침대에 누워 베개를 베다.   (   )

오늘 나의 실력은?   부모님의 응원 한마디

☐ 이야기
☑ 시
☐ 극본
☐ 설명하는 글
☐ 주장하는 글
☐ 생활 글

보슬비의 ✛속삭임

강소천

1 나는 나는 갈 테야, ✛연못으로 갈 테야.
동그라미 그리러 연못으로 갈 테야.

2 나는 나는 갈 테야, 꽃밭으로 갈 테야.
✛꽃봉오리 만지러 꽃밭으로 갈 테야.

3 나는 나는 갈 테야, 풀밭으로 갈 테야.
파란 손이 ㉠그리워 풀밭으로 갈 테야.

낱말 풀이

✛**속삭임**: 작고 낮은 목소리
로 가만가만히 하는 이야기.

✛**연못**: 깊고 넓게 파인 땅에
물이 고여 있는 곳.

✛**꽃봉오리**: 아직 피지 않은
꽃.

쏙쏙! 내용 정리

빈칸에 들어갈 낱말을 글에서 찾아 쓰세요.

1 '나'는 동그라미를 그리러 ⬜⬜으로 가고 싶어 한다.

_____

2 '나'는 ㄲㅂㅇㄹ를 만지러 꽃밭으로 가고 싶어 한다.

_____

3 '나'는 파란 손이 그리워 ㅍㅂ으로 가고 싶어 한다.

_____

1 이 시에서 '나'는 누구를 뜻하는 것일까요? (   )

내용
추론

① 꽃   ② 풀   ③ 우산
④ 화가   ⑤ 보슬비

2 이 시에서 '나'가 가려고 하는 곳을 모두 찾아 쓰세요.

내용
이해

3 이 시를 읽고 떠오르는 장면으로 알맞지 **않은** 것에 X표 하세요.

내용
추론

4 ㉠과 바꾸어 쓸 수 있는 말은 무엇인가요? (   )

어휘

① 싫어   ② 달아나   ③ 따분해
④ 안타까워   ⑤ 보고 싶어

| 7주 | 02일차   **133**

5 이 시에 대한 생각이나 느낌을 알맞게 말한 친구의 이름을 쓰세요.

표현

> 민준: '나는 나는 갈 테야'가 여러 번 반복되어서 노래하는 느낌이 나.
>
> 현아: '연못, 꽃밭'처럼 흉내 내는 말이 많이 나와서 시가 생생하게 느껴져.

(   )

6 이 시의 제목이 '보슬비의 속삭임'인 까닭으로 알맞은 것에 ○표 하세요.

내용
추론

(1) 맑은 날씨가 산뜻하고 기분 좋은 느낌이어서   (   )

(2) 가늘게 내리는 비의 모습이 속삭이듯 가벼워서   (   )

(3) 추운 날씨에도 움츠러들지 않고 씩씩한 모습이 보기 좋아서   (   )

 빈칸에 알맞은 말을 써서, 이 시의 내용을 정리해 보세요.

시의
구조

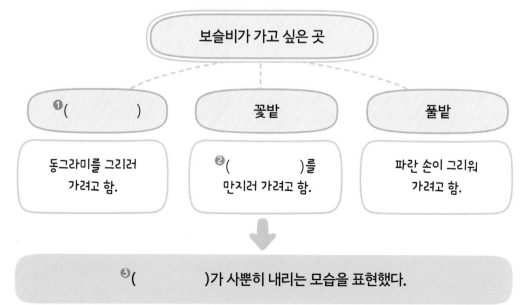

보슬비가 가고 싶은 곳

❶(   )   꽃밭   풀밭

동그라미를 그리러 가려고 함.

❷(   )를 만지러 가려고 함.

파란 손이 그리워 가려고 함.

❸(   )가 사뿐히 내리는 모습을 표현했다.

1 다음 뜻을 지닌 낱말을 보기 에서 골라 빈칸에 쓰세요.

보기

꽃봉오리 　　　　속삭임 　　　　연못

(1) 아직 피지 않은 꽃. 　　　　　　　　　　　　　　(　　　　　)

(2) 깊고 넓게 파인 땅에 물이 고여 있는 곳. 　　　　(　　　　　)

(3) 작고 낮은 목소리로 가만가만히 하는 이야기. 　(　　　　　).

2 다음 문장의 빈칸에 들어갈 알맞은 낱말을 찾아 선으로 이으세요.

(　　) 속에서 물고기들이 헤엄치고 있다. 　·

· 꽃봉오리

(　　)가 벌어지고 꽃들이 활짝 피어날 것이다. 　·

· 속삭임

조용히 귀를 기울이니 동생들의 (　　)이 잘 들렸다. 　·

· 연못

확장

3 다음 밑줄 친 낱말의 알맞은 뜻을 보기 에서 골라 번호를 쓰세요.

보기

그리다 　{ ① 연필이나 붓을 이용하여 사물을 선이나 색으로 나타내다.
　　　　　② 마음속에 떠올리거나 상상하다.

(1) 연필로 종이 위에 동그라미를 <u>그리며</u> 동생과 놀았다. 　　(　　　)

(2) 태민이는 무대 위에 오를 자신의 모습을 <u>그리며</u> 춤 연습을 했다.

(　　　)

오늘
나의 실력은? 　

부모님의
응원 한마디

☐ 이야기
☐ 시
☐ 극본
☐ 설명하는 글
☑ 주장하는 글
☐ 생활 글

1 여러분은 용돈을 받으면 어떻게 하나요? 받자마자 모두 써 버리나요? 사람들은 먼 훗날을 위해 가진 돈을 다 쓰지 않고 모아 두기도 해요. 이것을 '저축'이라고 합니다. 저축을 하면 ✦예상하지 못하게 급한 돈이 필요할 때나 하고 싶은 일이 있을 때에 ✦유용하게 쓸 수 있습니다. 하지만 가진 돈을 모두 저축할 수는 없어요. 꼭 써야 할 돈과 쓰지 않아도 되는 돈을 잘 판단해서 저축 계획을 세우는 것이 좋습니다.

2 저축은 저금통에 돈을 모으거나 은행에 맡기는 방법으로 할 수 있어요. 저금통에 돈을 모으는 것도 좋지만, 은행을 이용하면 돈을 더 안전하게 ✦보관할 수 있어요. 또한 돈을 맡긴 ✦대가로 ✦이자까지 받을 수 있답니다. 예를 들어 만 원을 저금통에 ㉠넣으면 시간이 지나도 그대로이지만, 은행에 저축을 하고 시간이 지나면 만 원에 대한 이자까지 함께 받을 수 있어요.

3 우리가 은행에 저축한 돈은 어떻게 사용될까요? 은행은 우리가 저축한 돈을 돈이 필요한 다른 사람이나 회사에 빌려줘요. 특히 회사에서 새로운 기술을 ✦개발하거나 새로운 시설을 마련할 때에는 많은 돈이 필요한데, 이때 은행에서 돈을 빌리기도 해요. 즉, 우리가 은행에 저축한 돈이 기술을 개발하거나 새로운 물건을 만들어 내는 데 도움이 되는 것이랍니다.

4 미래를 대비할 수 있고, ✦경제에도 도움이 되는 저축을 꾸준히 실천해 보아요.

낱말 풀이

✦**예상**: 앞으로 있을 일이나 상황을 짐작함.
✦**유용**: 쓸모가 있음.
✦**보관**: 물건을 맡아 간직하여 둠.
✦**대가**: 어떤 일에 들인 노력에 대한 보수.
✦**이자**: 남에게 돈을 빌려 쓰고 그 대가로 일정하게 내는 돈.
✦**개발**: 새로운 물건을 만들거나 새로운 생각을 내놓음.
✦**경제**: 사회나 국가에서 돈, 산업, 생산, 소비 등과 관련된 모든 활동.

쏙쏙! 내용 정리

빈칸에 들어갈 낱말을 글에서 찾아 쓰세요.

1 ㅈㅊ은 먼 훗날을 위해 돈을 모아 두는 것을 뜻한다.

✎ _____

2 ㅇㅎ에 저축하면 돈을 안전하게 보관할 수 있고, 이자도 받을 수 있다.

✎ _____

3 은행에 저축한 돈은 ㅎㅅ에서 기술을 개발하고 물건을 만들 때 사용될 수도 있다.

✎ _____

4 저축을 하면 미래를 대비할 수 있고, ㄱㅈ에 도움이 된다.

✎ _____

1
글의 목적

글쓴이가 이 글을 쓴 까닭으로 알맞은 것은 무엇인가요? (   )

① 저축의 중요성을 알리기 위해서
② 은행을 이용하는 방법을 알리기 위해서
③ 용돈을 많이 받는 방법을 알리기 위해서
④ 이자를 많이 받는 방법을 알리기 위해서
⑤ 돈이 어디서 만들어지는지 알리기 위해서

2
내용 추론

다음 ㉮, ㉯에 들어갈 알맞은 말을 **2**에서 찾아 쓰세요.

만 원	(㉮)에 저축 →	만 원
	(㉯)에 저축 →	만 원 + 이자

㉮: (   ), ㉯: (   )

3
내용 이해

은행에서 하는 일로 알맞지 <u>않은</u> 것은 무엇인가요?
(   )

① 회사에 돈을 빌려준다.
② 저축한 돈에 대한 이자를 준다.
③ 저축한 돈을 안전하게 보관해 준다.
④ 예상하지 못한 일을 미리 알려 준다.
⑤ 돈이 필요한 사람에게 돈을 빌려준다.

4
어휘

㉠과 뜻이 반대되는 말은 무엇인가요? (   )

① 주면   ② 빼면   ③ 부수면
④ 채우면   ⑤ 가득하면

5 이 글에 대한 설명으로 알맞은 것에는 O표, 알맞지 <u>않은</u> 것에는 X표 하세요.

내용
이해

(1) 글쓴이는 저축을 꾸준히 하자고 주장하고 있다. ( )

(2) 저축은 모은 돈을 써야 할 곳에 다 쓰는 것을 말한다. ( )

(3) 우리가 은행에 저축한 돈으로 회사에서는 기술을 개발할 수도 있다.

( )

6 이 글을 읽고 저축 계획을 <u>잘못</u> 세운 친구의 이름을 쓰세요.

적용

연지: 당장 꼭 써야 할 돈도 전부 저축해야겠어.

태준: 마음에 드는 운동화를 사기 위해 저축을 시작해야겠어.

성빈: 갑자기 급한 돈이 필요할 수도 있으니 조금씩이라도 저축해야겠어.

( )

7 빈칸에 알맞은 말을 써서, 이 글의 짜임을 정리해 보세요.

글의
구조

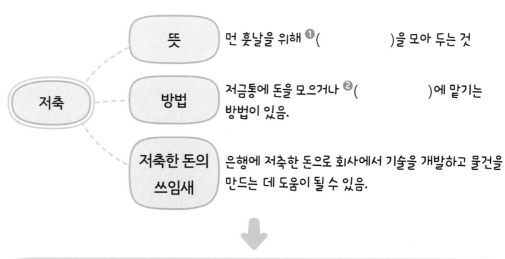

뜻 — 먼 훗날을 위해 ❶( )을 모아 두는 것

저축

방법 — 저금통에 돈을 모으거나 ❷( )에 맡기는 방법이 있음.

저축한 돈의 쓰임새 — 은행에 저축한 돈으로 회사에서 기술을 개발하고 물건을 만드는 데 도움이 될 수 있음.

미래를 대비할 수 있고 경제에도 도움이 되는 ❸( )을 꾸준히 하자.

탄탄 어휘 마무리

1 다음 낱말의 뜻으로 알맞은 것을 찾아 선으로 이으세요.

개발 •   • 물건을 맡아 간직하여 둠.

보관 •   • 앞으로 있을 일이나 상황을 짐작함.

예상 •   • 새로운 물건을 만들거나 새로운 생각을 내놓음.

2 다음 문장의 빈칸에 들어갈 알맞은 낱말을 보기에서 골라 쓰세요.

보기
개발   보관   예상

(1) 사진을 앨범에 ☐☐ 하다.

(2) 나의 ☐☐ 대로 오늘은 비가 내렸다.

(3) 회사에서 더 좋은 신제품 ☐☐ 에 힘쓰고 있다.

확장

3 다음 낱말이 아래의 문장에서 어떤 뜻으로 사용되었는지 골라 번호를 쓰세요.

맡다
① 어떤 물건을 받아 보관하다.
② 코로 냄새를 느끼다.

(1) 꽃밭에서 꽃향기를 맡아 보았다.   (   )

(2) 나는 지호에게 가방을 잠시 맡아 달라고 했다.   (   )

오늘 나의 실력은?   부모님의 응원 한마디

□ 이야기
□ 시
□ 극본
☑ 설명하는 글
□ 주장하는 글
□ 생활 글

1 허준은 ✦조선 시대 최고의 의사예요. 허준은 임금님을 치료하는 어의를 지냈고, 백성들을 위한『동의보감』이라는 ✦의학책을 썼어요. 허준은 ㉠아픈 사람을 살피고 병을 치료하는 데 온 힘을 쏟은 인물이에요.

2 허준은 마을에서 의원을 하다가 비교적 늦은 나이에 ✦궁중에서 의원으로 일하게 되었어요. 허준은 다른 의원들과 함께 책을 쓰거나, 종종 임금님을 진찰하는 일을 하며 실력을 쌓아 가고 있었어요. 어느 날 왕자가 치료하기 힘든 병에 걸렸어요. 다른 의원들은 치료를 망설였지만, 허준은 주저하지 않고 왕자를 치료하여 왕자의 병을 낫게 해 주었지요. 이후 임금님은 허준의 ✦의술이 매우 뛰어나다고 생각해서 더 아끼고 자신의 곁에 두었어요.

3 그러던 어느 날, 조선에 전쟁이 일어났어요. 백성들이 적군에게 공격을 당했고 ✦전염병마저 돌아 많은 백성들이 죽거나 아팠어요. 임금님은 허준에게 백성들에게 도움이 될 수 있는 의학책을 만들라고 명했어요. 백성들이 아파하는 모습을 보며 괴로워하던 허준은 임금님의 명에 따라 백성들도 쉽게 볼 수 있는 의학책을 쓰기 시작했어요. 허준은 종류에 따라 병을 나누고, 약을 만드는 방법, 침을 놓는 방법 등을 연구했어요. 허준은 오랜 시간에 걸쳐 드디어 의학책『동의보감』을 완성했어요.『동의보감』은 병을 쉽게 구분할 수 있게 설명했고, 우리나라에서 흔히 볼 수 있는 ✦약초를 소개했어요. 따라서 백성들은 병이 났을 때 이 책을 보고 쉽게 약초를 찾아 치료를 받게 되었어요. 백성을 사랑하는 마음이 담긴 책,『동의보감』은 다른 나라에도 널리 알려져 동양의 의학 ✦백과사전으로 불리게 되었어요.

낱말 풀이

✦**조선**: 1392년 이성계가 고려를 무너뜨리고 세운 나라.

✦**의학책**: 사람의 질병을 치료하고 예방하는 방법 등이 담긴 책.

✦**궁중**: 대궐 안.

✦**의술**: 병이나 상처를 고치는 기술.

✦**전염병**: 다른 사람에게 옮아가기 쉬운 병.

✦**약초**: 약으로 쓰는 풀.

✦**백과사전**: 모든 분야에 관한 지식을 설명해 놓은 책.

쏙쏙! 내용 정리

빈칸에 들어갈 낱말을 글에서 찾아 쓰세요.

1 허준은 조선 시대 최고의 ⟨ㅇ⟩⟨ㅅ⟩이다.

2 허준은 ⟨ㅇ⟩⟨ㄱ⟩⟨ㄴ⟩에게 실력을 인정받았다.

3 허준은 백성들을 위한 의학책인 『⟨ㄷ⟩⟨ㅇ⟩⟨ㅂ⟩⟨ㄱ⟩』을 썼다.

1 중심 소재

이 글은 누구에 대해 소개한 글인가요? 빈칸에 인물의 이름을 쓰세요.

☐ ☐

2 내용 이해

허준이 임금님에게 인정받았던 일을 정리한 것입니다. 빈칸에 알맞은 말을 쓰세요.

> 허준은 치료하기 힘든 병에 걸린 ☐ ☐ 를 낫게 해 주어서 임금님에게 의술 실력을 인정받았다.

3 내용 이해

『동의보감』에 대한 설명으로 알맞지 <u>않은</u> 것은 무엇인가요? (   )

① 허준이 연구한 내용이 담겨 있다.
② 동양의 의학 백과사전으로 불린다.
③ 병을 쉽게 구분할 수 있게 설명했다.
④ 아플 때 몸에 침을 놓는 방법을 안내했다.
⑤ 우리나라에서 찾기 힘든 귀한 약초를 주로 소개했다.

4 내용 추론

이 글을 읽고 『동의보감』에 대해 이야기한 내용입니다. 알맞은 말을 한 친구의 이름을 쓰세요.

> 수한: 임금님의 명으로 쓴 책이어서 임금님이나 높은 지위를 가진 사람에게만 도움이 되었을 것 같아.
> 민지: 당시 백성들이 몸이 아플 때 이 책을 읽으면 자신이 걸린 병은 무엇인지, 어떻게 치료하는지 알 수 있었을 것 같아.

(   )

5 ⑤과 뜻이 반대되는 말은 무엇인가요? (   )

어휘

① 병든   ② 약한   ③ 다친
④ 건강한   ⑤ 아끼는

6 보기의 세종 대왕과 허준의 공통점으로 알맞은 것은 무엇인가요? (   )

내용
추론

> 보기
>
> 세종 대왕은 글자를 몰라 백성들이 억울한 일을 당하는 것이 늘 안타까웠어요. 옛날에는 우리나라만의 글자가 없어서 중국의 한자를 사용했는데, 한자는 배우기 매우 힘든 글자이어서 일반 백성들은 대부분 글자를 모르고 지냈어요. 그래서 불편한 일도, 억울한 일도 많이 생겼어요. 세종 대왕은 백성들을 위해 배우기 쉬운 우리나라 글자인 '훈민정음'을 만들었어요. 바로 우리가 지금 사용하는 한글이랍니다.

① 용감하게 싸워서 적군을 물리쳤다.
② 백성을 아껴서 백성을 위한 일을 했다.
③ 게을러서 결심했던 일을 끝내지 못했다.
④ 뛰어난 의술 실력으로 아픈 사람을 치료했다.
⑤ 자신만을 생각하고 다른 사람은 돌보지 않았다.

7 빈칸에 알맞은 말을 써서, 이 글을 짜임을 정리해 보세요.

글의
구조

허준

임금님이 아끼던 의원 ─── 『동의보감』의 글쓴이

아픈 왕자를 낫게 해
❶(   )이 아끼는 의원이 됨.

우리나라 백성을 위한 의학책
『❷(   )』을 씀.

⬇

조선 시대 최고의 의사인 ❸(   )은 『동의보감』을 써서,
많은 백성들이 아플 때 쉽게 치료받을 수 있게 했다.

1 다음 낱말의 뜻으로 알맞은 것을 찾아 선으로 이으세요.

백과사전 •

의술 •

전염병 •

• 병이나 상처를 고치는 기술.

• 다른 사람에게 옮아가기 쉬운 병.

• 모든 분야에 관한 지식을 설명해 놓은 책.

2 다음 문장의 빈칸에 들어갈 알맞은 낱말을 보기 에서 골라 쓰세요.

보기

백과사전　　　의술　　　전염병

(1) 그 의사는 　　　　이 매우 뛰어나다.

(2) 원하는 정보를 찾으려고 　　　　　　을 보았다.

(3) 　　　　환자는 병을 옮길 수 있어서 따로 떨어져 지내야 한다.

확장

3 다음 밑줄 친 낱말의 알맞은 뜻을 보기 에서 골라 번호를 쓰세요.

보기

매달리다 ｛ ① 줄이나 끈 등에 의해 어떤 곳에 달려 있게 되다.
② 어떤 것에만 몸과 마음이 쏠리다.

(1) 과학자가 연구에 매달리다.　　　　　　　　　　　　　(　　　　)

(2) 추운 겨울, 지붕 끝에 고드름이 매달리다.　　　　　　　(　　　　)

오늘
나의 실력은?　 　부모님의
응원 한마디

☑ 이야기
☐ 시
☐ 극본
☐ 설명하는 글
☐ 주장하는 글
☐ 생활 글

1 어느 ✦장대비가 쏟아지던 밤, ✦무시무시한 ✦구미호가 마을에 나타나 누이동생을 잡아갔습니다. 오빠는 누이동생을 찾으러 집을 떠났습니다. 길을 ✦헤매던 오빠는 대낮인데도 어두컴컴한 산속에서 수염이 하얗게 ✦센 노인을 만났습니다.

2 "저 산 너머에 커다란 구미호의 집이 있을 터이니 이틀 뒤, 달 밝은 밤에 누이동생을 데리고 나와 도망치거라."

노인은 이렇게 ✦일러 주며 세 개의 병을 건네주었습니다.

"그리고 이 흰 병, 파란 병, 빨간 병을 가져가 누이를 구할 때 쓰도록 하여라."

3 오빠는 노인이 일러 준 대로 이틀 뒤 달 밝은 밤에 동생을 데리고 도망쳤습니다. 그런데 구미호가 ✦금세 뒤따라와 거의 잡히게 되고 말았습니다. 오빠는 먼저 흰 병을 던졌습니다. 그러자 커다란 냇물이 생겼습니다. 구미호는 물에 빠져 어푸어푸 버둥거리다가 다시 빠져나와 또 오누이를 쫓아왔습니다. 두 번째로 파란 병을 던졌더니 가시덤불이 생겼습니다. 구미호는 가시에 찔려 캥캥 소리를 지르면서 괴로워하였습니다. 오누이는 서둘러 도망쳤지만, 어느새 빠져나온 구미호가 다시 오누이 뒤를 따라와 또 거의 붙잡히게 되고 말았습니다.

4 "오빠, 어떻게 해야 해?"

누이동생이 울먹이며 오빠에게 물었습니다.

"마지막으로 이 빨간 병을 믿어 보자!"

오빠가 빨간 병을 구미호에게 던지자 구미호 주변이 불바다가 되었습니다. 불바다에서 괴로워하던 구미호는 결국 불에 타서 죽었습니다. 새벽 ㉠동이 트자, 오누이는 구미호가 숨겨 둔 보물을 찾아 가지고 무사히 집으로 돌아올 수 있었습니다.

낱말 풀이

✦ **장대비**: 장대(긴 나무 막대기)처럼 굵고 세차게 내리는 비.

✦ **무시무시한**: 몹시 두렵고 무서운.

✦ **구미호**: 꼬리가 아홉 개 달린, 옛날이야기 속에 나오는 여우.

✦ **헤매던**: 갈 곳을 몰라 이리저리 돌아다니던.

✦ **센**: 머리카락이나 수염 등의 털이 하얗게 된.

✦ **일러**: 어떤 것을 말해.

✦ **금세**: 시간이 얼마 지나지 않아서.

✦ **동**: 해가 떠오르는 쪽.

쏙쏙! 내용 정리

빈칸에 들어갈 낱말을 글에서 찾아 쓰세요.

1 오빠는 ㄱㅁㅎ가 잡아간 누이동생을 찾으러 떠났다.

✏ _____

2 노인이 오빠에게 세 개의 ㅂ 을 주었다.

✏ _____

3 오빠는 누이동생을 데리고 도망치면서 구미호에게 흰 병과 ㅍㄹ 병을 던졌다.

✏ _____

4 오빠가 ㅃㄱ 병을 던지자 구미호가 죽었고 오누이는 구미호의 보물을 가지고 돌아왔다.

✏ _____

1
내용 이해

1 에서 오빠가 집을 떠난 까닭은 무엇인가요?

(   )

① 세 개의 병을 되찾으려고
② 구미호와 만나서 같이 놀려고
③ 산속에 있는 노인을 만나려고
④ 구미호가 가진 보물을 찾으려고
⑤ 구미호에게 잡혀간 누이동생을 찾으려고

2
내용 이해

노인이 오빠에게 알려 준 것은 무엇인가요? (   )

① 구미호의 나이   ② 구미호의 이름
③ 구미호의 꼬리 개수   ④ 세 개의 병이 있는 곳
⑤ 구미호의 집이 있는 곳

3
어휘

㉠의 뜻으로 알맞은 것에 ○표 하세요.

(1) 동굴에서 나오자.   (   )
(2) 날이 새면서 동쪽 하늘이 밝아지자.   (   )

4
내용 추론

일이 일어난 순서대로 번호를 쓰세요.

• 어느 날 구미호가 누이동생을 잡아갔다.   (   )
• 오빠는 산속에서 만난 노인에게 병 세 개를 받았다.

                               (   )

• 오빠는 구미호의 집에서 누이동생을 데리고 도망쳤다.

                               (   )

• 오누이는 구미호가 숨겨 둔 보물을 찾아 집으로 돌아 갔다.   (   )

• 오누이는 도망치면서 세 개의 병을 던져 구미호를 물리쳤다.   (   )

5 다음은 오빠가 던진 병의 색깔과 일어난 일을 정리한 것입니다. 다음 빈칸에 들어갈 말을 보기 에서 골라 기호를 쓰세요.

내용
이해

보기

⑦ 흰색 　　 ⑭ 빨간색 　　 ⑮ 불바다 　　 ⑯ 가시덤불

병의 색깔	일어난 일
❶(　　　)	냇물이 생김.
파란색	❷(　　　)이 생김.
❸(　　　)	❹(　　　)가 됨.

6 이 글을 읽고 나눈 대화 내용입니다. 알맞지 <u>않게</u> 말한 친구의 이름을 쓰세요.

내용
추론

지현: 오빠가 누이동생을 데리고 무사히 탈출해서 다행이야.

혜진: 구미호에 대해 알고 있는 노인은 신비한 사람인 거 같아.

선율: 구미호는 노인에게 도움을 받았으니 은혜를 갚아야겠어.

(　　　　　)

7 알맞은 말에 ○표 하여, 이 글의 짜임을 정리해 보세요.

글의
구조

오빠가 구미호에게 잡혀간 ❶(남동생 / 누이동생)을 찾으러 감.

↓

오빠는 노인을 만나 ❷(세 / 다섯) 개의 병을 얻음.

↓

오빠는 누이동생과 도망치면서 병을 던져 구미호를 물리치고 집으로 함께 돌아옴.

오누이가 노인의 ❸(도움 / 도전)을 받아 무시무시한 구미호를 물리쳤다.

1 다음 뜻을 지닌 낱말을 보기 에서 골라 빈칸에 쓰세요.

> 보기
>
> 금세　　　장대비　　　헤매다

(1) 시간이 얼마 지나지 않아서.　　　　　　　　(　　　　　)

(2) 장대처럼 굵고 세차게 내리는 비.　　　　　(　　　　　)

(3) 갈 곳을 몰라 이리저리 돌아다니다.　　　　(　　　　　)

2 다음 문장의 빈칸에 들어갈 알맞은 낱말을 찾아 선으로 이으세요.

처음 간 길을 잘 몰라서 (　　　). 　　•　　　　　•　금세

(　　　)가 오래 내려 물난리가 났다. 　　•　　　　　•　장대비

침대에 눕자마자 (　　　) 잠들었다. 　　•　　　　　•　헤매다

확장
3 다음 낱말이 아래의 문장에서 어떤 뜻으로 사용되었는지 골라 번호를 쓰세요.

세다
① 머리카락이나 수염 등의 털이 하얗게 되다.
② 힘이 많다.

(1) 누나는 힘이 무척 세다.　　　　　　　　　(　　　　　)

(2) 나이가 들자 머리카락이 세다.　　　　　　(　　　　　)

오늘
나의 실력은?   부모님의
응원 한마디

공부한 날   월   일

□ 이야기
□ 시
□ 극본
☑ 설명하는 글
□ 주장하는 글
□ 생활 글

1 비사치기 놀이를 해 본 적이 있나요? 비사치기는 손바닥만한 ⁺납작한 돌을 세워 놓은 후, 다른 돌을 ㉠던지거나 떨어뜨려서 세워진 돌을 맞혀 쓰러뜨리는 놀이예요.

2 비사치기를 하려면 우선 두 편으로 편을 나눕니다. 그리고 일정한 간격을 두고 두 선을 ⁺긋습니다. 한쪽은 출발선이 되고, 다른 쪽은 돌을 세워 놓는 선이 됩니다. 한편은 돌을 세워 놓고 기다리고, 다른 편은 차례대로 세워진 돌을 맞혀 쓰러뜨립니다. 돌을 맞히는 방법은 매우 다양하므로, 쉽고 어려운 정도에 따라 단계별로 ⁺진행됩니다. 돌을 맞히는 편이 세워진 돌을 모두 쓰러뜨리면 다음 단계로 넘어갈 수 있지만, 도중에 실패하면 상대편으로 기회가 넘어갑니다. 정해진 모든 단계를 먼저 통과한 편이 이깁니다.

3 돌을 맞히는 방법은 손으로 돌을 던지거나 발로 돌을 차서 세워진 돌을 맞히는 방법, 돌을 몸의 ⁺일부에 올리거나 ⁺끼운 채로 걸어가서 세워진 돌 위에 떨어뜨려서 맞히는 방법 등이 있습니다. 발등 위, 무릎 사이, 배 위, 어깨 위, 턱 아래, 머리 위 등 다양한 ⁺부위에 돌을 올리거나 끼워서 갈 수 있습니다.

4 정확히 돌을 맞히려는 ⁺정교함, 돌을 떨어뜨리지 않으려는 균형 감각이 필요한 비사치기! 친구들과 재미있는 비사치기 놀이를 함께해 보아요.

낱말 풀이

⁺**납작한**: 사물의 모양이 판판하고 넓게 퍼져 있는.

⁺**긋습니다**: 금이나 줄을 그립니다.

⁺**진행됩니다**: 일 등이 계속해서 되어 갑니다.

⁺**일부**: 한 부분. 또는 전체 중에서 얼마.

⁺**끼운**: 벌어진 사이에 무엇을 넣고 죄어서 빠지지 않게 한.

⁺**부위**: 몸의 전체에서 어느 특정 부분이 있는 위치.

⁺**정교함**: 솜씨가 빈틈이 없이 뛰어남.

쏙쏙! 내용 정리

빈칸에 들어갈 낱말을 글에서 찾아 쓰세요.

1 ㅂㅅㅊㄱ는 세워진 돌을 다른 돌로 맞히는 놀이이다.

✏️ _____

2 비사치기는 ㄷㄱ별로 진행되며, 모든 단계를 먼저 통과한 편이 이긴다.

✏️ _____

3 ㄷ을 맞히는 방법은 손으로 던지기, 발로 차기, 몸의 일부에 올려서 떨어뜨리기 등 다양하다.

✏️ _____

4 비사치기를 하려면 ㅈㄱㅎ과 균형 감각이 필요하다.

✏️ _____

1
중심
소재

이 글에서 설명하는 놀이는 무엇인가요? 빈칸에 알맞은 말을 쓰세요.

[ ][ ][ ][ ]

2
내용
이해

비사치기는 무엇을 가지고 하는 놀이인가요?

( )

① 공　　　　② 돌　　　　③ 줄넘기
④ 색종이　　⑤ 장난감

3
내용
이해

비사치기에 대한 설명으로 알맞은 것은 무엇인가요?

( )

① 선을 하나만 긋는다.
② 돌을 맞히는 방법은 한 가지뿐이다.
③ 정해진 모든 단계를 먼저 통과한 편이 이긴다.
④ 한 단계를 성공하면 상대편에게 기회가 넘어간다.
⑤ 도중에 실패하면 현재 단계를 멈추고 다음 단계로 넘어간다.

4
어휘

㉠과 뜻이 반대되는 말은 무엇인가요? ( )

① 받거나　　② 나누거나　　③ 튕기거나
④ 떨어뜨리거나　⑤ 넘어뜨리거나

5 이 글에 나온 비사치기에서 돌을 맞히는 방법이 <u>아닌</u> 것에 X표 하세요.

내용
이해

(1) 세워진 돌을 직접 손으로 밀어서 넘어뜨린다. ( )

(2) 돌을 손으로 던지거나 발로 차서 세워진 돌을 맞힌다. ( )

(3) 몸의 일부에 돌을 올린 후 걸어가서 세워진 돌을 맞힌다. ( )

6 이 글을 읽고 비사치기를 하려고 대화한 내용입니다. 알맞게 말하지 <u>못한</u> 친구는 누구인가요? ( )

적용

① 정훈: 세워진 돌의 위치를 잘 확인하고 돌을 던져야겠어.

② 서현: 발등, 무릎, 배 위 등 몸의 여러 부위를 이용해 보아야겠어.

③ 준표: 돌을 손으로 던질 때 위험할 수 있으니 조심히 던져야겠어.

④ 현수: 상대방이 돌을 맞히기 어렵게 작고 동그란 돌을 세워야겠어.

⑤ 다온: 몸에 올린 돌이 떨어지지 않도록 균형 잡는 연습을 해야겠어.

7 빈칸에 알맞은 말을 써서, 이 글의 짜임을 정리해 보세요.

글의
구조

> 비사치기 놀이 방법

> 두 편으로 편을 나눔.

↓

> 한편은 돌을 세워 놓고 기다리고, 다른 편은 세워진 ❶( )을 맞힘.

↓

> 세워진 돌을 모두 맞히면 다음 단계로 넘어가지만, 실패하면 기회가 상대편으로 넘어감.

↓

> 모든 ❷( )를 먼저 통과한 편이 이김.

⬇

> 놀이 방법에 따라 ❸( ) 놀이를 해 보자.

탄탄 어휘 마무리

1 다음 뜻을 지닌 낱말을 보기 에서 골라 빈칸에 쓰세요.

> 보기
>
> 긋다   끼우다   진행되다

(1) 금이나 줄을 그리다. ( )

(2) 일 등이 계속해서 되어 가다. ( )

(3) 벌어진 사이에 무엇을 넣고 죄어서 빠지지 않게 하다. ( )

2 다음 문장의 빈칸에 들어갈 알맞은 낱말을 찾아 선으로 이으세요.

일이 순서대로 ( ).	•	•	긋다
공책에 밑줄을 ( ).	•	•	끼우다
겨드랑이에 체온계를 ( ).	•	•	진행되다

확장

3 다음 낱말이 아래의 문장에서 어떤 뜻으로 사용되었는지 골라 번호를 쓰세요.

맞히다
① 무엇을 목표 지점에 맞게 하다.
② 문제에 대한 답을 옳게 대다.

(1) 과녁에 화살을 <u>맞히다</u>. ( )

(2) 문제의 정답을 <u>맞히다</u>. ( )

1 ✚우아하고 아름다운 백조가 있었어요. 백조가 나는 모습을 본 동물들은 모두 감탄했지요.

"나도 저렇게 하얗고 ✚근사한 날개를 가지고 싶어."

날아가는 백조를 바라보고 있던 까마귀 한 마리가 이렇게 ✚중얼거렸어요. 그러고는 용기를 내서 백조를 찾아가 물었어요.

2 "어떻게 하면 당신처럼 아름다운 날개와 하얀 깃털을 가질 수 있을까요?"

"우리는 물속에 있는 ✚수초를 먹는단다. 그래서 아름다운 날개와 하얀 깃털을 가진 게 아닐까?"

까마귀는 백조의 말을 듣고 자기도 그렇게 해 봐야겠다고 생각했어요.

3 까마귀는 그때부터 연못을 돌아다니며 수초를 먹기 시작했어요. 그 모습을 걱정스럽게 바라보던 비둘기가 말했어요.

"백조처럼 수초를 먹는다고 네 깃털 색깔이 바뀌는 것은 아니란다. 그러니 건강을 더 잃기 전에 원래 네가 살던 모습대로 살아가렴."

하지만 까마귀는 들은 척도 하지 않고 계속 수초만 먹었어요. 물 위에 떠 있는 일에 익숙하지 않았던 까마귀는 몇 번이나 죽을 뻔하였어요. 그리고 수초 역시 입에 맞지 않았지요.

4 생활 ✚방식과 먹이를 바꾸어도 까마귀의 몸은 하얗게 되지 않았어요. 오히려 보기 좋던 까만 깃털조차 ✚수북이 빠져 버렸지요.

'아, 비둘기의 말이 ㉠옳았구나.'

㉡까마귀는 그제야 깊이 후회했어요.

낱말 풀이

✚**우아하고**: 품위가 있으며 아름답고.

✚**근사한**: 멋있고 보기에 좋은.

✚**중얼거렸어요**: 작고 낮은 목소리로 계속 혼자 말했어요.

✚**수초**: 물속이나 물가에 자라는 풀.

✚**방식**: 일정한 방법이나 형식.

✚**수북이**: 쌓이거나 담긴 물건 등이 불룩하게 많이.

쏙쏙! 내용 정리

빈칸에 들어갈 낱말을 글에서 찾아 쓰세요.

1 ㄲ ㅁ ㄱ 가 아름다운 날개를 가진 백조를 부러워했다.

✎＿＿＿＿＿＿＿＿

2 ㅂ ㅈ 는 까마귀에게 수초를 먹어서 아름다운 날개를 가진 것 같다고 답했다.

✎＿＿＿＿＿＿＿＿

3 까마귀는 백조의 말을 듣고 계속 ㅅ ㅊ 를 먹었다.

✎＿＿＿＿＿＿＿＿

4 까마귀의 몸 색깔은 변하지 않았고, 오히려 보기 좋던 자신의 까만 ㄱ ㅌ 만 빠져 버렸다.

✎＿＿＿＿＿＿＿＿

1 | 내용 이해
까마귀가 백조에게 궁금했던 것은 무엇인가요?
(　　　)

① 비둘기와 친하게 지내는 방법
② 건강을 잃지 않고 살아가는 방법
③ 하늘을 아름답게 날 수 있는 방법
④ 다른 동물들에게 칭찬을 받는 방법
⑤ 아름다운 날개와 하얀 깃털을 갖는 방법

2 | 내용 이해
까마귀는 백조처럼 되기 위해 어떤 행동을 했나요? 빈칸에 알맞은 말을 쓰세요.

연못을 돌아다니며 □□ 를 먹었다.

3 | 내용 추론
비둘기가 까마귀에게 원래 살던 모습대로 살아가라고 말한 까닭은 무엇일까요? (　　　)

① 까마귀의 행동을 칭찬해 주려고
② 까마귀의 깃털 색깔을 바꾸어 주려고
③ 비둘기 혼자 연못 속의 수초를 다 먹으려고
④ 무모한 일을 하는 까마귀를 실컷 비웃어 주려고
⑤ 까마귀의 행동이 올바르지 않다는 것을 알려 주려고

4 | 어휘
㉠과 바꾸어 쓸 수 있는 말은 무엇인가요? (　　　)

① 많구나　　② 다르구나　　③ 맞았구나
④ 아니구나　　⑤ 틀렸구나

5 ⓛ에서 까마귀가 후회한 일은 무엇일까요? (   )

내용
추론

① 백조가 사는 곳으로 이사하지 않은 것
② 연못 속의 수초를 충분히 먹지 않은 것
③ 비둘기가 한 말이 틀렸다고 바로 대답하지 못한 것
④ 백조의 하얀 깃털과 자신의 까만 깃털을 바꾸지 않은 것
⑤ 백조처럼 되기 위해 자신의 생활 방식과 먹이를 바꾸었던 것

6 후회하는 까마귀에게 해 줄 수 있는 말로 알맞은 것은 무엇인가요?

주제

(   )

① 하기 싫어도 꼭 해야 하는 일들이 있단다.
② 도움이 필요한 사람들에게는 꼭 도움을 주어야 한단다.
③ 다른 사람을 부러워하지 말고 네가 가진 것에 만족하렴.
④ 자기 자신만 알고 남들에게 피해를 주는 것은 옳지 않아.
⑤ 거짓말을 하면 나중에는 네 말을 아무도 믿지 않을 거야.

7 알맞은 말에 ○표 하여, 이 글의 짜임을 정리해 보세요.

글의
구조

까마귀가 백조의 아름다운 날개와 하얀 깃털을 부러워함.

↓

까마귀는 ❶(비둘기 / 백조)처럼 되고 싶어서 수초를 먹기 시작함.

↓

까마귀는 수초를 계속 먹어도 깃털 색이 하얗게
❷(변한다는 / 변하지 않는다는) 것을 깨달음.

서로 다르다는 것을 ❸(인정하고 / 인정하지 않고)
무작정 따라 하는 것은 어리석은 일이다.

탄탄 어휘 마무리

1 다음 뜻을 지닌 낱말을 보기에서 골라 빈칸에 쓰세요.

> 보기
>
> 방식　　　　수북이　　　　중얼거리다

(1) 일정한 방법이나 형식. 　　　　　　　　　　　(　　　　　　)

(2) 작고 낮은 목소리로 계속 혼자 말하다. 　　　(　　　　　　)

(3) 쌓이거나 담긴 물건 등이 불룩하게 많이. 　　(　　　　　　)

2 다음 문장의 빈칸에 들어갈 알맞은 낱말을 찾아 선으로 이으세요.

| 낙엽이 (　　) 쌓였다. | ・ | ・ | 방식 |

| 혼잣말하듯이 조용히 (　　). | ・ | ・ | 수북이 |

| 가위바위보로 순서를 정하는 (　　)을 선택했다. | ・ | ・ | 중얼거리다 |

확장

3 다음 낱말이 아래의 문장에서 어떤 뜻으로 사용되었는지 골라 번호를 쓰세요.

> **뜨다**
> ① 물 위나 공중에 있거나 위쪽으로 솟아오르다.
> ② 감았던 눈을 벌리다.

(1) 종이배가 물에 <u>뜨다</u>. 　　　　　　　　　　(　　　　　　)

(2) 잠에서 깨어 눈을 <u>뜨다</u>. 　　　　　　　　　(　　　　　　)

☐ 이야기
☐ 시
☐ 극본
☐ 설명하는 글
☑ 주장하는 글
☐ 생활 글

낱말 풀이 🐭

✚ **공익**: 사회 전체에 보탬이
나 도움이 되는 것.

✚ **전기**: 기계를 움직이거나
빛이나 열을 내는 데 쓰이
는 에너지.

✚ **생각**: 사람이 머리를 써서
판단하거나 인식하는 것.

✚ **코드**: 전기선을 전기가 통
하지 않는 재료로 싼 전깃
줄.

쏙쏙! 내용 정리

빈칸에 들어갈 낱말을 글에서 찾아 쓰세요.

1 아무 생각 없이 ㅋㄷ를 꽂아 두지 말자.

✎ _____

1 **글의 목적** 이 광고를 만든 까닭으로 알맞은 것에 ○표 하세요.

(1) 다른 사람을 설득하기 위해서 (   )

(2) 다른 사람에게 좋은 제품을 소개하기 위해서

(   )

2 **내용 추론** ㉠을 보고, 자신의 생각을 알맞게 말한 친구의 이름을 쓰세요.

> 서진: 물건의 가격이 얼마인지 보여 주고 있어.
> 연수: 우리가 전기를 사용할 때마다 돈이 든다는 것을 보여 주고 있어.

(   )

3 **내용 추론** 다음은 이 광고의 문구입니다. 이 문구에 담긴 뜻으로 알맞은 것은 무엇일까요? (   )

> 아무 생각 없이 꽂는 코드!
> 돈이라면 꽂으시겠습니까?

① 코드 대신 돈을 꽂아야 한다.
② 안 쓰는 코드는 뽑아야 한다.
③ 안 쓰는 코드도 다 꽂아야 한다.
④ 돈은 아무 데나 꽂으면 안 된다.
⑤ 코드는 위험하니 조심히 다루어야 한다.

4 **어휘** 꽂는과 뜻이 반대되는 말은 무엇인가요? (   )

① 집는   ② 뽑는   ③ 줍는
④ 꼬집는   ⑤ 누르는

5

주제

이 광고에서 전하고자 하는 말로 가장 알맞은 것은 무엇일까요? (   )

① 돈을 쓰지 말자.

② 전기를 절약하자.

③ 코드의 편리한 점을 알자.

④ 생활을 편리하게 하는 제품을 개발하자.

⑤ 돈을 계획적으로 쓰기 위해 가계부를 적자.

6

적용

이 광고에 다른 그림을 넣는다고 할 때, 가장 알맞은 장면에 ○표 하세요.

(1) 플라스틱 빨대를 사용하는 모습   (   )

(2) 길거리에 과자 봉투를 함부로 버리는 모습   (   )

(3) 환한 낮에 전등을 켜려고 스위치를 누르려는 모습   (   )

7

글의 구조

알맞은 말에 ○표 하여, 이 광고의 내용을 정리해 보세요.

> **공익 광고 내용**

> 코드를 꽂으면 전기가 나온다.

↓

> 전기도 돈이다.

↓

> 생각 없이 코드를 꽂아 두면 ❶(돈 / 물)도 들고 전기가 낭비된다.

↓

> 안 쓰는 코드를 뽑아 두자.

⬇

> 우리 모두 ❷(전기 / 코드)를 절약하자.

1 다음 낱말의 뜻으로 알맞은 것을 찾아 선으로 이으세요.

공익 •

생각 •

코드 •

• 사회 전체에 보탬이나 도움이 되는 것.

• 사람이 머리를 써서 판단하거나 인식하는 것.

• 전기선을 전기가 통하지 않는 재료로 싼 전깃줄.

2 다음 문장의 빈칸에 들어갈 알맞은 낱말을 보기 에서 골라 쓰세요.

보기
공익   생각   코드

(1) 아무리 ☐☐ 해도 형이 이번에 나한테 너무했다.

(2) 사람들은 사회의 ☐☐ 을 위해 서로 뜻을 모았다.

(3) 전기 ☐☐ 는 위험해서 아기들 근처에 두면 안 된다.

확장
3 다음 낱말이 아래의 문장에서 어떤 뜻으로 사용되었는지 골라 번호를 쓰세요.

전기

① 기계를 움직이거나 빛이나 열을 내는 데 쓰이는 에너지.

② 한 사람의 일생을 기록한 글.

(1) 위인들의 전기를 읽으면 배울 점이 매우 많다.   (   )

(2) 갑자기 전기가 나가서 집에 있는 전자 제품이 모두 꺼졌다.   (   )

오늘
나의 실력은?

부모님의
응원 한마디

☐ 이야기
☐ 시
☐ 극본
☑ 설명하는 글
☐ 주장하는 글
☐ 생활 글

1 사람들은 오랫동안 우주에 대해 궁금해하였습니다. 하지만 우주는 우리가 살고 있는 지구와는 다른 점이 ㉠많아서 함부로 가는 것은 위험하였습니다. 그래서 과학자들은 사람들이 안전하게 우주로 갈 수 있는 방법을 찾기 위해서 여러 가지 ✛연구를 했습니다. 그중에는 사람들이 우주선 밖에서 우주를 돌아다니며 자세히 살필 때 입는 옷에 대한 연구도 있었습니다.

2 과학자들은 사람들이 우주선 밖에서 안전하게 ✛탐험할 수 있도록 헬멧과 몸체 등으로 이루어진 우주복을 만들었습니다. 헬멧은 태양으로부터 눈을 보호하기 위해 만들었습니다. 또, 헬멧에는 여러 가지 ✛통신 ✛장치를 달아 우주선이나 지구에 있는 사람들과 언제든 연락이 가능하도록 만들었습니다.

3 몸체에는 우주 탐험을 도와주는 여러 가지 장치가 달려 있습니다. 무엇보다 중요한 ✛산소 공급을 위한 장치와, 물을 마시거나 음식을 먹을 수 있는 장치도 있습니다. 또한 춥거나 더운 환경에서 견딜 수 있는 여러 가지 장치들도 있어서 사람들은 몸의 온도를 안전하게 지킬 수 있습니다.

4 과학자들은 우주복이 흰색이어야 한다는 것도 알아내었습니다. 우주에는 공기가 없어서 태양의 빛이나 열이 그대로 사람들에게 전해집니다. 흰색은 빛을 ✛반사하는 성질을 가지고 있어서 태양 빛을 직접 받더라도 옷 안의 온도를 많이 높이지 않아 우주복을 입은 사람들을 보호해 줍니다.

낱말 풀이

✛**연구**: 어떤 일을 자세히 조사하고 분석하는 일.
✛**탐험**: 위험을 참으며 어떤 곳을 찾아가서 살펴봄.
✛**통신**: 전화 등으로 정보나 소식 등을 전달함.
✛**장치**: 일을 해낼 수 있도록 설치한 기계.
✛**산소**: 숨을 쉬는 데 없어서는 안 되는, 공기 속에 많이 들어 있는 물질.
✛**반사**: 빛이 다른 물체의 겉에 부딪혀서 나아가던 방향이 반대 방향으로 바뀌는 현상.

쏙쏙! 내용 정리

빈칸에 들어갈 낱말을 글에서 찾아 쓰세요.

1 과학자들은 우주를 돌아다닐 때 입는 ㅇ 에 대해 연구했다.

✎ _____

2 우주복의 ㅎ ㅁ 은 눈을 보호하고, 사람들과 연락할 수 있도록 만들었다.

 ✎ _____

3 우주복의 ㅁ ㅊ 에는 우주 탐험을 도와주는 여러 장치가 달려 있다.

✎ _____

4 우주복의 색깔은 ㅎ 색이어야 한다.

 ✎ _____

1
중심
소재

이 글에서 설명하고 있는 것은 무엇인가요? (   )

① 사람   ② 우주   ③ 지구
④ 태양   ⑤ 우주복

2
내용
이해

과학자들이 우주복을 만든 까닭은 무엇인가요? 빈칸에 알맞은 말을 쓰세요.

> 과학자들은 사람들이 우주선 밖에서 ☐☐ 하게 탐험할 수 있게 하려고 우주복을 만들었다.

3
내용
이해

우주복의 몸체에 있는 장치가 <u>아닌</u> 것에 X표 하세요.

(1) 산소를 공급해 주는 장치   (   )
(2) 사람들과 연락할 수 있는 통신 장치   (   )
(3) 물을 마시거나 음식을 먹을 수 있는 장치 (   )
(4) 춥거나 더운 환경에서 견딜 수 있는 장치 (   )

4
어휘

㉠과 뜻이 반대되는 말은 무엇인가요? (   )

① 커서   ② 작아서   ③ 적어서
④ 가득해서   ⑤ 다양해서

5 우주복이 흰색이어야 하는 까닭은 무엇인가요? (   )

내용
이해

① 우주에서 눈에 잘 안 띄게 하기 위해서

② 우주에서 위험한 일이 생기면 빨리 도망치기 위해서

③ 태양의 빛을 모아 깜깜한 우주에서 사용하기 위해서

④ 흰색으로 옷을 만들어 옷 안에 더 많은 장치를 넣기 위해서

⑤ 태양 빛을 반사하여 옷 안의 온도가 많이 높아지지 않도록 하기 위해서

6 이 글을 읽고 알게 된 내용으로 알맞지 <u>않은</u> 것은 무엇인가요? (   )

내용
추론

① 우주에서 태양 빛을 직접 보면 위험하다.

② 흰색은 빛을 반사하는 성질을 가지고 있다.

③ 과학자들은 우주를 탐험하기 위해 여러 연구를 했다.

④ 우주는 지구와 다른 점이 많아서 함부로 가면 위험하다.

⑤ 공기가 있으면 태양의 빛이나 열이 그대로 사람에게 전달된다.

7 빈칸에 알맞은 말을 써서, 이 글의 짜임을 정리해 보세요.

글의
구조

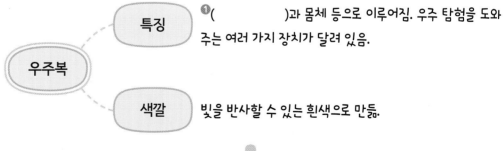

우주복

특징 — ❶(   )과 몸체 등으로 이루어짐. 우주 탐험을 도와주는 여러 가지 장치가 달려 있음.

색깔 — 빛을 반사할 수 있는 흰색으로 만듦.

❷(   )은 우주선 밖에서 안전하게 탐험할 수 있도록 만들어진 옷이다.

탄탄 어휘 마무리

1 다음 낱말의 뜻으로 알맞은 것을 찾아 선으로 이으세요.

장치 •　　　　　　　• 일을 해낼 수 있도록 설치한 기계.

탐험 •　　　　　　　• 전화 등으로 정보나 소식 등을 전달함.

통신 •　　　　　　　• 위험을 참으며 어떤 곳을 찾아가서 살펴봄.

2 다음 문장의 빈칸에 들어갈 알맞은 낱말을 보기 에서 골라 쓰세요.

보기
　　　　　　장치　　　　탐험　　　　통신

(1) 탐험대가 남극을 □□ 하러 떠났다.

(2) 휴대 전화는 어디에서든 □□ 이 가능하다.

(3) 공장에는 안전을 위한 □□ 가 잘 갖추어져 있다.

확장
3 다음 밑줄 친 낱말의 알맞은 뜻을 보기 에서 골라 번호를 쓰세요.

보기
달다 { ① 어떤 기계나 장치를 설치하다.
　　　　② 이름이나 제목을 정하여 붙이다.

(1) 내가 쓴 작품에 제목을 <u>달다</u>.　　　　　　　(　　　)

(2) 이사 온 집에 에어컨을 <u>달다</u>.　　　　　　　(　　　)

오늘 나의 실력은?   　　부모님의 응원 한마디

☑ 이야기
☐ 시
☐ 극본
☐ 설명하는 글
☐ 주장하는 글
☐ 생활 글

1 옛날 어느 가을날에 농부가 밭에서 무를 뽑고 있었습니다. 희고 ⁺탐스러운 무가 쑥쑥 뽑혀 나왔습니다. 농부는 ⁺신바람이 나서 어깨가 들썩들썩하였습니다.

그러다 농부는 커다란 무를 뽑았습니다. 아주 굵고 긴 무였습니다. 농부는 ⁺신기해서 그것을 고을 사또에게 ⁺바치기로 하였습니다.

"사또, 제가 평생 농사를 지었지만 이렇게 커다란 무는 처음 봅니다. 사또께 이 무를 바치고 싶습니다."

"그래, 고맙구나. 이렇게 커다란 무는 나도 본 적이 없다. ⁺귀한 선물을 받았으니까 나도 무엇인가 ㉠보답을 해야지. 이방, 요즈음 들어온 물건 중에서 농부에게 줄 것이 있느냐?"

이방은 송아지 한 마리를 끌고 나와 농부에게 주었습니다.

사또에게 무 하나를 바치고 송아지 한 마리를 얻은 농부를 고을 사람들은 부러워하였습니다.

2 그 이야기를 들은 욕심꾸러기 농부는 샘이 났습니다.

'사또께 송아지를 갖다 바치면 더 ㉡큰 선물을 받겠지?'

욕심꾸러기 농부는 사또에게 송아지를 끌고 갔습니다.

"사또, 제가 소를 많이 키워 보았지만 이렇게 ⁺살진 송아지는 처음 봅니다. 이 송아지를 사또께 드리고 싶습니다."

사또는 고마워하며 이방에게 말하였습니다.

"이방, 무엇인가 보답을 해야겠는데, 요즈음 들어온 물건 중에서 귀한 것이 뭐가 있느냐?"

"며칠 전에 들어온 커다란 무가 있습니다."

"옳지! 그 무를 내어다가 이 농부에게 주어라."

욕심꾸러기 농부는 커다란 무를 받고 ㉢　　　 채 집으로 돌아왔습니다.

낱말 풀이

⁺**탐스러운**: 가지고 싶은 마음이 들 정도로 보기가 좋고 끌리는.

⁺**신바람**: 몹시 신이 나고 기쁜 마음.

⁺**신기**: 믿을 수 없을 정도로 색다르고 이상함.

⁺**바치기로**: 윗사람에게 물건을 드리기로.

⁺**귀한**: 아주 가치가 있고 소중한.

⁺**살진**: 살이 많고 튼실한.

쏙쏙! 내용 정리

빈칸에 들어갈 낱말을 글에서 찾아 쓰세요.

1 농부는 사또에게 커다란 ☐ 를 바치고 송아지를 얻었다.

✎ _____

2 욕심꾸러기 농부는 사또에게 ㅅ ㅇ ㅈ 를 바치고 커다란 무를 얻었다.

✎ _____

1
내용
이해

다음은 이 글의 내용을 정리한 것입니다. 빈칸에 알맞은 말을 쓰세요.

> 농부는 사또에게 커다란 무를 바치고, 송아지를 받았다. 욕심꾸러기 농부는 사또에게 ☐☐☐ 를 바치고 ☐☐☐☐ 를 받았다.

2
내용
이해

농부가 사또에게 커다란 무를 바친 까닭은 무엇인가요?

( )

① 사또가 무를 좋아해서
② 더 큰 선물을 받고 싶어서
③ 이미 무를 많이 가지고 있어서
④ 좋은 물건을 사또에게 바치지 않으면 벌을 받아서
⑤ 신기할 정도로 커다란 무를 사또에게 드리고 싶어서

3
어휘

㉠의 뜻으로 알맞은 것에 ○표 하세요.

(1) 마음에 쌓인 불만을 갚음. ( )
(2) 남에게 받은 고마움이나 은혜를 갚음. ( )

4
내용
추론

욕심꾸러기 농부가 생각한 ㉡으로 알맞은 것은 무엇일까요? ( )

① 커다란 무
② 송아지보다 귀한 것
③ 송아지보다 덜 귀한 것
④ 커다란 무보다 덜 귀한 것
⑤ 희고 탐스러운 무 여러 개

5 ⓒ에 들어갈 말로 알맞은 것은 무엇일까요? (   )

내용
추론

① 궁금한   ② 기뻐한   ③ 실망한

④ 쓸쓸한   ⑤ 감사한

6 보기는 이 글을 읽고 자신의 경험을 떠올리며 쓴 글입니다. 이 글의 등장인물 중 누구를 보고 떠올린 경험일까요? (   )

적용

> 보기
>
> 친구와 학교 근처 빵집에서 빵을 먹었다. 그런데 빵이 너무 맛있었다. 빵을 좋아하시는 부모님 생각이 나서 빵 두 개를 포장해서 가져왔다. 부모님께서 빵을 드시며 무척 기뻐하셨다. 다음 날 부모님은 내가 기특하다며 선물로 자전거를 사 주셨다.

① 농부   ② 사또   ③ 이방
④ 고을 사람들   ⑤ 욕심꾸러기 농부

7 알맞은 말에 ○표 하여, 이 글의 짜임을 정리해 보세요.

글의
구조

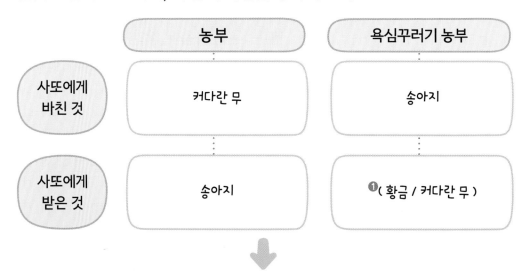

	농부	욕심꾸러기 농부
사또에게 바친 것	커다란 무	송아지
사또에게 받은 것	송아지	❶(황금 / 커다란 무)

농부는 착한 일을 하고 ❷(좋은 / 실망스러운) 결과를 얻었고,
욕심꾸러기 농부는 욕심을 부리다가 ❸(좋은 / 실망스러운) 결과를 얻었다.

탄탄 어휘 마무리

1 다음 뜻을 지닌 낱말을 [보기] 에서 골라 빈칸에 쓰세요.

> [보기]
>
> 귀하다   살지다   신기

(1) 살이 많고 튼실하다.   (   )

(2) 아주 가치가 있고 소중하다.   (   )

(3) 믿을 수 없을 정도로 색다르고 이상함.   (   )

2 다음 문장의 빈칸에 들어갈 알맞은 낱말을 찾아 선으로 이으세요.

아기가 포동포동 ( ).	•		•	귀하다
모든 것들 중에 생명이 가장 ( ).	•		•	살지다
사람들이 마술을 ( )하게 구경했다.	•		•	신기

확장

3 다음 낱말의 뜻을 보고, 문장에 어울리는 낱말을 골라 ○표 하세요.

샘	남의 것을 탐내거나 부러워하거나 싫어하는 마음.
셈	수를 세는 일.

(1) 엄마는 (샘 / 셈)이 무척 빨라 계산기가 필요 없다.

(2) 민준이는 자기보다 좋은 가방을 가진 동생에게 (샘 / 셈)을 냈다.

오늘
나의 실력은?   부모님의
응원 한마디

 이 책의 **출처**

○ 제재 출처

쪽수	제재명	지은이	출처
52쪽	그만뒀다	문삼석	『우산 속』, 아동문예사, 1993.
68쪽	살랑살랑 꼬리로 말해요	르네 라히르 글, 조병준 옮김	『살랑살랑 꼬리로 말해요』, 웅진주니어, 2011.
84쪽	하느님이 찾는 그릇	최은섭	『향기 나는 바람개비』, 두산동아(주), 1996.
112쪽	콩 한 알과 송아지	한해숙	『콩 한 알과 송아지』, 애플트리태일즈, 2015.
132쪽	보슬비의 속삭임	강소천	『김용택 선생님이 챙겨 주신 저학년 책가방동시』, 파랑새 어린이, 2008.
156쪽	전기도 '돈'입니다		한국방송광고진흥공사, 2015.

○ 그림 출처

쪽수	작품명	지은이	출처
48쪽	용맹한 호랑이		국립중앙박물관

하루의 학습이 끝날 때마다
붙임딱지를 골라 붙여 과자 집을 꾸며 보세요.

퍼즐 학습으로 재미있게 초등 어휘력을 키우자!

하루 4개씩 25일 완성!

어휘력을 키워야 문해력이 자랍니다.
문해력은 국어는 물론 모든 공부의 기본이 됩니다.

퍼즐런 시리즈로
재미와 학습 효과 두 마리 토끼를 잡으며,
문해력과 함께 공부의 기본을
확실하게 다져 놓으세요.

Fun! Puzzle! Learn!
재미있게!   퍼즐로!   배워요!

미래엔 초등 도서 목록

##

교과서 달달 쓰기 · 교과서 달달 풀기
1~2학년 국어 · 수학 교과 학습력을 향상시키고
초등 코어를 탄탄하게 세우는 기본 학습서
[4책] 국어 1~2학년 학기별
[4책] 수학 1~2학년 학기별

미래엔 교과서 길잡이, 초코
초등 공부의 핵심[CORE]를 탄탄하게 해 주는
슬림 & 심플한 교과 필수 학습서
[8책] 국어 3~6학년 학기별, [8책] 수학 3~6학년 학기별
[8책] 사회 3~6학년 학기별, [8책] 과학 3~6학년 학기별

전과목 단원평가
빠르게 단원 핵심을 정리하고, 수준별 문제로 실력을 키우는
교과 평가 대비 학습서
[8책] 3~6학년 학기별

문제 해결의 길잡이

원리 8가지 문제 해결 전략으로 문장제와 서술형 문제 정복
[12책] 1~6학년 학기별

심화 문장제 유형 정복으로 초등 수학 최고 수준에 도전
[6책] 1~6학년 학년별

##

초등 필수 어휘를 퍼즐로 재미있게 익히는 학습서
[3책] 사자성어, 속담, 맞춤법

하루한장 예비 초등

한글완성
초등학교 입학 전 한글 읽기·쓰기 동시에 끝내기
[3책] 기본 자모음, 받침, 복잡한 자모음

예비초등
기본 학습 능력을 향상하며 초등학교 입학을 준비하기
[2책] 국어, 수학

하루한장 독해

독해 시작편
초등학교 입학 전 기본 문해력 익히기 30일 완성
[2책] 문장으로 시작하기, 짧은 글 독해하기

어휘
문해력의 기초를 다지는 초등 필수 어휘 학습서
[6책] 1~6학년 단계별

독해
국어 교과서와 연계하여 문해력의 기초를 다지는 독해 기본서
[6책] 1~6학년 단계별

독해+플러스
본격적인 독해 훈련으로 문해력을 향상시키는 독해 실전서
[6책] 1~6학년 단계별

비문학 독해 (사회편·과학편)
비문학 독해로 배경지식을 확장하고 문해력을 완성시키는
독해 심화서
[사회편 6책, 과학편 6책] 1~6학년 단계별

독해 플러스

바른답·알찬풀이

바른한

1단계 | 초등 1·2학년

Mirae N 에듀

독해 플러스

정답 및 해설

실전 문해력을 키우기 위한
바른답 알찬풀이의 핵심 포인트!

◆ 지문을 한번 더 읽으며 핵심 내용을 파악하는 훈련을 할 수 있습니다.
◆ 핵심 내용과 주제를 구조화하여 지문의 흐름을 잡아 볼 수 있습니다.
◆ 꼼꼼하고 자세한 해설을 통해 고난도 문제를 완벽히 이해할 수 있습니다.

읽기 전략

1주 01일차
본문 8~11쪽

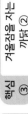

쏙쏙 내용 정리

1 옷 2 겨울잠
3 온도 4 먹이

정답

1 ⑤ 2 ②, ⑤
3 ④ 4 ②
5 ②, ⑤ 6 ②
7 ① 잠 ② 겨울잠
③ 겨울잠

어휘 탄탄 마무리

1 (1) 온도
  (2) 주변
  (3) 부족
2
3 (1) ② (2) ①

핵심① 겨울잠을 자는 일부 동물들
핵심② 겨울잠을 자는 까닭①
핵심③ 겨울잠을 자는 까닭②

주제: 추운 겨울을 보내기 위해 겨울잠을 자는 동물들

1 이 글은 일부 동물들이 겨울을 보내는 방법인 '겨울잠'에 대해 설명하고 있습니다.

2 이 글에서 동물들은 겨울에 먹이가 부족해서 겨울잠을 자기도 하고, 얼어 죽지 않기 위해 겨울잠을 자기도 한다고 했습니다.

3 '곰, 박쥐, 다람쥐, 고슴도치'는 겨울에 먹이가 부족해서 겨울잠을 자는 동물에 해당하며, '개구리'는 몸의 온도가 내려가 얼어 죽는 것을 막으려고 겨울잠을 자는 동물에 해당합니다.

4 '얇다'는 '두께가 두껍지 않다.'를 뜻하므로, '두껍다'와 뜻이 반대됩니다.

5 ④를 통해 온도가 바뀌는 동물에는 '개구리, 뱀, 도마뱀, 거북'은 주변의 날씨에 따라 몸의 온도가 내려가 열이 나도록 몸의 온도가 바뀌는 동물입니다. 이 동물들은 겨울잠을 잡니다. 이 동물들은 겨울잠을 자는 동안에 몸 속에서 얼지 않도록 하는 물질을 만들어 냅니다.

6 겨울잠을 자는 동물들은 주로 추운 것을 좋아해서 겨울잠을 자는 것이 아니라, 겨울에 무사히 살아 남기 위해 겨울잠을 자는 것입니다.

7 이 글은 추운 겨울을 보내기 위해 겨울잠을 자는 동물들에 대해 설명하고 있습니다.

어휘 탄탄 마무리

3 '깨다'는 글자의 형태는 같지만 뜻은 전혀 다른 두 낱말입니다. '그릇을 깨다'에서 '깨다'는 '단단한 물체를 쳐서 조각이 나게 하다.'를, '잠에서 깨다.'에서 '깨다'는 '잠이 든 상태에서 벗어나 정신을 차리다.'를 뜻합니다.

---

1 날씨가 추운 겨울이 되면 사람들은 ㉠두꺼운 옷을 입어요. 장갑도 끼고 목도리도 해요. 날씨가 추워지는 만큼 몸을 따뜻하게 하기 위해서랍니다. 그럼 동물들은 어떻게 겨울을 보낼까요?

2 동물들 중에는 잠을 자면서 겨울을 보내는 동물이 있어요. 이 동물들은 땅속이나 나무 구멍, 동굴, 땅속 등에서 잠을 자며 겨울 겨울잠을 보내요. 따뜻한 봄이 올 때까지 깨지 않고 겨울잠을 보내요.

3 동물들은 왜 겨울잠을 자는 걸까요? 곰, 고슴도치, 다람쥐, 박쥐 같은 동물들은 겨울이 되면 먹이가 부족해지기 때문에 잠을 자면서 겨울을 보내요.

4 개구리, 뱀, 도마뱀, 거북 같은 동물들은 주변의 날씨에 따라 몸의 온도가 내려가면 몸이 얼어서 죽을 수도 있어요. 그래서 이 동물들은 따뜻한 잠을 잠을 자요. 이 동물들은 잠을 자는 동안에 깨어나지 않고 몸이 얼지 않도록 하는 물질을 만들어 내요.

1주 02일차
본문 12~15쪽

쏙쏙 내용 정리
1 검정말　2 노루
3 꽃제

정답
1 달리기
2 (1) 소　(2) 검정말
3 ⑤　　4 ⑤
5 ④　　6 유정
7 ① 검정말
② 병원　③ 검정말

어휘 탄탄 마무리
1 (1) 다급하다
(2) 무사
(3) 시상식

2

3 (1) 엎다　(2) 업다

---

1 숲속 나라에서 달리기 대회가 열렸습니다.
"탕!"
총을 쏘는 소리가 울렸습니다. 선수들은 모두 힘차게 달려 나갔습니다. 한참 달리던 검정말은 뒤를 돌아보았습니다.

핵심① 1등으로 달리고 있는 검정말
검정말이 1등으로 달리고 있었습니다. 아무도 보이지 않지 않았습니다.

2 그때 엄마 노루가 +다급한 목소리가 들렸습니다.
"도와주세요! 우리 아기 노루가 아파요. 제발 좀 도와주세요!"
'아기 노루가 아프다고? 이를 어째?'

㉠ 검정말은 잠시 망설였습니다. 아기 노루를 도와주면 달리기 대회에서 1등을 하지 못하기 때문입니다.

핵심② 아기 노루를 도와준 검정말
'경기에서 ㉡이기는 것도 중요하지만 아픈 아기 노루를 도와주는 게 더 중요해.'

검정말은 아기 노루를 업고 병원으로 뛰어갔습니다.

핵심③ 꽃제로 들어왔지만 박수를 받은 검정말
달리기 대회에서 소가 1등을 하였습니다. 검정말은 +시상식이 끝난 뒤에야 꽃제로 들어왔습니다. 구경하던 동물들은 모두 놀라서 +어리둥절한 표정을 지었습니다.

그때 검정말과 함께 온 엄마 노루가 말했습니다.
"여러분, 검정말이 아기 노루를 병원에 데려다주느라고 이제야 온 거예요. 검정말 덕분에 아기 노루가 +무사할 수 있었어요."

동물들은 모두 박수를 쳤습니다. 1등을 한 소가 금메달을 벗어 검정말의 목에 걸어 주었습니다.

핵심① 1등으로 달리고 있는 검정말
↑ 검정말이 달리기 대회에서 1등으로 달리고 있음.

핵심② 아기 노루를 도와준 검정말
↑ 검정말은 1등을 포기하고 아픈 아기 노루를 데리고 병원으로 감.

핵심③ 꽃제로 들어왔지만 박수를 받은 검정말
↑ 검정말이 꽃제로 들어와 까닭을 알게 된 동물들이 검정말에게 박수를 보냄.

주제 어려운 일에 처한 남을 먼저 생각한 검정말의 행동

1 이 글의 첫 번째 문장을 보면 숲속 나라에서 '달리기' 대회가 열렸다고 했습니다.

2 달리기 대회에서 1등을 한 동물은 '소'이며, 꽃제는 아픈 아기 노루를 도와주느라 시상식이 끝난 뒤에야 들어온 '검정말'입니다.

3 ㉠의 뒤 문장에 나와 있습니다. 검정말은 아픈 아기 노루를 도와주면 달리기 대회에서 1등을 하지 못하기 때문에 망설인 것입니다.

4 '승리하다'는 '경기에서 이기다.'를 뜻하므로, '이기다'와 뜻이 비슷해서 바꾸어 쓸 수 있습니다.

5 검정말은 경기 도중에 아픈 아기 노루를 업고 병원으로 뛰어갔다 왔기 때문에 시상식이 끝난 후에야 꽃제로 도착했습니다.

6 검정말은 대회에서 1등을 하는 것을 포기하고 아픈 아기 노루를 도왔습니다. 따라서 어려운 일에 처한 사람을 돕겠다고 한 유정이의 말이 알맞습니다.

7 ① 처음에 달리기 대회에서 1등을 하고 있던 동물은 '검정말'이었습니다.
② 검정말은 아픈 아기 노루를 업고 '병원'으로 뛰어갔습니다.

어휘 탄탄 마무리

3 '엎다'와 '업다'는 받침만 다르고 비슷하게 생겨서 헷갈리는 낱말입니다. '엎다'는 '물체의 아래를 위가 되게 거꾸로 뒤집어 놓다.'를 뜻합니다. (2)는 첫은 그릇을 말리기 위해 그릇을 거꾸로 뒤집어 놓았다는 내용이므로, '엎다'가 알맞습니다. 또한 그릇을 등에 엎을 수는 없으므로, 헷갈릴 때에는 '업다'를 넣어서 뜻이 어울리는지 확인해 보면 됩니다.

읽기 전략

핵심 내용을 따라 읽으며 흐름을 정리해 보세요.

[1] 애벌레가 움직이는 모습을 본 적이 있나요? 애벌레는 파릇파릇 자라는 배추잎 사이에서, 잎이 있는 안팎 속에서 종종 볼 수 있어요. 그곳에서 귀여운 애벌레가 꿈틀꿈틀 움직이는 모습을 볼 수 있지요. 오늘은 이러한 애벌레를 닮은 장난감을 만들어 볼 거예요. 장난감을 움직여 애벌레가 움직이는 모습도 흉내 낼 수 있어요. 우리 함께 '애벌레 장난감'을 만들어 보아요.

핵심① 애벌레 장난감의 특징

🖍 애벌레 장난감 만들기 **핵심②**

준비물: 색종이, 가위, 풀, 사인펜, 나무젓가락, 접착테이프 등

① 색종이를 동그라미 모양으로 자른 후, 사인펜으로 애벌레 얼굴을 그려요.
② 색종이를 긴 네모 모양으로 여러 장 잘라요.
③ 긴 네모 모양으로 자른 색종이를 말아 ↑고리 모양으로 만들고 풀로 붙여요.
④ 여러 개의 고리를 서로 붙여 길게 ↑연결해요.
⑤ 맨 앞쪽 고리에 ①에서 만든 애벌레 얼굴을 붙여요.
⑥ 맨 앞쪽 고리와 맨 뒤쪽 고리에 나무젓가락을 접착테이프로 각각 붙여요.

ⓒ

애벌레 장난감 움직이기 **핵심③**

① 애벌레 장난감에 있는 나무젓가락을 양손으로 각각 잡아요.
② 애벌레 장난감이 움직이는 모습을 따라하며 나무젓가락을 ⓒ 으로 움직여요.

핵심① 애벌레 장난감의 특징
↑애벌레 장난감은 애벌레의 생김새와 닮고 애벌레의 움직임도 흉내 낼 수 있음.

핵심② 애벌레 장난감을 만드는 방법
↑색종이로 만든 여러 개의 고리를 이어 붙인 후, 앞뒤에 나무젓가락을 붙임.

핵심③ 애벌레 장난감을 움직이는 방법
↑양손으로 나무젓가락을 잡고 애벌레의 움직임을 흉내 낼 수 있음.

주제: 애벌레의 생김새와 움직임을 닮은 애벌레 장난감을 만들어 보자.

1 [1]에서 애벌레를 닮은 장난감을 만들어 본다고 했습니다. 즉 애벌레의 생김새와 비슷한 모양이어서 '애벌레 장난감'으로 이름이 붙여졌음을 알 수 있습니다.

2 2의 애벌레 장난감 만들기 준비물에 '구슬'은 제시되지 않았습니다. 그리고 만드는 방법에서도 구슬은 나오지 않습니다.

3 2의 3에서 종이를 말아 고리 모양으로 만든다고 했습니다. 만약 '고리' 모양을 잘 모르더라도 4~6의 그림을 참고하면 짐작할 수 있습니다.

4 [1]에서 애벌레가 꿈틀꿈틀 움직인다고 했습니다. 또한 애벌레 장난감은 애벌레가 움직이는 모습을 흉내 낼 수 있다고 했습니다. 따라서 ⓒ에는 애벌레의 움직임을 표현한 '꿈틀꿈틀'이 들어가는 것이 알맞습니다.

|요점 풀이| ① '우부부부'는 '머리나 몸을 자주 앞으로 숙이다가 드는 모양'을, ③ '둥실둥실'은 '물체가 공중이나 물 위에 가볍게 떠서 움직이는 모양'을, ④ '소곤소곤'은 '남이 알아듣지 못하게 작은 목소리로 자꾸 이야기하는 소리'를, ⑤ '쨍그랑쨍그랑'은 '쇠붙이나 유리 따위가 자꾸 부딪쳐 울리어 나는 소리'를 뜻합니다.

5 2에서 애벌레 장난감을 만드는 순서를 확인할 수 있습니다. 색종이를 긴 네모 모양으로 여러 장 자른 후, 자른 색종이를 고리 모양으로 만듭니다. 여러 개의 고리를 서로 연결하면 애벌레 장난감이 완성됩니다.

6 이 글에 애벌레 장난감을 만들 때 주의할 점은 나오지 않았습니다.
|오답 풀이|
① [1]에서 애벌레는 배추잎이나 잎맥에서 발견할 수 있다고 했습니다.
② 2의 1~6에서 애벌레 장난감을 만드는 방법을 알 수 있습니다.
③ 3의 '애벌레 장난감 움직이기'에서 알 수 있습니다.
④ [1]에서 애벌레가 움직이기에서 알 수 있습니다.
⑤ 2의 '준비물'에서 알 수 있습니다.

쏙쏙 내용 정리
1 애벌레 2 색종이
3 나무

정답
1 ②
2 ③
3 ( ), (○), ( )
4 ②
5 5-2-3-4
6 ④
7 1 고리
 2 나무젓가락
 3 애벌레

어휘 마무리
1 (선 잇기)
2 (1) 흉내
 (2) 연결
 (3) 고리
3 (1) ① (2) ②

3

1주 04일차

본문 20~23쪽

쏙쏙 내용 정리

1 대중교통 2 버스
3 기차 4 규칙

정답

1 ⑤
2 여러 사람이
3 ③ 4 ③
5 (1)○ (3)○
6 ⑤
7 1 버스
  2 대중교통
  3 규칙

어휘 마무리

1 (1) 좌석
  (2) 요즘
  (3) 요금
2
3 (1) ② (2) ①

핵심 ① 대중교통의 뜻
➡ 대중교통은 여러 사람이 한꺼번에 이동할 수 있는 탈것을 뜻함.

핵심 ② 대중교통 이용 방법
➡ 버스는 버스 정류장에서 타고 요금을 낸 후 자리를 찾아 앉음. 기차는 버스와 비슷하지만 기차역에서 타고 기차표를 미리 온라인으로 살 수 있음.

핵심 ③ 대중교통에서 지켜야 할 규칙
➡ 큰 소리로 통화하거나 떠들거나 뛰지 않음.

주제 대중교통의 이용 방법과 규칙을 잘 알고 안전하게 이용하자.

1 이 글은 대중교통의 이용 방법과 규칙을 알려 주고 있습니다. 2와 3에서는 대중교통 중 버스와 기차의 이용 방법에 대해, 4에서는 대중교통 이용 시 지켜야 할 규칙에 대해 소개하고 있습니다.

2 1 에서 대중교통은 '여러 사람이' 한꺼번에 이동할 수 있는 탈것을 뜻한다고 했습니다.

3 2 에서 버스를 타는 사람은 버스에 타서 요금을 낸 후 자리에 앉는다고 했습니다. 즉, 자리에 앉기 전에 요금을 먼저 내야 합니다.

| 오답풀이 | ① 2 에서 버스를 탈 때에는 버스 정류장에서 버스를 기다려야 한다고 했습니다.

②, ④ 2 에서 버스에 타는 사람은 앞문을, 버스에서 내리는 사람은 버스의 뒷문을 이용해야 한다고 했습니다.

⑤ 2 에서 좌석이 부족하여 서서 가야 할 때에는 넘어지지 않도록 손잡이를 꽉 잡아야 한다고 했습니다.

4 2 에서 '버스에 타는 사람'의 반대되는 말은 '버스에서 내리는 사람'이 제시되었습니다. 즉 '타다'의 반대말은 '내리다'임을 알 수 있습니다.

5 (2) 4 에서 대중교통을 이용할 때에는 뛰어다니지 않아야 한다고 했습니다.

6 3 에서 기차표는 기차역에서 살 수 있고, 컴퓨터나 휴대 전화를 사용하여 온라인으로 살 수도 있다고 했습니다.

| 오답풀이 | ② 3 의 마지막 문장에서 기차역에서는 위험할 수 있으니 출입문에 기대지 않게 주의해야 한다고 했습니다.

7 2와 3 에서 '버스'는 버스 정류장에서, 기차는 기차역에서 기다렸다가 이용해야 한다고 했습니다.

---

1 여러분은 버스나 기차를 타 본 적이 있나요? 버스나 기차에는 여러 사람들로 *북적거릴 때가 많아요. 이처럼 여러 사람이 한꺼번에 이동할 수 있는 탈것을 '대중교통'이라고 해요. 대중교통에는 버스, 지하철, 기차, 배, 비행기 등 여러 종류가 있어요.

2 대중교통은 여러 사람이 함께 *이용하는 것이므로, 이용 방법과 규칙을 잘 알아야 해요. 먼저 흔히 볼 수 있는 버스의 이용 방법에 대해 알아보아요. 버스를 이용할 때에는 우선 버스 정류장에서 버스가 오기를 기다려요. 버스가 도착하면 버스에 ㉠타는 사람은 앞문으로 타서 *요금을 낸 후 자리에 앉아요. 만약 버스의 좌석이 부족하여 서서 가야 할 때에는 손잡이를 꽉 잡아서 넘어지지 않도록 조심해야 해요. 버스에서 내리는 사람은 버스가 멈춰 선 후 버스의 뒷문으로 내려요.

3 기차도 사람들이 많이 이용하는 대중교통 중 하나예요. 기차를 이용하려면 우선 기차표부터 사야 해요. 기차표는 기차역에서 살 수도 있지만, 요즘은 컴퓨터나 휴대 전화 등을 사용하여 온라인으로 살 수도 있어요. 표를 산 후에는 기차역에서 기차가 오기를 기다려요. 기차에 올라타고 자리를 찾아 앉아요. 기차를 탈 후에는 위험할 수 있으니 출입문에 기대지 않도록 주의해야 해요.

4 어디에서든 안 돼요. 대중교통은 여러 사람이 이용하는 것이니 규칙을 잘 지키면서 안전하게 이용하세요.

*지키면서 안전하게 이용하세요.

읽기 전략

핵심 내용을 따라 읽으며 흐름을 정리해 보세요.

핵심 내용 정리

1 도끼 2 쇠
3 금, 은

정답

1 산신령 2 ④
3 ⑤ 4 ②
5 ②① 6 ③
7 ①도끼 ② 정직하게

어휘 마무리

1 (연결 문제)

2 (1) 도끼 (2) 정직
(3) 산신령

3 (1) 슬피 (2) 훌쩍

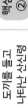

1 옛날 한 나무꾼이 열심히 나무를 하고 있었습니다. 그러다 그만 연못에 *도끼를 빠뜨렸습니다. 나무꾼은 *슬피 울었습니다. 그때 갑자기 연못 속에서 '펑' 소리와 함께 *산신령이 나타났습니다.
나무꾼은 ㉠ 도끼를 듣고 온 도끼①

2 산신령은 한 손에 번쩍번쩍 빛나는 금도끼를 들고 있었습니다.
산신령이 들고 온 도끼①
"이 금도끼가 네 도끼냐?"
산신령이 물었습니다.
"아닙니다. 제 도끼는 금도끼가 아닙니다."
욕심을 부리지 않고 정직하게 대답함.
나무꾼은 정직하게 대답하였습니다.
산신령은 은도끼를 가지고 다시 나타났습니다.
산신령이 들고 온 도끼②
"그럼 이 은도끼가 네 도끼냐?"
"아닙니다."
욕심을 부리지 않고 정직하게 대답함.
나무꾼은 정직하게 대답하였습니다.
산신령이 쇠도끼를 가지고 다시 나타났습니다.
산신령이 들고 온 도끼③
"그럼 이 쇠도끼가 네 도끼냐?"
"네, 제 도끼입니다. 쇠도끼가 제 도끼입니다."

3 나무꾼의 대답을 들은 산신령은 크게 기뻐하였습니다.
"참으로 정직하구나. 금도끼와 은도끼도 줄 테니, 앉으로도 정직하게 살아라."
산신령은 금·은·쇠도끼를 나무꾼을 칭찬하며 나무꾼에게 쇠도끼뿐만 아니라 금도끼와 은도끼도 모두 주었습니다.
정직한 나무꾼이 받은 복

핵심① 도끼를 듣고 나타난 산신령
→ 나무꾼이 연못에 도끼를 빠뜨리자, 연못 속에서 '펑' 소리와 함께 산신령이 나타났습니다.

핵심② 정직하게 답한 나무꾼
→ 나무꾼은 쇠도끼만이 자신의 것이라고함.

핵심③ 금·은·쇠도끼를 모두 받은 나무꾼
→ 산신령은 정직한 나무꾼에게 금·은·쇠도끼를 전부 줌.

주제 정직하게 살아 복을 받은 나무꾼

1 나무꾼이 연못에 도끼를 빠뜨리자, 연못 속에서 '펑' 소리와 함께 '산신령'이 나타났습니다.

2 나무꾼이 욕심을 부리지 않고 정직하게 대답하자, 산신령은 크게 기뻐하며 쇠도끼와 함께 금도끼, 은도끼도 모두 주었습니다.

3 나무꾼이 금도끼, 은도끼는 자신의 것이 아니고, 쇠도끼만이 자신의 것이라고 정직하게 말했기 때문에 나무꾼의 대답을 듣고 기뻐한 것입니다.

4 '깜짝'은 '갑자기 놀라는 모양.'을 뜻합니다. 따라서 '놀랐습니다' 앞에 쓰여 기에 적절합니다.

|어휘 풀이| ① '깜깜'은 '밝았다가 잠깐 어두워지거나 어두웠다가 잠깐 밝아지는 모양.'을 뜻합니다.
③ '꼼짝'은 '몸을 느리게 조금 움직이는 모양.'을 뜻합니다.
④ '덜덜'은 '춥거나 무서워서 몸을 몹시 떠는 모양.'을 뜻합니다.
⑤ '솔솔'은 '물이나 가루 등이 틈이나 구멍으로 잇따라 조금씩 새어 나오는 모양.'을 뜻합니다.

5 여기서 나무꾼은 연못에 도끼를 빠뜨렸을 때 슬피 울었다고 했습니다. 또한 산신령이 나타나 연못에 빠뜨렸던 도끼를 다시 찾아 주었을 때 나무꾼은 고마움을 느꼈을 것입니다.

6 나무꾼은 정직하게 말한 덕분에 잃어버렸던 쇠도끼와 함께 금도끼, 은도끼도 얻을 수 있었습니다. 따라서 욕심을 부리지 말고 정직하게 살아야 한다는 가르침이 나무꾼이 받은 복이라고 볼 수 있습니다.

2주 01일차

본문 28~31쪽

독해력 상승 읽기 전략

핵심 내용을 따라 읽으며 흐름을 정리해 보세요

콕콕! 내용 정리

1 안전
2 시작
3 수칙
4 물놀이

정답

1 ④
2 ⑤
3 ③
4 ④
5 □○□
6 ③
7 (1) 구명조끼
　(2) 물놀이
　(3) 안전 수칙

어휘 마무리

1

2 (1) 중단
　(2) 적응
　(3) 방심

3 (1) ② (2) ①

핵심 ① 물놀이 안전 수칙을 지켜야 하는 까닭

핵심 ② 물놀이 시작 전 안전 수칙

핵심 ③ 물놀이를 할 때의 안전 수칙

주제 물놀이를 할 때에는 안전 수칙을 꼭 지켜야 한다.

2주 02일차

본문 32~35쪽

꼼꼼 내용 정리

1 짐 2 당나귀
3 말

정답

1 ③
2 ③
3 ④
4 (1) ⓒ (2) ⓒ
5 (1) X (2) X (3) ○
6 ③
7 1 당나귀 2 당나귀
3 말 4 말

어휘 마무리

1 (1) 거든하
  (2) 원망
  (3) 지다
2 (교차 연결선)
3 (1) ① (2) ②

---

1 옛날에 말 한 마리와 당나귀 한 마리를 가진 주인이 먼 길을 떠났습니다. 그런데 주인은 말에게는 짐을 하나도 싣지 않고 당나귀에게만 짐을 가득 싣고 싶었습니다. 짐을 가득 짊어진 당나귀가 무거워 너무 힘들었던 당나귀가 말에게 부탁하였습니다.

당나귀의 부탁을 거절한 말
"말아, 내 짐을 좀 나누어 지어 좀 좋을 수 있겠니? 혼자서 이 많은 짐을 다 지고 가려니 너무 힘들어."

"지고 가려니 너무 힘들어."

"무슨 소리야? ⊙주인님께서 너에게만 짐을 주셨는데 왜 내가 나누어 지어야 하니? 다시는 그런 말 하지도 마!"

2 ⓒ말이 ⓒ당나귀의 죽음
말은 들은 당나귀는 너무 힘이 들어서 당나귀는 결에서 쓰러져 죽고 말았습니다.

"아이고, 내가 어째서 당나귀에게 이 짐을 다 싣게 한 말인가? 붉었던 당나귀의 짐을 나누어 나가야, 미안하구나! 내가 아침에 짐을 나섰느라 나에게만 짐을 싣게 되었구나."

더 많은 짐을 지게 된 말의 후회
주인은 당나귀에게 실렸던 짐을 모두 말에게로 옮겨 실었습니다. 그리고 말에게 죽은 당나귀도 함께 실었습니다.

"내가 잘못하여 당나귀가 죽게 되었느데 여기 두고 갈 수는 없지. 우리 짐 뒤뜰에 묻어 주어야겠어. 많은 당나귀보다 더 무거운 짐을 지게 되었 정도 짐은 거든히 질 수 있을 거야."

말은 하리가 끊어질 듯이 아팠습니다. 그리고 당나귀의 부탁을 일찍 들어주지 않은 자신을 원망하였습니다.

핵심 ①
당나귀의 부탁을 거절한 말
혼자서 많은 짐을 짊어진 당나귀가 짐을 나누어 지고 가던 당나귀가 힘들어 부탁함.

핵심 ②
당나귀의 죽음
혼자서 많은 짐을 지고 가던 당나귀가 죽음.

핵심 ③
더 많은 짐을 지게 된 말의 후회
모든 짐과 죽은 당나귀까지 짊어지게 된 말은 지난 일을 후회함.

주제 상대방의 처지를 생각하지 못한 말의 어리석음

1 주인은 처음에는 당나귀에게만 모든 짐을 싣고, 말에게는 짐을 하나도 싣지 않았습니다.

2 ⓒ의 "혼자서 이 많은 짐을 다 지고 가려니 너무 힘이 들어."라는 당나귀의 말에서 당나귀가 짐이 무거워 너무 힘들었음을 알 수 있습니다.

3 많은 당나귀의 짐을 나누어 지면 자신이 힘들어지기 때문에 짐을 나누어 지자는 당나귀의 부탁을 거절했습니다.

4 '맡'은 글자의 형태는 겉모양은 뜻은 전혀 다른 말입니다. ⓒ 말은 동물 '말'을 뜻하며, ⓒ '말'은 우리가 대화할 때 쓰는 '말'을 뜻합니다.

5 (1) 말이 당나귀의 어려움을 외면하는 바람에, 결국 당나귀는 길에서 지고 저 죽고 말았습니다. (2) 많은 당나귀가 지었던 짐에 죽은 당나귀까지 가게 되어서, 결국에는 당나귀가 지었던 짐보다 더 무거운 짐을 지게 되었습니다. (3) 많은 짐을 나누어 지자는 당나귀의 부탁을 들어주지 않았던 자신의 행동을 후회했습니다.

6 말은 당나귀의 처지를 생각하지 않았기 때문에 당나귀가 죽고 나서 크게 고생을 하게 되었습니다. 따라서 이 글의 주제는 '상대방의 처지를 생각하지 먼저 행동해야 한다.'라고 볼 수 있습니다.

어휘 마무리

3 '묻다'는 글자의 형태는 같지만 뜻은 전혀 다른 낱말입니다. '웅어리를 땅에 묻다'는 '물건을 흙속에 넣고 위를 덮어서 가리다.'를, '웅큼한 데 묻다'에서 '묻다'는 '물감을 흙에 넣어 위를 덮어서 가리다.'를, '궁금한 내용을 묻다'에서 '묻다'는 '대답을 요구하며 말하다.'를 뜻합니다.

2주 03일차

본문 36~39쪽

우리 반 나눔＋장터

1 다음 주에 '우리 반 나눔 장터'가 열립니다.

[핵심① 나눔 장터의 뜻]
'나눔 장터'는 나에게도 다른 사람에게도 ＋쓸모 있는 물건은 더 이상 필요하지 않지만 버리기에는 쓸모 있는 물건을 나누는 장터입니다. 물건을 쓰레기로 버리는 대신 필요한 사람에게 나누어 주면, 쓰레기의 양이

[핵심② 나눔 장터를 하는 목적 / 목적①] 줄어 지구 환경을 지키고 주의 사람들과 나눔도 ＋실천할 수 있습니다.
[목적②] 생활 속에서 '나눔'과 '다시 사용'을 실천해 봅시다.
[목적③]
(ㄱ) '우리 반 나눔 장터'에 참여하여, 생활 속에서 '나눔'과 '다시 사용'을 실천해 봅시다.

2 1. ＋일시: 6월 12일 수요일 2~3교시
2. 장소: 우리 반 교실
3. 준비할 나눔 물건 – 버리기에는 쓸모 있는 물건
  - 내가 잘 사용하지 않는 물건
  - 작아져서 입지 않는 옷이나 신지 못하는 신발
  - 집에 너무 많이 있어서 나누면 좋을 물건들
4. 나눔 방법
  - 가져온 물건만큼 '나눔 ＋교환권'을 받습니다.
[핵심③ 우리 반 나눔 장터의 나눔 방법]
  - 친구들의 나눔 장터에 가서 필요한 물건으로 바꿉니다.
  - 느지 살피고 '나눔 교환권'과 필요한 물건을 바꿉니다.
5. 주의 사항
  - 나눔 물건은 깨끗하게 닦거나 빼내어서 준비합니다.
  - 고장 나거나 지저분한 물건, 지나치게 낡은 물건은 가지고 오지 않습니다. (다른 사람에게도 쓸모없는 물건은 쓸모 있는 나눔 물건이 될 수 없음.)
  - 한 번 나눔을 한 물건은 돌려받을 수 없습니다.
  - 서로 나누고 남은 물건은 ＋회수하여 집으로 가져갑니다.

핵심① 나눔 장터의 뜻
↠ 자신에게는 필요 없지만 다른 사람에게는 쓸모 있는 물건을 나누는 장터임.

핵심② 나눔 장터를 하는 목적
↠ 지구 환경도 지키고, 생활 속에서 '나눔'과 '다시 사용'을 실천할 수 있음.

핵심③ 우리 반 나눔 장터의 나눔 방법
↠ 나눔 교환권과 다른 친구들의 나눔 가게에서 원하는 나눔 물건을 교환함.

주제 우리 반 나눔 장터를 통해 '나눔'과 '다시 사용'을 실천하자.

1 이 글은 우리 반 나눔 장터를 알리는 안내장으로, 행사를 알리고 참여를 당부하고 있습니다. 또한 나눔 장터의 일시, 장소, 준비할 나눔 물건, 나눔 방법, 주의 사항 등 구체적인 내용도 함께 제시하고 있습니다.

2 나눔 장터를 하면 쓰레기의 양이 줄어 지구 환경을 지킬 수 있고, 주의 사람들과 '나눔'과 '다시 사용'을 실천할 수 있습니다. 하지만 물건을 팔아 이익을 남기는 일은 나눔 장터에서 할 수 있는 일이 아닙니다.

3 2의 '4. 나눔 방법'에서 각자 가져온 물건만큼 '나눔 교환권'을 받으며, 이 '나눔 교환권'을 친구들의 나눔 가게에 있는 물건과 바꿀 수 있다고 했습니다.

4 '줄다'는 '수나 양이 원래보다 적어지다.'를 뜻하고, '늘다'는 '수나 양이 원래보다 많아지다.'를 뜻하므로, 서로 반대되는 말입니다.

5 2의 '5. 주의 사항'에서 '한 번 나눔을 한 물건은 돌려받을 수 없습니다.'라고 했습니다.
|오답풀이| ① 2의 '5. 주의 사항' 물건은 깨끗하게 닦거나 빼내어서 준비해야 한다는 내용에서 알 수 있습니다. ② 2의 '2. 장소'에서 알 수 있습니다. ③ 2의 '1. 일시'에서 알 수 있습니다. ④ 2의 '5. 주의 사항'의 마지막 문장에서 알 수 있습니다.

6 '나눔 물건'은 자신에게는 필요하지 않지만, 다른 사람에게는 쓸모 있는 물건을 뜻합니다. ㉠앞의 '고장 난 로봇'은 다른 사람에게도 쓸모없는 물건이므로 나눔 물건으로 적절하지 않습니다. 이때, 설이의 '비싸고 소중하게 여기는 물건'은 자신에게 필요한 물건이므로 나눔 물건으로 적절하지 않습니다.

쏙쏙 내용 정리

1 나눔   2 방법

정답

1 ④   2 ③
3 나눔 교환권
4 ②   5 ⑤
6 태준
7 ❶물건 ❷나눔 ❸다시 사용

어휘 마무리

1 [선 잇기]

2 (1) 쓸모 (2) 교환 (3) 실천

3 (1) ① (2) ②

핵심 내용 정리
1 올림픽 2 메달
3 운동

정답
1 ④   2 ④
3 ⑤   4 ①
5 ③   6 태회
7 ① 겨울 ② 금메달
  ③ 올림픽

어휘 마무리
1 (1) 평화
  (2) 중점
  (3) 우승
2 (선 잇기)
3 (1) ① (2) ②

핵심① 올림픽의 뜻
→ 4년마다 열리는 세계적인 운동 대회임.

핵심② 다양한 경기 종목과 메달 수여
→ 여름과 겨울에 열리고, 경기 종목이 다양한. 등수에 따라 메달을 줌.

핵심③ 올림픽의 목표
→ 사람들이 몸과 마음을 건강하게 하고, 나아가 세계 평화를 이루고자 함.

주제 올림픽은 세계적으로 매우 중요한 운동 대회이다.

1 이 글은 올림픽에 대해 설명하는 글입니다. 올림픽의 뜻과 올림픽이 열리는 시기, 올림픽의 목표 등에 대해 자세히 설명하고 있습니다.

2 ① 에서 올림픽은 많은 나라의 선수들이 참가하는 세계에서 가장 큰 운동 대회라고 했습니다.

[오답 풀이]
① ① 에서 올림픽은 4년마다 열린다고 했습니다.
② ① 에서 올림픽은 여름과 겨울에 열린다고 했습니다.
③ 올림픽에서 여름에는 육상, 수영, 탁구, 양궁 등, 겨울에는 스키, 쇼트 트랙, 피겨 스케이팅 등 다양한 종목의 경기가 열립니다.
⑤ ② 에 열리는 올림픽에서는 한 선수에게도 금메달을 수여한다고 했습니다. 동계 담은 3종을 한 선수에게 수여합니다.

3 ① 에서 올림픽은 여름과 겨울에 나뉘어 열린다고 했으며, ㉠ 뒤에 나오는 '스키, 쇼트 트랙, 피겨 스케이팅 등 눈과 얼음 위에서 할 수 있는 종목'이라는 말을 통해 ㉠에는 '겨울'이 들어감을 짐작할 수 있습니다.

4 '수여하다'는 '증서나 상장, 메달 등을 주다.'를 뜻합니다. 따라서 '주다'와 바꾸어 쓸 수 있습니다.

5 ③ 에서 올림픽은 단순히 우승만을 가리기 위해서 열리는 대회가 아니라고 했습니다.

6 ③ 에서 올림픽에서는 승리하는 것보다 정정당당하게 승부를 겨루는 것에 더 중점을 두고 있다고 했습니다. 따라서 태도에 많이 적절합니다.

7 ① 스키, 쇼트 트랙 등이 경기는 '겨울'에 펼쳐집니다. ② 경기 종목에서 1등을 한 선수에게는 '금메달'을 수여합니다.

문해력 상승 읽기 전략

핵심 내용을 따라 읽으며 흐름을 정리해 보세요.

쏙쏙 내용 정리

1 양치기
2 거짓말
3 마을 사람

정답

1 늑대 2 ④
3 ③ 4 ③
5 ⑤ 6 정민
7 ① 도와주러 옴
② 도와주러 오지 않음
③ 사실

어휘 탄탄 마무리

1 (선 잇기)
2 (1) 속다
(2) 쫓다
(3) 궁금하다
3 (1) 심술쟁이
(2) 앙부장이

---

1 어느 날, 한 ★양치기 소년이 양들을 데리고 마을에서 멀리 떨어진 풀밭으로 가 풀을 먹이고 있었어요. 풀을 뜯고 있는 양들을 돌보다가 심심해진 소년은 재미있는 장난이 떠올랐어요. = 거짓말
ㄱ "늑대다! 늑대가 나타났어요! 늑대가 양들을 잡아먹고 있어요!"
그러자 마을 사람들이 늑대를 ★쫓아 주려고 너도나도 달려왔어요.
"늑대가 어디 있지?"
마을 사람들은 저마다 ★궁금하여 양치기 소년에게 물었어요. 소년은 재미있다는 듯이 깔깔 웃으며 대답했어요.
"하하하, 늑대는 없어요. 제가 장난을 친 거예요."
그 말을 들은 마을 사람들은 화를 내며 돌아갔어요.

2 며칠이 지나고, 심심해진 양치기 소년은 또 거짓말을 하였어요. 양치기 소년의 거짓말에 늑대를 쫓으러 마을 사람들은 양치기 소년에게 몰려왔어요.
"거짓말쟁이 같으니! 다시는 네 말은 믿지 않을 거야."

3 그러던 어느 날이었어요. 이번에는 정말로 늑대가 나타났어요. 늑대는 ★닥치는 대로 양들을 잡아먹기 시작했어요.
다급해진 양치기 소년은 마을 사람들을 향해 소리치며 마을로 달려왔어요.
ㄴ "진짜 늑대가 나타났어요! 도와주세요! 이번에는 정말이에요!"
그러나 마을 사람들은 아무도 밖으로 나오지 않았어요.
"이번에도 거짓말이 분명해. 또 속지 않는다."
양치기 소년에게 두 번이나 속은 마을 사람들은 듣고도 제도 하지 않았어요. 양치기 소년은 그제야 ㄷ 했어요.

핵심① 장난으로 거짓말을 한 양치기 소년
→ 양치기 소년이 장난으로 늑대가 나타났다고 거짓말을 하자, 마을 사람들이 도와주러 옴.

핵심② 양치기 소년의 말을 믿지 않은 마을 사람들
→ 진짜 늑대가 나타나서 양치기 소년이 도움을 청했지만 마을 사람들은 거짓말인 줄 알고 도와주러 오지 않음.

주제 거짓말은 하면 안 된다.

1 양치기 소년은 마을 사람들에게 '늑대가 나타났다'는 거짓말을 했습니다.

2 양치기 소년은 양을 돌보다가 심심해서 장난(거짓말)을 한 것입니다.

3 ㄱ은 양치기 소년이 심심해서 떠올린 재미있는 장난의 말입니다. 따라서 장난이 맞습니다. 하지만 ㄴ은 실제로 늑대가 나타나 양들을 매우 다급한 상황에서 나온 말입니다. 따라서 ㄴ을 말할 때 양치기 소년은 매우 다급한 마음이었을 것입니다.

4 두 번이나 거짓말을 했던 양치기 소년은 진짜 도움이 필요할 때 마을 사람들로부터 도움을 받지 못했습니다. 따라서 양치기 소년은 거짓말을 했던 자신의 행동을 후회했을 것입니다.

5 양치기 소년이 마을 사람들에게 늑대가 나타났다는 거짓말을 두 번이나 한 상황이기 때문에, 마을 사람들은 정말 늑대가 나타났을 때에도 거짓말인 줄 알고 돕는 등의 제도 하지 않은 것입니다.

6 거짓말을 연달아 한 양치기 소년이 진실을 말해도 마을 사람들은 양치기 소년의 말을 믿지 않았습니다. 정민이도 꾀병(거짓)으로 병을 앓는 척하는 짓을 부렸다가 진짜 아팠을 때 부모님께서 믿어 주시지 않았으므로, 양치기 소년과 비슷한 경험을 했다고 볼 수 있습니다.

어휘 탄탄 마무리

3 '심술쟁이'는 심술이라는 '특성'을 많이 가진 사람을 뜻하므로, '심술쟁이'가 맞습니다. '앙부장이'는 양부를 만드는 '기술'을 가진 사람을 뜻하므로, '앙부장이'가 맞습니다.

읽기 전략

본문 48~51쪽

핵심 내용을 따라 읽으며 흐름을 정리해 보세요.

1 호랑이는 동물 중에서도 무척 힘이 세고 ⊙날래서 동물의 왕으로 불렸어요. 옛날 우리나라에서는 이러한 호랑이를 많이 볼 수 있었어요. 사람들이 사는 마을 가까이에서 만날 수 있는 가장 무서운 동물이었지요. **호랑이에 대한 옛날 사람들의 생각** 호랑이는 위엄 있게 두려움의 대상이면서도, ⊕위엄 있는 모습 때문에 ⊕'경외'의 대상이었지요. 그래서인지 호랑이는 옛날부터 우리 삶에 아주 깊숙이 자리 잡고 있어요. 옛날이야기를 떠올려 보면 호랑이가 자주 자리하는 것을 쉽게 알 수 있을 거예요. 이야기에 등장하는 호랑이의 모습은 ⊙ **옛날이야기에 나오는 호랑이의 모습③** 호랑이는 옛날 그림에도 자주 등장해요. 옛날 사람들[나오는]까닭 호랑이를 그림 속 호랑이가 나쁜 기운을 막아 주고, 사람들을 지켜 준다고 믿었기 때문에 호랑이 그림을 집에 걸어 놓았거든요.

4 지금도 호랑이는 많은 사람들의 사랑을 받고 있어요. 우리나라에서 열린 올림픽 이 ⊕마스코트이기도 했지요. 이처럼 **호랑이에 대한 우리 민족의 생각③** 용맹한 동물인 호랑이는 우리 민족의 사랑을 듬뿍 받아 온 동물이랍니다.

▲ 옛날 그림 속 호랑이

쓱쓱 내용 정리

1 호랑이　2 이야기
3 그림　4 사랑

정답

1 ③　2 ⑤
3 (2) ○　4 ①
5 ⑤　6 ⑤
7 ① 그림　② 마스코트
　③ 호랑이

어휘 마무리

1 (선 잇기)
2 (1) 자아내다
　(2) 용맹하다
　(3) 위엄
3 (1) 갚다　(2) 갚다

핵심
①　호랑이에 대한
　옛날 사람들의 생각

핵심
②　옛날부터 우리 삶
　속에 자리한 호랑이

핵심
③　호랑이와
　우리 민족

주제 호랑이는 옛날부터 지금까지 우리 민족에게 많은 사랑을 받고 있다.

1 이 글은 옛날부터 지금까지 우리 민족이 사랑을 받아 온 호랑이에 대해 설명하고 있습니다.

2 ②에서 호랑이는 위엄 있는 모습 때문에 옛날 사람들에게 '경외'의 대상이 었다고 하였습니다.

오답풀이 ① 2에서 옛날이야기에 호랑이가 자주 등장한다고 했습니다.
② 1에서 호랑이는 무척 힘이 세고 날래서 옛날 사람들이 만날 수 있는 가장 무서운 동물이었다고 했습니다.
③ 1에서 옛날 우리나라에서는 호랑이를 많이 볼 수 있었다고 했습니다.
④ 4에서 호랑이가 우리나라 올림픽 마스코트가 될 만큼 지금도 많은 사랑을 받고 있다고 했습니다.

3 호랑이가 동물의 왕이며, 사람들이 가장 무서워하는 동물이었다는 점을 볼 때 '날래서'는 '움직임이 나는 것처럼 매우 빨라서.'라는 뜻임을 짐작할 수 있습니다.

4 옛날이야기에 등장하는 호랑이는 무섭게도 나오고, 착하게도 나오고, 어리석게도 나온다고 했습니다. 즉, 다양한 모습으로 도장함을 짐작할 수 있습니다.

5 ⑤에서 옛날에도 호랑이가 나쁜 기운을 막아 주고 사람들을 지켜 준다고 믿었기 때문에 호랑이 그림을 걸어 놓았다고 했습니다.

6 제시된 이야기는 나무꾼이 호랑이를 구해 주자 호랑이가 나무꾼에게 맷돼지를 잡아 주어 그 은혜를 갚았다는 내용입니다.

7 ① 호랑이는 옛날 '그림'에 나와 나쁜 기운을 막아 주고 사람들을 지켜 주는 역할을 했다고 했습니다.

독해력 상승 읽기 전략

쏙쏙 내용 정리

1 강아지 2 고양이

정답

1 (3) ○
2 (그림 연결)
3 ⑤ 4 ③
5 ② 6 민호
7 ① 화가 남 ② 귀여움

어휘 마무리

1 (그림 연결)
2 (1) 세우다 (2) 혼내다 (3) 넘어뜨리다
3 (1) ① (2) ②

핵심 내용을 따라 읽으며 흐름을 정리해 보세요.

모산석

1연
신발 물어 던진
강아지가 한 일
핵심① 혼내 주려다
*혼내 주려다
그만뒀다.

2연
ⓐ *실래실래 흔드는
고 꼬리 땜에……
그만뒀다.

3연
우유병 *넘어뜨린
고양이가 한 일
핵심② 먹이려다
*꿀밤을 *먹이려다
그만뒀다.

4연
*쫑긋쫑긋 *세우는
고 귀 땜에……
그만뒀다.

핵심①
맛있을 부린 강아지가
귀여워서 혼내지 못함.

핵심②
맛있을 부린 고양이가
귀여워서 혼내지 못함.

→ 신발을 물어 던진 강아지를 혼내려
했지만, 살래살래 흔드는 꼬리 때문에 혼
내지 못함.

→ 우유병을 넘어뜨린 고양이를 혼내려
고 했지만, 쫑긋쫑긋 세우는 귀 때문에
혼내지 못함.

주제 강아지와 고양이를 귀여워하는 마음

1 이 시에서 '말하는 이'는 강아지와 고양이를 따뜻한 시선으로 바라보고 있는 사람입니다. 즉, 강아지와 고양이를 기르는 사람으로 볼 수 있습니다.

2 1연에서 신발을 물어 던진 동물은 '강아지'이며, 3연에서 우유병을 넘어뜨린 동물은 '고양이'라고 했습니다.

3 말하는 이는 말썽을 부린 강아지를 혼내 주려고 했고, 고양이에게는 꿀밤을 먹이려고 했으므로, 처음에는 화가 나 있음을 알 수 있습니다.

4 '실랑살랑'은 '사람이나 동물이 몸이나 물건 등을 가볍게 자주 움직이는 모양.'을 뜻하므로, '실래실래'와 뜻이 비슷하여 바꾸어 쓸 수 있습니다.

|오답 풀이|
① '반짝반짝'은 '작은 빛이 잠깐 잇따라 나타났다가 사라지는 모양.'을 뜻합니다.
② '방긋방긋'은 '입을 약간 벌리며 소리 없이 가볍게 계속 웃는 모양.'을 뜻합니다.
④ '보송보송'은 '잘 말라서 물기가 없고 보드라운 모양.'을 뜻합니다.
⑤ '부글부글'은 '많은 양의 액체가 요란하게 계속 끓는 소리.'를 뜻합니다.

5 말하는 이는 말썽을 부린 강아지와 고양이를 혼내려고 했지만, 꼬리를 흔드는 강아지와 귀를 쫑긋 세우는 고양이의 귀여운 모습을 보고 그만두었다고 했습니다.

6 장난감을 부러뜨린 동생 때문에 화가 났지만, 동생이 귀여운 모습을 보고 화를 누그러뜨린 민호가 이 시의 말하는 이와 비슷한 경험을 했다고 볼 수 있습니다. 지영이는 동생을 밀어서 혼이 났던 경험이고, 나연이는 아픈 동생을 위로해 주었던 경험입니다.

읽기 전략

해심 내용을 따라 읽으며 흐름을 정리해 보세요.

1 누구나 + 손쉽게 만드는
미래 떡볶이의 특징 - 쉽게 만들 수 있음.

미래 떡볶이

핵심① 미래 떡볶이의 재료
미래 떡볶이에는 떡, 어묵, 떡볶이 소스가 들어 있어요.

핵심② 미래 떡볶이를
2 만드는 방법

① 붙어 있는 떡을 찬물에 넣고 씻으면서
떼어 주세요.

② 냄비에 떡, 어묵, 떡볶이 소스, 물 400mL
(종이컵으로 두 컵)을 넣고 ⊙센 불에 끓
여 주세요.

③ 끓기 시작하면 중간 불로 줄인 후 약 3~4분
동안 떡이 냄비에 +붙어붙지 않게 잘 +저
어 주세요.

④ 국물이 걸 +졸여졌으면 떡볶이를 접시에
담고 맛있게 먹어요.

핵심③ 미래 떡볶이의 주의 사항
3 주의 사항

+냉동 보관하시고, +소비 기한 내에 드시기 바랍니다.
주의 사항① 주의 사항②

핵심 내용 정리

1 떡　**2** 물
3 소비 기한

정답

1 떡볶이　**2** ③
3 ②, ④　**4** ③
5 ④　**6** (3) X
7 ① 방법　② 소비 기한
　　③ 떡볶이

어휘 마무리

1 (1) 손쉽다
　　(2) 들어붙다
　　(3) 젓다

2 [교차선 연결]

3 (1) 끓다　(2) 끓다

↑ 미래 떡볶이에는 떡, 어묵, 떡볶이 소스가 들어 있음.

↑ 붙어 있는 떡을 뗀 후, 냄비에 떡, 어묵, 떡볶이 소스, 물을 넣고 끓음.

↑ 냉동 보관을 해야 하며, 소비 기한 내에 먹어야 함.

주제 미래 떡볶이에 안내된 방법대로 손쉽게 떡볶이를 만들자.

1 이 글은 떡볶이를 만드는 방법에 대해 안내하고 있습니다.

2 **1**에서 미래 떡볶이는 누구나 손쉽게 만들 수 있다고 했으며, **2**에서는 미래 떡볶이를 만드는 방법에 대해 안내하고 있습니다. 따라서 미래 떡볶이를 쉽게 만들어 보고 싶은 친구에게 이 글을 추천해 줄 만합니다.

|오답풀이| ② 이 글은 떡볶이를 직접 만들어 먹기 위한 방법이 제시된 글이므로, 맛있는 떡볶이 가게를 찾는 친구에게는 추천하기 어렵습니다.

3 **1**에서 미래 떡볶이에는 '떡, 어묵, 떡볶이 소스가 들어 있다고 했습니다. 따라서 미래 '깻잎'과 '돼지고기'는 미래 떡볶이에 들어 있는 재료가 아닙니다.

4 **2**의 **3**에서 떡이 냄비에 눌어붙지 않게 잘 저어 주라고 했습니다.

|오답풀이| ① 물이 끓으면 중간 불로 줄이라고 했습니다.
② 물을 종이컵으로 두 컵을 넣는다고 했습니다.
④ 붙어 있는 떡을 찬물에 넣고 씻으면서 떼라고 했습니다.
⑤ 떡, 어묵, 떡볶이 소스를 한꺼번에 넣으라고 했습니다.

5 '센 불'과 맛이 반대되는 말은 '약한 불'입니다. '세다'는 '물, 불의 기세가 크다.'를 뜻하고, '약하다'는 '힘의 정도가 작다.'를 뜻합니다.

6 **3**의 '주의 사항'에서 미래 떡볶이는 냉동 보관하라고 나와 있으므로, 미래 떡볶이를 구입한 후에는 냉장고의 냉동실에 넣어 두는 것이 알맞습니다. 따라서 떡이 딱딱해지지 않도록 냉장고에 넣지 않는다는 메모 내용은 적절하지 않습니다.

7 **2**와 **3**에 이 '주의 사항'에서 냉동 보관을 하고, '소비 기한' 내로 먹어야 한다고 했습니다.

빠삭 내용 정리

1 잎 2 마주나기
3 어긋나기 4 돌려나기
5 뭉쳐나기 6 햇빛

핵심① 식물의 잎이 나는 모습의 특징
➡ 식물의 종류마다 잎이 나는 모습이 조금씩 다름.

핵심② 잎이 나는 다양한 모습
➡ 잎이 나는 모습에 따라 '마주나기, 어긋나기, 돌려나기, 뭉쳐나기'가 있음.

핵심③ 잎이 나는 모습이 다양한 까닭
➡ 식물이 햇빛을 골고루 받기 위해서 잎이 나는 모습이 다양함.

주제 햇빛을 골고루 받기 위해 식물의 잎이 나는 모습은 다양하다.

---

1 우리 주변의 다양한 식물들을 자세히 들여다보다면 재미있는 사실을 알 수 있습니다. 바로 잎이 나는 모습이 식물의 **종류마다 조금씩 ㉠다르다는 점이에요.**

2 먼저 줄기에 잎이 두 ★장씩 서로 ★마주 보고 나는 식물이 있어요. 이런 잎이 나는 다양한 모습 핵심② 형태를 '마주나기'라고 부른답니다. 두 장의 잎이 사이좋게 마주 보고 자라기 때문에 두 장을 별린 듯한 모습으로 보이기도 하지요.

▲ 마주나기

3 이와는 달리 줄기에 잎이 한 장씩 서로 변갈아 가며 나는 식물이 있어요. 이 식물의 줄기를 자세히 살펴보면 잎이 서로 어긋나 있는 것을 알 수 있습니다. 이런 형태를 '어긋나기'라고 불러요. 잎이 나는 모습②

▲ 어긋나기

4 또, 줄기의 같은 높이에 여러 장의 잎이 빙 둘아가며 바 퀴 모양으로 나는 경우도 있어요. 이렇게 나는 형태를 '돌려 나기'라고 한답니다. 잎이 나는 모습③

▲ 돌려나기

5 마지막으로, 줄기의 같은 자리에 여러 장의 잎이 한가번 에 뭉쳐서 나는 식물이 있습니다. 이런 형태를 '뭉쳐나기' 라고 해요. 잎이 나는 모습④

▲ 뭉쳐나기

6 식물의 잎이 나는 모습이 다양한 까닭 핵심③ 식물의 잎이 나는 자리가 잘 자리가 위해서는 잎이 햇빛을 많이 받아야 해요. 그렇게 해야 식물이 자라는 데 필요한 ★영양분이 생기기 때문입니다. 그래서 식 물은 햇빛을 골고루 받고도 받을 수 있도록 잎을 피웁니다. 식물의 잎이 나는 모습이 다양한 까닭도 바로 그 때문입니다.

---

1 이 글에서는 마주나기, 어긋나기, 돌려나기, 뭉쳐나기와 같이 식물의 잎이 나는 모습에 대해 설명하고 있습니다.

2 ②에서는 마주나기, ③에서는 어긋나기, ④에서는 돌려나기, ⑤에서는 뭉 쳐나기에 대해 설명하고 있습니다. 하지만 '뿌리나기'에 대한 설명은 이 글 에 제시되지 않았습니다.

3 위에 있는 그림은 '돌려나기', 아래에 있는 그림은 '마주나기' 형태를 그린 것입니다.

4 '다르다'는 '두 개의 대상이 서로 같지 않다'를 뜻하므로, 반대말은 '같다'입 니다. '맞다'는 '문제에 대한 답이 틀리지 않다'를 뜻하므로 '드르다'의 반대 말로는 알맞지 않습니다.

| 오답 풀이 | ③ '틀리다'는 '개산이나 답, 사실 등이 맞지 않다'를 뜻하며, '맞다'의 반대말 입니다. ④, ⑤ '특별하다'와 '독특하다'는 '보통과 차이가 나게 다르다'를 정도를 못함 니다.

5 ⑥에서 잎이 나는 모습이, 식물은 햇빛을 받아야 영양분이 생겨서 잘 자랄 수 있습니다. 즉, 식물의 잎이 나는 모습이 다양한 까닭은 햇빛을 골고루 받기 위해서입니다.

6 제시된 사진의 해바라기는 줄기에 잎이 한 장석 서로 변갈아 난 모습, 즉 '어긋나기'로 잎이 나 있습니다. 따라서 소영이의 말이 알맞습니다. 다현이 의 말에서 '두 장의 잎이 서로 마주 보고 자라서 두 장을 별린 모습'은 '마 주나기'에 대한 설명입니다.

정답

1 잎 2 ⑤
3 (선 연결)
4 ① 5 ②
6 소영
7 ① 마주 보고
② 변갈아 가며
③ 햇빛

어휘 마무리

1 (선 연결)
2 (1) 골고루
(2) 마주
(3) 영양분
3 (1) 멍 (2) 장
(3) 권

핵심 내용을 따라 읽으며 흐름을 정리해 보세요.

쏙쏙 내용 정리
1 떡시루 2 호랑이
3 떡

정답
1 ① 2 ①
3 ⑤ 4 ④
5 (○), ( )
6 ②
7 ① 떡시루 ② 두꺼비
③ 욕심

어휘 마무리
1 (1) 쌩쌩
(2) 때굴때굴
(3) 모락모락
2
3 (1) ① (2) ②

---

1 옛날 옛적에 호랑이와 두꺼비가 떡을 만들어 먹기로 하였습니다. 호랑이와 두꺼비는 똑같이 쌀을 한 바가지씩 가져다가 떡을 만들었습니다. *떡시루에서 *김이 *모락모락 올라왔습니다. 맛있는 냄새가 솔솔 나자, 호랑이는 떡을 혼자 먹고 싶은 생각이 들었습니다. 그래서 두꺼비에게 말하였습니다.

"두꺼비야, 우리 떡 잔기 내기를 하자. 떡시루를 산꼭대기까지 가지고 가자. 거기에서 떡시루를 굴려서 산 아래로 굴린 다음, 좋아가 먼저 잡는 쪽이 떡을 다 먹는 내기야."

이 말을 들은 두꺼비는 보나 마나 자기가 질 게 뻔하다고 생각해서 내키지 않고 싶지 않았습니다. 하지만 잠시 뒤에 ㉠좋은 생각이 떠올랐는지 자신 있게 말하였습니다.

"좋아, 내기를 하자."

2 호랑이와 두꺼비는 떡시루를 가지고 산꼭대기로 올라가 떡시루를 힘껏 굴렸습니다. 떡시루는 산 아래로 *때굴때굴 굴러갔습니다. 걸음이 빠른 호랑이는 떡시루를 좋아가려고 *쌩쌩 달렸습니다. 3 그런데 떡시루가 때굴때굴 굴러가면서 그 안에 들어 있던 떡들이 하나씩 밖으로 떨어져 나왔습니다. 호랑이는 그것도 모르고 떡시루를 잡으려고만 달리기만 하였습니다.

생각에 ㉡ 달리기만 하였습니다.

"내 그림 줄을 알았더니까. 이제 떡을 모아 볼까?"

핵심① 떡시루 잡기 내기를 하기로 한 호랑이와 두꺼비
➡ 떡을 혼자 먹고 싶은 호랑이가 두꺼비에게 떡시루 잡기 내기를 하자고 했고, 두꺼비는 내기를 받아들임.

핵심② 떡시루 밖으로 떨어진 떡을 모으려는 두꺼비
➡ 호랑이는 떡시루를 잡으려 좋아갔고 두꺼비는 떡시루 밖으로 떨어지는 떡을 모아서 먹으려고 함.

주제 지나치게 욕심을 부리면 손해를 입을 수도 있다.

1 호랑이와 두꺼비는 떡시루를 먼저 잡는 쪽이 떡을 다 먹자는 내기를 하였습니다.

2 ①의 '맛있는 냄새가 솔솔 나자, 호랑이는 떡을 혼자 먹고 싶은 생각이 들었습니다.'에서 호랑이가 내기를 하자고 한 까닭을 알 수 있습니다.

3 ③에서 두꺼비는 떡시루 밖으로 떨어진 떡들을 모으려고 하고 있습니다. 즉, 떡시루가 굴러가면서 그 안에 들어 있던 떡이 조금씩 밖으로 떨어져 나갈 것을 미리 생각하고 호랑이가 하자는 내기를 승낙한 것입니다.

4 호랑이는 이 내기에서 이기려고 있는 힘을 다해 뛸 것입니다. '느긋하게는 '서두르지 않고 마음에 여유가 있게.'를 뜻하므로 이 상황에 알맞지 않습니다. '쏜살같이는 '쏜 화살이 매우 빠르게.'를 뜻하므로 ㉡에 들어가기에 적절합니다.

5 ③에서 두꺼비에서 떡이 조금씩 밖으로 떨어져 나왔다가 이는 그것도 모르고 열심히 달리기만 했으므로 두꺼비는 선곡 대기에서 보며 웃고 있고, 이를 잘 표현한 그림은 연쪽 그림입니다.

| 오답풀이 | 오른쪽 그림을 살펴보면, 떡시루가 구르면서 이미 떡들이 밖으로 나온 상태이므로 호랑이는 떨어진 떡시루를 가질 수 없습니다. 두꺼비도 떨어진 떡을 모았을 것이므로 호랑이 옆에서 바라보듯 쳐다보지는 않을 것입니다.

6 호랑이는 떡을 많이 먹고 싶어서 떠올린 꾀 때문에 떨어진 떡을 많이 먹지 못하게 되었습니다. 즉, 이 글의 주제는 '너무 욕심을 부리면 오히려 손해 를 입게 된다.'입니다. 욕심을 부리다가 자신의 것을 잃어버린 다른이가 호 랑이와 비슷한 경험을 했다고 볼 수 있습니다.

15

4주 01일차

본문 68~71쪽

독해력 상승 읽기 전략

핵심 내용을 따라 읽으며 흐름을 정리해 보세요.

1 동물들은 대부분 꼬리가 있어요.

꼬리는 왜 있을까요? **핵심① 동물 꼬리의 쓰임새 ①** (㉮) 개와 늑대, 그리고 그 밖의 많은 동물이 꼬리로 이야기를 해요. 늑대가 꼬리를 하늘을 향해 쭉 뻗으면 ㉠ "내가 대장이야!"라는 뜻이에요. 서서 꼬리를 늘어뜨리고 있으면 ✦관심 없어."라는 ✦표시이지요. (㉯) 꼬리를 비스듬히 옆으로 향하게 하면 "꼼짝 않고 있을게.", 꼬리를 왼쪽, 오른쪽으로 부드럽게 흔들면 "기분이 좋아."라고 말하는 거예요. (㉰)

2 **핵심② 동물 꼬리의 쓰임새 ②** 새나 하늘다람쥐처럼 나무 사이를 날아다니는 동물들은 꼬리를 움직여서 방향을 잡아요. 하늘다람쥐는 나무 사이를 ㉡ 건널 때 꼬리를 써서 몸의 ✦균형을 잡거나 방향을 바꿔요. (㉱)

3 **핵심③ 동물 꼬리의 쓰임새 ③** 어떤 동물들은 꼬리로 위험하다는 ✦신호를 보낸답니다. 이 무서운 동물을 피해 도망을 갈 때 그 꼬리를 보면 다른 동물들은 위험을 잡싸 잡싸 잡싸 저서 다른 비버들에게 알려 주려고 해요. (㉲) ✦방울뱀은 꼬리를 흔들어 다른 동물들이 가까이 오지 못하게 해요. (㉳)

— 르네 라리르 글. 조병준 옮김. 『살랑살랑 꼬리로 말해요』 중에서

핵심 내용 정리

1 이야기 2 방향

3 위험

정답

1 꼬리   2 ②
3 □   4 ③
  ○
5 ②   6 ④
7 1 방향 2 위험
  3 꼬리

어휘 마무리

1 (교차 연결선)

2 (1) 꼼짝
  (2) 균형
  (3) 신호

3 (1) 관심
  (2) 결심

핵심① 동물 꼬리의 쓰임새 ①
✦ 개와 늑대 등이 동물은 꼬리로 서로 이야기를 함.

핵심② 동물 꼬리의 쓰임새 ②
✦ 새나 하늘다람쥐와 같은 동물은 꼬리를 움직여 방향을 잡음.

핵심③ 동물 꼬리의 쓰임새 ③
✦ 힘꼬리사슴, 비버, 방울뱀 등은 꼬리로 위험하다는 신호를 보냄.

주제 동물의 꼬리는 쓰임새가 다양하다.

1 이 글에서는 동물의 꼬리가 다양한 쓰임새를 가지고 있음을 설명하고 있습니다.

2 동물들이 하늘 높이 날아오를 수 있게 해 주는 신체 기관은 '날개'입니다. 꼬리는 날아다니는 동물들이 방향을 잡을 때 사용됩니다.

오답 풀이 ① ② 의 '많은 동물들이 꼬리를 써서 몸의 균형을 바꿔요.'에서 알 수 있습니다. ③ 의 '개와 늑대, 그리고 그 밖의 많은 동물들이 꼬리로 이야기를 해요.'에서 알 수 있습니다. ④ 의 '어떤 동물들은 꼬리로 위험하다는 신호를 보낸답니다.'에서 알 수 있습니다. ⑤ 의 '새나 하늘다람쥐처럼 나무 사이를 날아다니는 동물들은 꼬리를 움직여 방향을 잡아요.'에서 알 수 있습니다.

3 ㉠에서 늑대가 꼬리를 하늘을 향해 쭉 뻗으면 "내가 대장이야!"라는 뜻이라고 했습니다.

4 '건너다'는 '무엇을 넘거나 지나서 맞은편으로 이동하다.'를, '이동하다'는 '움직여서 옮기다.'를 뜻하므로, 바꾸어 사용할 수 있습니다.

오답 풀이 ① 하늘다람쥐는 나무 사이를 건널 때 꼬리 쓴다라 날기 때문에 '걸음'은 적절하지 않습니다.

5 ㉲에서 비버는 위험이 다가오면 꼬리로 물을 잡싸잡싸 쳐서 다른 비버들에게 알려 준다고 했습니다.

6 이 내용은 ㉲와 '많은 동물들이 꼬리를 써서 몸의 균형을 잡거나 방향을 바꿔요.'의 에에 해당합니다.

읽기 전략

4주 02일차

본문 72~75쪽

핵심 내용을 따라 이으며 흐름을 정리해 보세요.

쏙쏙! 내용 정리

1 공부
2 연필, 지우개
3 공책, 책가방

핵심① 자기의 중요성을 말하려는 물건들
유비이가 공부하는 데 누가 더 중요한지 말하며 자기 자랑을 하기 시작했습니다.
유비이의 물건들에 대한 주제

1 유비이가 길이 잠든 밤, 유비이의 책상 위에 있던 물건들이 깨어나
서 유비이가 공부하는 데 누가 더 중요한지 말하며 자기 자랑을 하기 시
작했습니다.
○: 유비이의 별로한 신으로 지우개를 ⊙ 찌르며 말하였습니다.

 연필은 연필과 지우개의 의견

핵심② 유비이가 글씨를 쓸 수 있는 건 모두 내 덕분이야. 내가 없으면 수업
시간에 공부한 내용을 쓸 수 없어. 그러니까 유비이가 공부를 하는 데
내가 가장 중요해."

그러자 지우개가 말하였습니다.

"글쎄. 과연 네가 그런 말을 할 수 있을까? 내가 글씨를 잘못 썼을 때
지우개의 의견
누가 도와주었는지 잊었니? 넌 내가 없으면 틀려도 고치지 못하잖아."

 이 말을 들은 공책은 공책의 의견

핵심③ 한심하다는 듯이 말하였습니다.
"애들아, 너희들도 내가 없으면 한 글자도 못 쓰고 못 고치는 거야?
공책의 의견
을 모르느구나. 내가 없으면 도대체 어디에 쓸 거야?"

이 말을 들은 책가방은 크게 웃으며 말하였습니다.
책가방의 의견
"너희들 학교까지 데려다주는 건 바로 나야. 내가 없으면 주지 않으면
너희들은 학교에 가서 유비이와 함께 공부할 수가 없어."

그때, 자고 있던 유비이가 몸을 뒤적이며 말하였습니다. 책가방은 아주 작은 목
소리로 말하였습니다.

"읏, 유비이가 깨겠다. 누가 더 중요한지 내일 밤에 다시 얘기하지."

핵심① 자기의 중요성을 말하려는 물건들

유비이의 물건들이 유
비이가 공부하는 데 누가 더
중요한지 말하려고 함.

핵심② 연필과 지우개의 의견

➔ 연필은 글씨를 쓸 수 있
게 해 주고, 지우개는 잘못
쓴 글씨를 지워 줌.

핵심③ 공책과 책가방의 의견

➔ 공책은 글자를 적게 해
주고, 책가방은 다른 물건
들을 학교로 데려다줌.

주제 유비이의 물건들이 각자 자신이 더 중요하다고 주장하고 있다.

1 이 글에서 자기 자랑을 한 등장인물은 연필, 지우개, 공책, 책가방입니다.

2 ⊙에서 유비이의 물건들은 유비이가 공부하는 데 누가 더 중요한지 말했
다고 했습니다.

3 '연필'은 글씨를 쓸 수 있어서, '지우개'는 잘못 쓴 글씨를 고칠 수 있어서,
'공책'은 글자를 적을 수 있게 해 줘서, '책가방'은 다른 물건들을 학교에 데
려다줘서 각자 자기가 중요하다고 있습니다.

4 '찌르다'는 '적게' 또는 '세게 자꾸 찌르는 모양.'을 뜻하므로, '찌르며' 앞에 쓰
이기에 적절합니다.

오답 풀이
① '돌돌'은 '작고 둥근 물건이 가볍게 구르는 소리.'를 뜻합니다.
② '똑똑'은 '큰 물체나 물방울 등이 자꾸 아래로 떨어지는 소리.'를 뜻합니다.
③ '쨍쨍'은 '무거운 물체가 바닥에 울리는 소리.'를 뜻합니다.
⑤ '훨훨'은 '새 등이 높이 떠서 느리게 날개를 치며 시원스럽게 나는 모양.'
을 뜻합니다.

5 공부할 때 중요 물건을 반듯하게 그릴 수 있게 해 주는 물건은 '자'입니다.

6 이 글의 등장인물들은 각자 자기 자랑만 하며, 자기가 더 중요한 역할을 한
다고 주장하고 있습니다. 따라서 등장인물 모두가 유비이가 공부하는 데
필요하고 소중한 존재이므로 서로를 인정하고 잘 지냈으면 좋겠다고 한
수호의 말이 적절합니다.

어휘 탄탄 마무리

3 '잇다'는 기억을 하지 못하는 것과 관련된 것이고, '있다'는 주로 가지고 있
던 것이 없어지는 것과 관련이 있습니다.

정답

1 연필, 책가방
2 ④
3 (선 잇기)
4 ④ 5 ②
6 수호
7 ① 공부 ② 지우개
③ 공책

어휘 마무리

1 (1) 담다
(2) 한심하다
(3) 뒤적이다
2 (선 잇기)
3 (1) 잇다
(2) 잇다
없다

문해력 상승 읽기 전략

핵심 내용을 따라 읽으며 흐름을 정리해 보세요.

4주 03일차

본문 76~79쪽

쏙쏙 내용 정리

1 생활 도구
2 민속놀이

정답

1 ④
2 맷돌, 다듬이
3 3-1-2
4 ③ 5 ③
6 은서
7 ① 맷돌 ② 투호 놀이
③ 민속촌

어휘 마무리

1 (선으로 잇기)
2 (1) 기술
　(2) 조상
　(3) 곡식
3 (1) 들리다
　(2) 들르다

날짜: 20○○ 5월 6일 목요일　　날씨: 화창함

민속촌으로 간 현장 체험 학습

1 민속촌으로 현장 체험 학습을 갔다. 민속촌에서 우리 ＋조상들이 살던 집도 살펴보고 ＋민속촌에서 본 옛 생활 도구들도 보았다. 나는 것 중 ＋맷돌이 가장 기억에 남는다. 맷돌은 두 둘레 뚫린 구멍에 ＋곡식을 넣고 손잡이를 돌려서 곡식을 ＋가는 데 쓰는 도구이다. 그리고 윗곽을 두드려 펴는 데 쓰는 도구인 다듬이도 보았다. 나는 직접 다듬이질도 해 보았다.
'탕탕탕탕!'
다듬이질 소리가 경쾌하게 들렸다.

2 여러 가지 민속놀이도 체험해 보았다. ＋닝뛰기, ＋투호 놀이가 있었다. 널뛰기는 ⑤기 ＋판자의 양쪽 끝에 서서 서로 번갈아 ＋구르며 뛰어오르는 전통 놀이이다. 처음에는 조금 무서웠는데 몇 번 해 보니 잘할 수 있었다.

그리고 나는 그네도 탔다. 발을 굴러 높이 올라가면서 기분이 상쾌해졌다. 마음이 하늘까지 높이 올라가는 것 같았다.

투호 놀이도 하였다. 두 곳 통 모양의 투호 속에 화살을 넣는 놀이였다. 나는 시간 가는 줄 모르고 투호 속에 화살을 던지게 되었다. 이 잘 들어가지 않았지만 ＋기분이 높어 화살을 잘 던지는 현장 체험 학습의 하나였다.

다시 꼭 들어가고 싶은 즐겁고 신나는 현장 체험 학습이었다.

핵심 ①　民俗村에서 본 옛 생활 도구
핵심 ②　민속촌에서 체험한 민속놀이

＋옛 생활 도구인 맷돌과 다듬이를 보고, 다듬이질도 직접 해 봄.
＋민속놀이로 널뛰기를 하고, 그네도 타고, 투호 놀이도 함.

주제　민속촌에서 즐겁고 신나게 현장 체험 학습을 했다.

1 '민속촌으로 간 현장 체험 학습'이라는 글의 제목에서도 알 수 있듯이, 글쓴이는 민속촌으로 현장 체험 학습을 갔습니다.

2 1에서 글쓴이는 옛 생활 도구로 '맷돌과 다듬이'를 보았다고 했습니다.

3 2에서 글쓴이는 널뛰기를 하고 그네를 탄 후에 투호 놀이를 했다고 했습니다.

4 '갈다'는 '둘째의 두 읊이 서로 엇다'를 뜻하므로, '둘째의 두 끝 사이가 가깝다'를 뜻하는 '짧다가 반대말로 적절합니다.

5 2에서 글쓴이는 그네를 탈 때 발을 굴러 높이 올라갔더니 기분이 상쾌해졌다고 했습니다. '상쾌하다'는 '기분이나 느낌 등이 시원하고 산뜻하다'를 뜻합니다.

6 맷돌은 곡식을 가는 도구이므로, 빨래하는 기계인 세탁기와는 거리가 멉니다. 따라서 이맞지 않은 말을 한 친구는 은서입니다.

7 글쓴이는 민속촌에서 옛 생활 도구인 '맷돌과 다듬이'를 보았으며, 민속놀이로 널뛰기를 하고 그네를 탔으며 '투호 놀이'도 했다고 하였습니다.

4주 04일차

본문 80~83쪽

쏙쏙 내용 정리

1 편식   2 건강

3 편식

정답

1 ④   2 영양소
3 ③   4 ③
5 ②   6 ③
7 1) 건강 2) 편식

어휘 마무리

1

2 (1) 무지람
  (2) 식습관
  (3) 면역력

3 (1) ① (2) ②

---

1 밥을 먹을 때 당근이나 가지 같은 채소를 남겨서 부모님께 +꾸지람을 들었던 적이 있나요? 어린이들이 +예민하게 느낄 수 있어요. 그래서 +씁쓸한 맛을 내는 채소를 싫어하는 어린이들이 많아요. 또는 달콤한 음식을 +즐겨 먹기도 한 과자나 +즉석식품 같은 +자극적인 맛을 좋아해서 그런 음식만 먹으려고 하는 어린이들도 많이 있지요. 이렇게 【핵심① 편식의 뜻】좋아하는 음식만 먹으려 하고 골고루 먹지 않는 것을 '편식'이라고 해요.

2 좋아하는 음식만 먹고 싶은데, 왜 어른들은 편식을 하면 안 된다고 할까요? 그것은 바로 우리의 건강 때문이에요. 우리의 몸이 자라고 우리가 ㉠활동하기 위해서는 여러 영양소가 필요해요. 이 영양소들은 다양한 음식에 골고루 들어 있어요. 따라서 【핵심② 편식을 하면 안 되는 까닭】좋아하는 음식만 먹게 되면 다양한 영양소를 얻을 수 없어서, 몸이 쉽게 피곤해지거나 +면역력이 떨어져 자주 아프게 될 수 있어요.

3 편식을 하면 안 되는 또 다른 까닭도 있어요. 【핵심③ 글쓴이의 주장】중요한 메뉴 +식습관이 +형성되는 아주 중요한 시기예요. 따라서 이 시기에 편식하는 식습관을 고치고 건강한 식습관을 가지도록 노력해야 해요. 우선 싫어하는 음식이라도 조금씩이나마 맛보려고 노력해야 해요. 한두 번 맛을 보면 막 안에 맛있게 느껴질 수도 있어요. 또 싫어하는 음식을 배고플 때 먹어 보는 것도 도움이 되어요. 그동안 편식을 했었다면, 앞으로 음식이 나오는 반찬을 모두 한 번씩이라도 맛보려고 노력해 보는 것은 어떨까요?

핵심① 편식의 뜻

↑'편식'은 좋아하는 음식만 먹으면서 다양한 음식을 골고루 먹지 않는 것을 말함.

핵심② 편식을 하면 안 되는 까닭

↑편식을 하면 다양한 영양소를 얻을 수 없어서 자주 아프지 않는 것을 말못함.

핵심③ 글쓴이의 주장

↑편식하는 식습관을 고치고 건강한 식습관을 가지도록 노력하자.

주제 편식하는 식습관을 고치고 건강한 식습관을 가지자.

1 이 글에서는 편식이 뭇고 편식을 하면 안 되는 까닭, 편식하는 습관을 고치는 실천 방안 등 '편식'에 대해 설명하고 있습니다.

2 ②의 '좋아하는 음식만 먹게 되면 다양한 영양소를 얻을 수 없어서, 몸이 쉽게 피곤해지거나 면역력이 떨어져 자주 아프게 될 수 있어요.'에서 알 수 있습니다.

3 이 글의 글쓴이는 편식과 편식을 했을 때 일어나는 문제점 등에 대해 설명하면서, 3 에서는 직접적으로 '편식하는 식습관을 고치고 건강한 식습관을 가지도록 노력해야 해요.'라며 자신의 주장을 드러내고 있습니다.

4 '활동하다'는 '몸을 움직이다.'라는 뜻이므로, '움직이다'와 바꾸어 쓸 수 있습니다.

5 이 글에서는 편식을 하면 안 되는 까닭, 편식을 했을 때 일어나는 문제점 등 편식의 부정적인 점에 대해 다루고 있습니다. 편식을 할 때 좋은 점은 이 글에 나오지 않습니다.

6 2에서 편식하는 습관을 고치는 실천 방안으로 싫어하는 음식이라도 실천 방안① 조금씩 맛을 보고, 싫어하는 음식을 배고플 때 먹어 보자고 권유하고 있습니다. 따라서 맛있어 보여서 먹고 싶은 예서의 말은 올바른 식습관을 기르기 위한 실천 계획으로 적절합니다.

|오답풀이| ③ 편식이 우리 몸에 미치는 부정적인 영향은 2 에 제시되어 있습니다.
⑤ 3 에서 편식을 하지 않는 건강한 식습관을 기르기 위한 실천 방법으로, 싫어하는 음식이라도 조금씩 맛을 보고, 싫어하는 음식을 배고플 때 먹어 보자고 권유하고 있습니다.

독해력 상승 읽기 전략

핵심 내용을 따라 읽으며 흐름을 정리해 보세요.

핵심①	핵심②	핵심③
임금님의 부탁	바닥에 구멍이 뚫린 사슴의 그릇	그릇의 바닥에 구멍이 뚫린 까닭
상처를 치료할 수 있는 신기한 흙을 주고 아름다운 그릇을 빚어 주면 상을 주겠다고 함.	바닥에 구멍이 뚫린 사슴이 그릇을 주고 동물들이 그릇을 보고 동물들이 모두 웃음.	사슴이 다친 염소에게 그릇의 바닥을 떼어 치료해 줌.

주제 다친 친구를 위해 소중한 것을 내어 준 사슴

1 □에서 동물 나라 임금님이 돼지와 토끼와 사슴에게 '아픈 상처를 치료할 수 있는 신기한 흙'을 주었다고 했습니다.

2 □에서 동물 나라 임금님은 신기한 흙으로 가장 아름다운 그릇을 빚어 주면 상을 주겠다고 했습니다.

3 □에서 아기 다람쥐가 사슴이 만든 그릇을 보고 "구멍 난 그릇이야. 바닥에 구멍이 뻥 뚫렸어?"라고 말한 내용에서 알 수 있습니다.

4 '고개를 숙이다'와 뜻이 반대되는 말로는 '고개를 들다'가 적절합니다. '숙이다'는 '머리를 앞으로 기울이게 하다.'를, '들다'는 '아래에 있는 것을 위로 올리다.'를 뜻합니다.

5 아기 다람쥐는 사슴이 만든 그릇에 구멍이 뚫린 까닭도 잘 모르면서 "하하, 구멍 난 그릇이야. 바닥에 구멍이 뻥 뚫렸잖아?"라며 웃었고, 이로 인해 모두가 웃음을 터뜨렸습니다. 다른 동물들이 자신의 그릇을 보고 웃었을 때 사슴은 부끄러웠을 것입니다.

6 동물 나라 임금님이 사슴에게 큰 상을 내린 까닭은 사슴이 만든 그릇이 비록 바닥이 뻥 뚫렸지만 친구를 위해 소중한 것을 내어 준 사슴의 행동이 아름답다고 생각했기 때문입니다. 하지만 사슴이 새로운 그릇을 만든 것은 아니며, 새로운 그릇을 만들었다고 상을 받은 것도 아니기 때문에 희선이의 말은 적절하지 않습니다.

7 임금님은 신기한 흙으로 아름다운 '그릇'을 빚어 달라고 했지만, '사슴'은 바닥에 구멍이 뚫려 있고 다친 친구를 위해 그릇의 바닥을 떼어 내어 '사슴'의 아름다운 행동이 담긴 큰 상을 내렸습니다.

---

1 어느 날, 동물 나라 임금님이 돼지와 토끼와 사슴한테 흙을 주며 말하였습니다.

핵심① 임금님의 부탁
"이 흙은 아픈 상처를 치료할 수 있는 신기한 흙이란다. 이 신기한 흙으로 가장 아름다운 그릇을 빚어 주면 상을 주마."

2 동물들은 이튿날부터 열심히 그릇을 빚기 시작하였습니다. 그리고 그릇을 다 빚자 임금님에게 가지고 갔습니다. 누가 상을 받는지 보려고 여러 동물들도 함께 있었습니다. 임금님은 그릇을 찬찬히 살펴보았습니다.

그러다가 사슴이 만든 그릇을 보고 고개를 가우뚱하였습니다. 이 모습을 본 아기 다람쥐가 웃으며 말하였습니다.

핵심② 바닥에 구멍이 뚫린 사슴의 그릇
"하하하, 바닥에 구멍이 뚫렸잖아. 구멍 난 그릇이야. 바닥에 구멍이 뻥 뚫렸어?"

모두 웃음을 터뜨렸습니다.

3 "사슴아, 너는 어째하여 구멍 난 그릇을 빚었느냐?"

"임금님, 저는 친구를 도와주고 싶었습니다."

사슴이 고개를 ㉠숙이며 대답하였습니다. 그때 염소가 앞으로 나서며 말하였습니다.

"임금님, 저는 다리를 다쳐서 ✦보름 동안이나 꼼짝을 못하였습니다. **핵심③** 그릇의 바닥에 구멍이 뚫린 까닭 사슴이 자기가 빚던 그릇의 바닥을 ✦떼어 저에게 가지고 있습니다. 그리고 제 아픈 다리에 발라 주었습니다. 그래서 사슴의 그릇에 구멍이 생겼습니다."

염소의 말을 듣고 임금님은 매우 기뻐하였습니다. 그리고 사슴한테 큰 상을 내렸습니다.
사슴이 만든 그릇이 가장 아름다운 그릇이라고 생각했기 때문에

– 최은섭, 「하느님이 찾는 그릇」 중에서

5주 01일차

본문 88~91쪽

1 추석은 우리나라의 대표적인 *명절입니다. 추석에는 그해 거두어들인 *햇곡식과 *햇과일 등으로 *차례를 지냅니다. 그리고 조상의 *산소를 찾아가서 *성묘를 하기도 합니다.

2 또 추석에는 *햇쌀로 맛있는 떡을 만들어 먹는데, 이 떡이 바로 '송편'입니다. 송편은 쌀가루를 반죽하여 그 안에 콩, 밤, 대추, 깨와 같은 여러 가지 *재료를 넣은 뒤 반달 모양으로 빚어 만듭니다. 온 가족이 둥그렇게 모여 앉아 송편을 빚으면 마음이 더욱 풍요로워집니다.

3 추석에 하는 대표적인 민속놀이로는 ㉠커다란 강강술래가 있습니다. 강강술래란 보름달 아래에서 여러 사람이 함께 손을 잡고 둥글게 빙빙 돌면서 춤을 추고 노래를 부르는 놀이입니다.

4 그리고 산이나 들에 내가 나가 달이 뜨기를 기다려 맞이하는 달맞이를 합니다. 환하게 뜬 보름달에 소원을 빌기도 하고, 달빛에 따라 1년 농사를 미리 *점치기도 합니다.

핵심① 추석에 하는 일 ①~③
➡ 추석에는 '차례'를 지내고 '성묘'를 하며, '송편'을 빚음.

핵심② 추석에 하는 일 ④~⑤
➡ 추석에는 '강강술래'를 하고, '달맞이'를 나가 달에 소원을 빌거나 1년 농사를 점치기도 함.

주제 우리나라의 대표적인 명절인 추석에는 다양한 일을 한다.

1 이 글은 우리나라의 대표적인 명절, '추석'에 대해 설명하고 있습니다.

2 ②송편과 관련된 내용은 ②에, ③차례와 관련된 내용은 ①에, ④ 보름달에 소원을 비는 내용은 ④에, ⑤ 성묘와 관련된 내용은 ①에 나와 있습니다. 하지만 떡국과 관련된 내용은 이 글에 제시되지 않았습니다.

3 ②에 송편을 만드는 과정이 나타나 있습니다. 송편을 만들기 위해서는 쌀가루를 반죽한 후, 반죽 안에 여러 재료를 넣고, 반달 모양으로 빚는다고 하였습니다.

4 '커다랗다'와 '크다'는 '크기 등이 보통을 넘는다.' 정도의 뜻을 지니므로, 서로 바꾸어 쓸 수 있습니다.
| 오답 풀이 | ③의 '작다'는 '커다랗다, 크다'와 뜻이 반대되는 말이고, ②의 '많다'와 ④의 '적다'가 서로 반대되는 말입니다.

5 보름달 내용은 ③에 제시되어 있습니다. ③에서는 추석에 하는 민속놀이인 강강술래에 대해 설명하고 있습니다.

6 ②에서 추석에 햇쌀로 만들어 먹는 떡이 송편이라고 했습니다. '햇쌀'은 '그해에 새로 난 쌀'을 뜻합니다. 즉, 추석에는 그해에 새로 난 곡식, 과일, 쌀로 차례를 지내거나 음식을 만듭니다.

어휘 표현 마무리

3 ①은 주로 '노래를 부르다'로 쓰이며, ②는 주로 '배가 부르다'로 쓰입니다. 따라서 (1) '동요를 부르다'는 ①의 뜻으로, (2) '배가 부르다'는 ②의 뜻으로 쓰였습니다.

쏙쏙! 내용 정리

1 성묘 2 송편
3 강강술래 4 달맞이

정답

1 추석 2 ①
3 1 - 3 - 2
4 ①
5 강강술래
6 하진
7 ① 송편 ② 추석

어휘 표현 마무리

1 [선 잇기]

2 (1) 산소
 (2) 재료
 (3) 명절

3 (1) ① (2) ②

쏙쏙! 내용 정리

1 ① 토 ② 일
3 공사

승현이의 *험난한 동물원 나들이

핵심① 토요일에 승현이한테 일어난 일
1 오늘은 (토요일), 승현이와 하영이가 동물원에 가기로 약속한 날이에
요. 승현이와 하영이는 ○시간을 나타내는 요일
을 좋아하는 승현이는 (일요일) 하영이와 약속한 토요일이 오기
를 손꼽아 기다렸어요. 승현이는 신이 나서 약속 시간 전부터
나와 하영이의 집 앞에서 하영이를 기다렸어요.

2 그런데 약속 시간인 9시가 다 되었는데도 하영이가 나오지 않았어
요. 승현이는 걱정이 되어 하영이에게 전화를 걸었어요.
"하영아! 왜 안 나오는 거야? 오늘 우리 동물원에 가기로 했잖아!"
*핵심② 일요일에 승현이한테 일어난 일
"응? 우리 일요일에 가기로 했잖아!"
"아차! 그랬구나!"
승현이가 요일을 잘못 안 것이었어요. 승현이는 아쉬웠지만 하루 더
*참기로 했어요. → 토요일에 동물원에 가지 못함.

3 *마침내 (일요일)이 되어 승현이와 하영이는 동물원으로 갔어요.
"아니! 왜 문이 안 열려 있지?"
동물원의 문은 굳게 닫혀 있었어요. 문 앞에는 안내문이 써 붙여져 있었
어요.
'오늘부터 다음 주 화요일까지 ○사흘간 동물원 공사로 문을 열지 않
습니다.' 3일간 동물원이 문을 닫는 개념
○승현이와 하영이는 실망하며 그 자리에 주저앉고 말았어요.
→ 일요일에도 동물원에 가지 못함.

정답

핵심① 토요일에 승현이한테 일어난 일
→ 하영이와 하영이와 동물원에 가기로 약속한 날인 토요일 맛있는 간식을 가방에 챙기기 시작했어요. 동물원에 가지만 약속 날짜를 착각해서 동물원에 가지 못함.

핵심② 일요일에 승현이한테 일어난 일
→ 약속 날짜가 되어 하영이와 동물원에 갔지만 공사로 문을 닫아 결국 동물원에 가지 못함.

주제 승현이는 기다렸던 동물원에 가지 못해 무척 실망했다.

1 1의 첫 번째 문장, '승현이와 하영이가 동물원에 가기로 약속한 날이에
는 내용에서 알 수 있습니다.

2 '험난한'은 '일이 고생스럽고 험하다.'을 뜻하므로, 승현이의 동물원
나들이가 고생스럽고 힘들 것임을 예상할 수 있습니다.

3 2의 마지막 문장, '승현이는 아쉬웠지만 하루 더 참기로 했어요.'에서 승
현이의 마음을 알 수 있습니다.

4 '사흘'은 '3일'을 뜻합니다. 또한 ㉠ 앞 내용인 '오늘부터 다음 주 화요일까
지'에서 '오늘'은 일요일이므로, 일요일부터 화요일까지 3일간을 뜻하는 말
임을 알 수 있습니다.

5 동물원 문 앞의 '안내문'에서 알 수 있습니다. 공사로 동물원 문을 열지 않
는다는 내용을 보고, 승현이가 실망하여 그 자리에 주저앉았다고 했습니다.

6 일이 일어난 순서는 이야기에 나온 순서 그대로가 아닙니다. '월요일, 토요
일, 일요일' 등 이야기에 나온 시간 표현을 중심으로, 일의 선후 관계를 따
져서 사건을 정리해야 합니다. 따라서 일요일에 승현이와 하영이가 동물원
에 가기로 약속한 일을 첫 번째로 꼽아야 합니다.

어휘 탄탄 마무리

3 **보기** 이 내용은 글쓴이가 너무나 그리워했던 친구이 민아를 이번 주 토요
일에 만나는 상황입니다. 따라서 상황상 '손꼽아 기다린다'는 '날짜를 손가
락으로 꼽아 가며 셀 정도로 몹시 기다리고 있다.'라는 뜻임을 짐작할 수
있습니다.

---

1 동물원 2 챙이
3 ⑤ 4 ②
5 ⑤
6 2 - 1 - 3 - 4
7 ① 공사 ② 실망

어휘 마무리

1 (1) 험난하다
   (2) 챙기다
   (3) 양해

2 [연결선]

3 (1) ○

읽기 선택

5주 03일차
본문 96~99쪽

쏙쏙 내용 정리

1 무궁화 2 꽃술

정답

1 무궁화 2 ④
3 ③
4 ( ), (○), ( )
5 ⑤ 6 ②
7 ① 석 달 ② 5개
③ 무궁화

어휘 마무리

1 [선 잇기]
2 (1) 영원히
   (2) 반복
   (3) 근면
3 (1) ② (2) ①

---

1 우리나라를 상징하는 꽃이 무궁화를 색종이로 만들어 볼 거예요.

먼저 무궁화가 어떤 꽃인지 알아볼까요? 무궁화는 '영원히 ✦피고 또 피어서 지지 않는 꽃'이라는 뜻을 담고 있어요. **핵심①** 무궁화는 우리나라 어디 서나 잘 자라고, 무궁화는 ⑦ 석 달 정도 꽃을 피우는데, 매일 새로운 꽃 을 피워요. '새벽에 꽃이 피었다가 오후에는 ✦오므라들고 해 질 즈음에는 꽃이 져서 떨어지는 것을. 이렇게 매일매일 꽃이 새로 피고 지는 것을 ✦반복합니다. 이러한 특성이 우리 민족의 ✦근면한 모습을 담고 있지요.

2 그럼, 색종이를 접어 우리나라를 상징하는 꽃이 무궁화를 만들어 볼 까요?
핵심② 색종이로 무궁화를 접는 방법

꽃잎 접기

1 색종이를 반으로 접 었다가 펴요.

2 양쪽과 윗부분을 접 어요.

3 아랫부분을 위로 접 어 올리면 완성. 같은 방 법으로 꽃잎 5개를 만들 어요.

꽃술 접기

4 색종이를 반으로 접 었다가 편 후 양쪽을 접 어요.

5 양쪽을 접은 상태에 서 한쪽으로 다시 접어 요.

합치기

6

⬜ ㉢

핵심①
무궁화의 특징

✦ 우리나라 어디서나 잘 자라고, 석 달 정도 꽃을 피우는데 매일매일 새로운 꽃 을 피움.

핵심②
색종이로 무궁화를 접는 방법

✦ 색종이로 꽃잎 5개와 꽃술 1개를 각각 접고 합쳐서 무궁화를 완성함.

주제
우리나라를 상징하는 꽃이 무궁화의 특징을 알고 색종이로 접어 보자.

1 이 글은 무궁화의 뜻과 특징에 대해 설명하고 있습니다.

2 ①에서 무궁화는 새벽에 꽃이 피었다가 해 질 즈음에는 꽃이 져서 떨어지 며, 이렇게 석 달을 매일매일 꽃이 새로 피고 지는 것을 반복한다고 했습니 다. 즉, 꽃이 한번 피면 하루 만에 져서 떨어진다는 것입니다. 따라서 꽃이 한번 피면 석 달 동안 피어 있다가 진다는 설명은 적절하지 않습니다.

3 '석'은 '셋'을 뜻하므로, '석 달'은 '3개월'을 나타냅니다.

4 2의 ②에서 '앙쪽'과 '윗부분'을 접는다고 했습니다. 따라서 ①의 색종이 상태에서 양쪽과 윗부분을 모두 접은 그림을 찾으면 됩니다.

5 6의 그림을 보면, 꽃잎 색종이 5개와 꽃술 색종이 1개를 합쳐서 무궁화꽃 이 완성되었음을 알 수 있습니다.

6 이 글에 무궁화의 씨앗과 관련된 내용은 나오지 않았습니다.

| 오답풀이 | ① 1에 무궁화의 특징이 잘 드러나 있습니다. 무궁화는 우리나라 어디서나 잘 자라고, 석 달 정도 꽃을 피우는데 매일 새로운 꽃이 핀다고 했습니다.
③ 1에서 무궁화는 '영원히 피고 또 피어서 지지 않는 꽃'이라는 뜻을 담고 있다고 했습니다.
④ 1에서 무궁화는 석 달 정도 꽃을 피우는데, 매일 새로운 꽃을 피운다고 했 습니다.
⑤ 2의 전반에 걸쳐 색종이로 무궁화 접는 방법을 설명하고 있습니다.

7 1에서 무궁화는 '석 달' 정도 매일 새로운 꽃을 피운다고 했습니다. 2의 ③에서 꽃잎 5개를 만들라는 내용과 6의 그림을 보고, 무궁화 색종이 꽃 을 '5개'가 있어야 함을 알 수 있습니다. 이 글은 전체적으로 우리나라를 상징하는 꽃이 '무궁화'에 대한 내용을 담고 있었습니다.

5주 04일차

본문 100~103쪽

독해력 상승 읽기 전략

핵심 내용을 따라 읽으며 흐름을 정리해 보세요.

1 '글로켄슈필'을 ✦연주해 본 적이 있나요? 이름이 ✦낯설어서 연주해 본 적이 없다고 생각하는 친구들도 있을 거예요. 하지만 글로켄슈필은 친구들한테도 매우 ㉠익숙한 악기예요. 글로켄슈필은 작은 ✦강철 조각을 음을 순서대로 늘어놓고 두 개의 채로 치면서 소리를 내는 악기입니다. 비슷한 악기로는 실로폰이 있어요. 하지만 실로폰은 작은 강철 조각이 아닌 작은 나무 조각을 늘어놓은 것이에요.

핵심 ② 음의 높낮이가 다른 까닭
2 글로켄슈필은 강철 조각의 길이에 따라 각각 다른 음을 내요. 강철 조각의 길이가 길수록 낮은 소리가 나지요. 글로켄슈필은 특히 높은 소리를 낼 때 잘 들리는 악기예요.

핵심 ③ 연주 방법
3 글로켄슈필을 연주할 때에는 양손으로 긴 채의 뒷부분을 쥐고, 강철 조각을 가볍게 튕기듯 쳐요. 이때 어깨와 팔이 ✦긴장을 푼 다음 글로켄슈필에서 좀 떨어져서 연주해야 해요.

4 글로켄슈필은 어떠한 기술을 익히지 않고도 예쁜 소리를 낼 수 있는 악기예요. 또한 어린이용 글로켄슈필도 있어서 친구들이 악기를 배우려고 할 때 사용할 수 있는 좋은 악기이지요. 또, ✦특유의 맑고 경쾌한 소리가 나서 더욱 즐겁게 연주할 수 있는 악기랍니다.

핵심 ① 글로켄슈필의 뜻 | 핵심 ② 음의 높낮이가 다른 까닭 | 핵심 ③ 연주 방법

글로켄슈필의 뜻
✦강철 조각을 음을 순서대로 늘어놓고 두 개의 채로 치면서 소리를 내는 악기임.

음의 높낮이가 다른 까닭
✦강철 조각의 길이가 길수록 낮은 소리가 나고, 짧을수록 높은 소리가 남.

연주 방법
✦양손으로 긴 채의 뒷부분을 쥐고 강철 조각을 가볍게 튕기듯 침.

주제
글로켄슈필은 쉽게 소리를 낼 수 있는 악기로, 선명하고 맑은 소리를 냄.

1 이 글에서는 '글로켄슈필'의 뜻, 음이 높낮이가 다른 까닭, 연주 방법, 좋은 점 등에 대해 설명하고 있습니다.

2 ❶에서 글로켄슈필은 작은 강철 조각을 순서대로 늘어놓은 악기이고, 실로폰은 작은 나무 조각을 늘어놓은 악기라고 했습니다.

3 ❷에서 글로켄슈필은 강철 조각의 길이에 따라 다른 음을 내며, 강철 조각의 길이가 길수록 낮은 소리가 나고, 강철 조각의 길이가 짧을수록 높은 소리가 난다고 했습니다.

4 ❸에서 글로켄슈필을 연주할 때에는 양손으로 긴 채의 뒷부분을 쥔다고 했습니다. 따라서 두 번째 그림이 바르게 연주한 모습은 첫 번째 그림은 채로 앞부분을 쥐었고, 세 번째 그림은 채를 쥐지 않고 손가락으로 연주하고 있으므로 적절하지 않은 연주 방법입니다.

5 '익숙하다'는 '어떤 것을 자주 접하여 낯설지 않고 편하다.'를, '낯설다'는 '전에 경험한 적이 없어 익숙하지가 않다.'를 뜻하므로 서로 뜻이 반대되는 말입니다.

6 글로켄슈필은 채로 강철 조각을 쳐서 소리를 내는 악기입니다. 줄을 튕겨서 연주하는 악기가 아니므로 상호에게게 추천할 악기로는 알맞지 않습니다.

7 글로켄슈필은 '채'로 치면서 소리를 내는 악기이며, 강철 조각의 길이에 따라 음의 높낮이가 달라집니다.

쏙쏙 내용 정리

1 강철　2 길이
3 채　4 기술

정답

1 ⑤　2 나무
3 ｜　（○）　｜
4 （ ），（ ○ ），（ ）
5 ①　6 ②
7 ❶ 채　❷ 길이
　❸ 글로켄슈필

어휘 마무리

1 （교차 연결선）

2 (1) 연주
(2) 선명하다
(3) 긴장

3 (1) ①　(2) ②

읽기 전략

핵심 내용을 따라 읽으며 흐름을 정리해 보세요.

본문 104~107쪽

1 옛날, 어느 고을에 심술궂은 ⁺원님이 있었습니다. 원님은 자기보다 더 마을 사람들이 ⁺신뢰를 받는 ⁺이방을 혼내 주려고 벼르고 있었습니다. 어느 겨울날 원님은 이방을 불러 명령하였습니다.

> 명령을 내린 까닭
> **핵심 ①** 원님의 명령

"여봐라, 이방. 산딸기를 먹고 싶으니 산에 가서 따 오너라."

"사⁺……. ⁺사또, ㉠이 겨울에 산딸기가 어디에 열린다는 말씀이옵니까?"

> 겨울에 열리지 않는 과일

놀란 이방은 벌벌 떨며 대답하였습니다. 원님은 버럭 화를 내며 말하였습니다.

㉡"네 이놈, 내 명령을 어기면 큰 벌을 내릴 것이야."

2 ⁺가엾은 이방은 걱정을 하던 끝에 병이 나서 눕고 말았습니다. 이방에게는 영리한 아들이 있었습니다. 아들은 아버지를 대신하여 원님을 찾아갔습니다.

> **핵심 ②** 이방 아들의 대답

"자, 아버지께서 산딸기를 따다가 ⁺독사에게 물리셔서 제가 대신 왔사옵니다."

> 겨울에 볼 수 없는 동물

원님은 화를 내며 되물었습니다.

㉢"이 겨울에 독사가 어디 있단 말이냐?"

3 이방의 아들은 ⁺공손하게 대답하였습니다.

> **핵심 ③** 이방 아들의 대답에 담긴 속뜻

㉣"겨울에 독사가 없듯이 ㉤ 도 없지 않겠습니까? 부디 명령을 거두어 주십시오."

> 산딸기

영리한 아들의 지혜에 감탄한 원님은 자기의 잘못을 ㉤ 뉘우치고 아들에게 큰 상을 내렸답니다.

핵심 ① 원님의 명령
↦ 원님이 이방을 혼내 주려고 겨울에 산딸기를 따 오라고 명령함.

핵심 ② 이방 아들의 대답
↦ 아버지인 이방이 이방이 산딸기를 따다가 독사에게 물렸다고 답함.

핵심 ③ 이방 아들의 대답에 숨은 뜻
↦ 이방 아들은 겨울에 독사가 없듯이 산딸기도 없으니 명령을 거두어 달라고 함.

주제 원님의 잘못을 뉘우치게 한 이방 아들의 지혜로움

1 원님이 이방에게 겨울에 열리지 않는 산딸기를 따 오라고 명령한 까닭은, 자기보다 더 마을 사람들의 신뢰를 받는 이방을 혼내 주기 위해서입니다.

2 "이 겨울에 산딸기가 어디에 열린다는 말씀이옵니까?"에서 걱정을 짐작할 수 있듯이, 겨울에는 산딸기가 열리지 않기 때문에 이방은 원님의 명령을 따르지 못할 것을 알고 걱정되어 보이고 난 것입니다.

3 ㉡ 앞에 나온 '원님은 버럭 화를 내며'와 ㉢ 앞에 나온 '원님은 화를 내며'에서 알 수 있듯이, 원님은 화가 나 목소리로 ㉡과 ㉢을 말했을 것입니다.

4 이방의 아들이 아버지가 독사에게 물렸다고 하자 원님은 화를 내며 겨울에 독사는 없다고 답했습니다. 이 대답을 들은 이방의 아들은 겨울에 독사가 없듯이 '산딸기'도 없으므로 이전의 명령을 거두라고 말했음을 짐작할 수 있습니다.

5 '뉘우치다'는 '스스로 자신의 잘못을 깨닫고 반성하다'를, '반성하다'를 ... 신의 말이나 행동을 되돌아보면서 잘못을 깨닫고 뉘우치다'를 뜻하므로, 서로 바꾸어 쓸 수 있습니다.

6 원님은 이방 아들의 지혜로운 대답을 들은 후에 자기의 잘못을 뉘우치고 이방의 아들에게 큰 상을 내렸습니다. 원님이 이방의 아들에게 심술궂은 명령을 내린 적은 없습니다.

7 겨울에 산딸기를 따 오라는 것과 겨울에 아버지가 독사에게 물렸다는 것 모두 가능하지 않은 일입니다. 산딸기는 겨울에 열리지 않으며, 독사는 겨울잠을 자므로 겨울에 보이지 않습니다.

쑥쑥 내용 정리

1 산딸기 2 독사
3 상

정답

1 ②
2 없다, 따르지 못할 것이다
3 ④ 4 산딸기
5 ③
7 ① 가능하지 않은 일 ② 지혜

어휘 마무리

1 (1) 가엾다
(2) 공손하다
(3) 버리다

2 ·

3 (1) ② (2) ①

핵심 내용을 따라 읽으며 흐름을 정리해 보세요

본문

1 길을 나서서 도로를 지나다 보면 자주 보이는 것들이 있어요. 바로 교통 표지판이에요. **핵심①** 교통 표지판은 도로에서 사람과 자동차가 안전하게 다닐 수 있게 지켜야 할 내용을 기호로 나타낸 것이에요. 기호는 어떤 뜻을 나타내는 간단한 그림, 글자, 숫자를 말해요. 만약 교통 표지판에 내용이 글로 길게 쓰여있다면 어떻게 될까요? 사람과 자동차가 뒤엉키고 도로의 모습을 상상할 수 있을 거예요. 그래서 **핵심②** 교통 표지판의 특징① 신속하게 읽어야 하는 지역에야 할 상황일수록 내용이 한눈에 쏙 들어오는 기호로 열려야 하는 것이지요.

2 **핵심③** 교통 표지판은 새김로 그 뜻을 +전달해요. 교통 표지판의 색깔로 그 뜻을 +전달해요. 빨간색 교통 표지판은 '이대로 하세요'라는 뜻을 담고 있어요. 따라서 파란색 표지판을 보면 표지판에 적힌 내용대로 따르면 되어요.

빨간색 교통 표지판은 '하지 마세요'라는 뜻을 담고 있어요. 도로의 안전을 지키기 위해 +금지하는 내용을 표시한 것이지요. 빨간색은 멀리서도 눈에 잘 +띄기 때문에 금지하는 내용을 표시하는 데 알맞답니다.

노란색 교통 표지판은 '주의하세요'라는 뜻을 담고 있어요. 도로 주변에 위험한 것이 있거나 조심해야 할 것이 있을 때 이를 알려 주어서 안전하게 다닐 수 있게 해 준답니다.

▲ 횡단보도로 건너기

▲ 건도 것금지

▲ 도로 공사 중

핵심 요약

핵심① 교통 표지판의 뜻	핵심② 교통 표지판의 특징①	핵심③ 교통 표지판의 특징②
↑ 도로에서 안전을 위해 지켜야 할 내용을 기호로 나타낸 것을 뜻함.	↑ 내용이 한눈에 들어올 수 있게 기호로 내용을 나타냄.	↑ 표지판의 색깔로 그 뜻을 전달함. 파란색, 빨간색, 노란색 각각 뜻이 다름.

주제 교통 표지판에 담긴 뜻을 잘 익혀서 안전하게 다니자.

1 이 글에서는 교통 표지판의 뜻과 특징(기호로 나타낸 점, 색깔마다 뜻이 다른 점)에 대해 설명하고 있습니다.

2 기호로 나타내면 내용이 한눈에 쏙 들어오기 때문에, 도로처럼 신속하게 움직여야 하는 상황에서는 긴 글보다는 기호로 내용을 전달하는 것이 효과적입니다.

3 2에서 파란색 교통 표지판은 '이대로 하세요', 빨간색 교통 표지판은 '주의하세요'라는 뜻을 담고 있다고 했습니다.

4 '신속하다'는 '매우 날쌔고 빠르다'를 뜻합니다. 또한 글의 흐름상으로 도로는 차들이 매우 빠르게 움직이는 곳이므로 (1)이 정답임을 알 수 있습니다.

5 이 길에 자전거가 다니는 것을 '금지'한다는 내용을 열려야 하므로, 표지판 의 색깔은 빨간색이어야 합니다.

6 교통 표지판은 '도로', 즉 사람과 자동차가 지나다니는 길에서 안전을 위해 지켜야 할 내용을 나타낸 것입니다. 4는 도로가 미끄러워서 위험한 상황 이므로 이를 알리는 교통 표지판이 필요합니다. 건물 안이나 놀이공원 안 은 도로가 아니므로 답이 되기 어렵습니다.

7 교통 표지판은 한눈에 알아보기 쉽게 '기호'로 나타낸 점, 표지판의 '색깔' 로 그 뜻을 전달한다는 점을 특징으로 들 수 있습니다.

쏙쏙 내용 정리

1 기호 2 색깔

정답

1 ①
2 (1) ○
3
4 (1) ○
5 ( ), ( ), (○)
6 ④
7 ① 기호 ② 색깔 ③ 교통 표지판

어휘 마무리

1
2 (1) 마구
　(2) 금지
　(3) 전달
3 (1) ①　(2) ②

읽기 전략

핵심 내용을 따라 읽으며 흐름을 정리해 보세요.

1 옛날 옛날 어느 동네에 예쁜 딸을 셋이나 둔 아버지가 있었어요.
하루는 아버지가 딸 셋을 한자리에 불러 이렇게 말했어요.
"이제 너희도 많이 컸으니 내년엔 할아버지 *생신 선물*을 준비해 보아라."

그리고는 콩 한 알씩을 나눠 주셨어요.
2 "작디작은 콩으로 할아버지 선물을 준비하라고? 말도 안 돼."

"콩을 심어 놓으면 가만히 싞도 무럭무럭 자랄 테니까!"

큰딸과 둘째 딸은 콩을 땅에 심고 꼭 뿜어 놓았어요.

3 그런데 맏며느리는 언제 올라가 콩을 미끼로 써서 땡을 잡았어요.

"땡을 ㉠ 팔아서 무엇을 살까?"

맏며느리는 땡을 팔아 병아리 한 쌍을 샀어요. 병아리를 어미 닭으로 키웠고, 어미 닭이 다시 어미 닭으로 키워졌어요.

4 마침내 시간이 흘러 할아버지 생신날이 되었어요. 아버지가 세 딸을 불러 선물을 가져오라고 했어요. 큰딸과 둘째 딸은 고개만 수그리고 아무 말도 하지 못했어요. 그때 맏며느리가 손아지를 끌고 나왔어요. 사람들은 깜짝 놀랐어요. 그러자 맏며느리는 콩 한 알로 산 손아지를 사게 된 이야기를 해 주었어요. 할아버지와 아버지는 *함박웃음*을 지었어요.

－ 한해숙, 「콩 한 알과 송아지」 중에서

핵심①
할아버지의 생신 선물 준비
⬆ 아버지가 세 딸에게 콩 한 알씩을 주며, 할아버지 생신 선물을 준비하라고 함.

핵심②
큰딸과 둘째 딸의 행동
⬆ 큰딸과 둘째 딸은 콩 한 알을 보잘것없게 여김.

핵심③
맏며느리의 행동
⬆ 맏며느리는 콩 한 알로 차근차근 단계를 밟아 생신 선물로 송아지를 가져옴.

주제 작은 것도 하찮게 여기지 않는 맏며느리의 지혜로움

쏙쏙 내용 정리
1 콩 2 땡
3 팡 4 송아지

정답
1 생신 선물 2 ⑤
3 ④ 4 ①
5 ① - ② - ④ - ③
6 (연결하기)
7 ① 보잘것없게
  ② 지혜로운

어휘 마무리
1 (연결하기)
2 (1) 가다
  (2) 미끼
  (3) 생신
3 (1) 낫다
  (2) 낳다

유형 실력 **읽기 전략**
핵심 내용을 따라 읽으며 흐름을 정리해 보세요.

자연을 본떠 만든 발명품

1 유리창에 붙어 있는 인형을 본 적이 있나요? 물건을 유리에 붙일 때에 사용하는 ✚흡착판은 문어에 여 어디에나 잘 달라붙습니다. 문어는 빨판을 이용하여 어디에나 잘 달라붙습니다. 우리가 ㉠ 흔히 쓰는 칫솔걸이도 흡착판으로 이것을 본떠 만든 물건입니다.

2 낙하산은 민들레씨를 본떠 만들었습니다. 민들레 씨의 가는 실 끝에는 털이 여러 개 달려 있습니다. 이 털이 있어서 민들레씨는 등등 떠서 멀리까지 날아갈 수 있습니다. 또, 천천히 땅에 떨어지게 됩니다. 낙하산을 이용하면 비행기에서 안전하게 땅으로 내려올 수 있습니다.

3 숲속을 걷다 보면 옷에 열매가 붙어 있는 경우가 있습니다. 자연을 본떠 만든 발명품 ③ 갈고리 모양의 가시가 많이 있습니다. 그래서 짐승의 털에 잘 붙습니다. 이것을 보고 단추나 끈보다 더 쉽게 붙였다 뗐다 할 수 있는 물건인 벨크로를 만들었습니다.

4 이렇게 우리 주변에는 동물이나 식물을 본떠 만든 발명품이 많습니다. 이런 물건은 사람들의 생활을 더 편하게 만들어 줍니다. 자연은 누구보다 ✚위대한 발명왕인 셈입니다.

▲ 흡착판

▲ 낙하산

▲ 벨크로

핵심 ① 자연을 본떠 만든 발명품 ①
✚흡착판은 어디에나 잘 달라붙는 문어의 빨판을 본떠 만든 것.

핵심 ② 자연을 본떠 만든 발명품 ②
✚낙하산은 멀리 날아가 전 천히 땅에 떨어지는 민들 레씨를 본떠 만든 것.

핵심 ③ 자연을 본떠 만든 발명품 ③
✚벨크로는 옷과 털에 잘 붙는 도꼬마리 열매를 본 떠 만든 것.

주제 우리 주변에는 자연을 본떠 만든 발명품이 많다.

1 1에서 흡착판은 어디에나 잘 달라붙는 문어의 빨판을 본떠 만들었다고 했습니다.

2 2에서 민들레씨의 가는 실 끝에 달린 털로 인해 민들레씨가 등등 떠서 멀리까지 날아갈 수 있다고 했습니다.

3 3에서 도꼬마리 열매에는 갈고리 모양의 가시가 많이 있어서 옷이나 짐 승의 털에 잘 붙는다고 했습니다.

4 '흔히'는 '보통보다 더 자주'를 뜻하므로, '자주'와 바꾸어 쓸 수 있습니다.

5 '흡착판'은 문어의 빨판을, '낙하산'은 민들레씨를, '벨크로'는 도꼬마리 열 매를 본떠 만든 물건입니다.

6 이 글은 자연의 모습과 특징을 본떠 만든 발명품에 대해 소개하고 있습니 다. 하지만 자연을 파괴하는 발명품에 대한 내용은 제시되지 않았기 때문 에 ③은 적절한 제목이 아닙니다.

7 흡착판은 문어의 '빨판'을 본떠 만든 발명품이며, '낙하산'은 민들레씨를 본떠 만든 발명품입니다.

어휘 탄탄 마무리

3 (1)은 옷에 먼지가 많이 떨어지지 않느냐고 않는다는 내용이므로 ①의 뜻으로 쓰였 고, (2)는 자격증 시험에 합격했다는 내용이므로 ②의 뜻으로 쓰였습니다.

쏙쏙 내용 정리

1 빨판 2 낙하산
3 도꼬마리 4 발명품

정답

1 잘 달라붙는다
2 ④ 3 ④
4 ②
5 [선 잇기] 6 ③
7 ① 빨판 ② 낙하산
③ 발명품

어휘 마무리

1 (1) 위대하다
(2) 본뜨다
(3) 갈고리
2 [선 잇기]
3 (1) ① (2) ②

읽기 전략

6주 04일차

본문 120~123쪽

핵심 내용을 따라 읽으며 흐름을 정리해 보세요.

핵심 내용 정리

1 피해
2 황사
3 홍수
4 폭설
5 대비

정답

1 ④

2

3 (1) X (2) X
  (3) ○ (4) X

4 ② 5 ③, ⑤

6 수현

7 1 여름 2 폭설
  3 자연재해

어휘 마무리

1

2 (1) 흉작
  (2) 녹지물
  (3) 산사태

3 (1) 쓰여 (2) 쌓여

핵심 ① 봄에 일어나는 자연재해	핵심 ② 여름에 일어나는 자연재해	핵심 ③ 겨울에 일어나는 자연재해
◆ 중국의 모래 먼지가 강한 바람을 타고 우리나라로 오는 '황사'가 일어남.	◆ 비가 많이 와 물이 넘쳐 흐르는 '홍수', 강한 바람으로 오는 '태풍'이 일어남.	◆ 많은 눈이 한꺼번에 내리는 '폭설'이 일어남.

주제 우리나라는 계절에 따라 조금씩 다른 자연재해가 일어난다.

1 이 글은 우리나라에서 일어나는 자연재해에 대해 설명하고 있습니다.

2 2~4에서 우리나라의 봄에는 '황사'가, 여름에는 '홍수'와 '태풍'이, 겨울에는 '폭설'이 일어난다고 했습니다.

3 3에서 '태풍'이 불면 건물이 부서질 수도 있다고 했습니다.

|오답 풀이| (1) '홍수'가 일어날 때 도로나 건물이 물에 잠기는 피해가 발생합니다.
(2) '폭설'은 짧은 시간 동안 많은 '비가 아닌' '눈'이 내리는 현상을 뜻합니다.
(4) 중국의 모래 먼지가 강한 바람을 타고 우리나라로 오는 현상은 '황사'입니다.

4 '해롭다'는 '도움이 되지 않고 해가 되는 점이 있다.'를, '나쁘다'는 '건강에 해롭다.'를 뜻하므로, 서로 뜻이 비슷하여 바꾸어 쓸 수 있습니다.

5 1 이에서는 자연재해의 뜻이 제시되어 있으며, 2~4 에서는 '황사, 홍수, 태풍, 폭설'과 같은 자연재해의 종류와 각 자연재해가 미치는 영향(피해)에 대해 설명하고 있습니다. 하지만 자연재해가 좋은 점과 자연재해를 더 비하하는 방법은 이 글에서 찾을 수 없습니다.

6 현수는 자연재해 중 태풍으로 인한 피해를, 경은 홍수로 인한 피해를 입었던 경험을 말하였습니다. 하지만 수현이의 경험은 자연재해로 인한 피해가 아니므로, 이 글의 내용과 관련이 없는 경험을 말하였습니다.

7 1 우리나라의 여름에는 홍수, 태풍과 같은 자연재해가 발생한다고 했습니다. 2 겨울에는 많은 눈이 한꺼번에 내리는 폭설이 일어난다고 했습니다.

---

1 자연재해는 황사, 홍수, 태풍, 폭설과 같은 자연 현상으로 인해 사람들이 입는 피해를 뜻해요. 우리나라는 계절에 따라 조금씩 다른 자연재해가 일어납니다.

2 봄에는 중국의 모래 먼지가 강한 바람을 타고 우리나라로 오는 황사가 일어나요. 그래서 「우리의 ◆호흡 기관이나 눈에 병을 일으키기도 하고, 식물이 자라는 것을 방해하기도 합니다.

3 여름에는 '홍수'와 '태풍'이 발생해요. ◆홍수는 비가 많이 내려 하천이 넘치면서 물에 잠기는 자연재해입니다. 홍수가 일어나면 도로나 건물 등이 물에 잠기거나 ◆산사태가 나는 등 큰 피해를 입습니다. ◆태풍은 매우 강한 바람으로, 많은 비도 함께 내리는 현상으로, 건물을 부서뜨리거나 녹작물을 거두어들일 수 없게 피해를 입어요.

4 겨울에는 많은 눈이 한꺼번에 내리는 '폭설'이 일어나요. 폭설이 일어날 경우, 도로에 눈이 갑자기 많이 쌓이면서 교통이 ◆혼잡해지고, ◆눈사태가 일어날 수 있습니다.

5 이처럼 자연재해가 지나간 자리에는 큰 피해가 남아요. 따라서 자연재해를 더 잘 알고 그에 맞게 ◆대비하려는 노력이 필요합니다.

29

문해력 상승 **읽기 전략**

핵심 내용을 따라 읽으며 흐름을 정리해 보세요.

핵심 내용 정리

1 울타리 2 가시나무

3 가시나무

---

1 핵심① 울타리를 넘어려는 여우

✚울타리 안에 있던 여우가 울타리 밖으로 나가려고 울타리를 오르고 있다. 울타리 옆에는 가시나무가 서 있다. 이때 황새가 등장한다.

황새: (다급한 목소리로) 여우야, 여우야, 위험해! 울타리를 넘지 마!
여우: ✚손사래를 치며) 괜찮아. 앞에 떨어진 고기만 재빨리 주워서 바로 올 거야.

2 여우가 울타리를 넘어려다 미끄러진다. 핵심② 가시나무를 잡은 여우 여우는 옆에 있는 가시나무를 ㉠잡는다.

여우: (가시나무에서 발을 떼며) 잇! 아야! 따가워!

황새: (여우를 향해 달려가며) 여우야, 괜찮아? 많이 다쳤어?

3 여우: (눈물을 흘리며) 밤에 다 가시가 박힌 것 같아. (가시나무를 바라보며) 핵심③ 가시나무를 탓을 하는 여우 도움을 받을까 해서 너를 잡았는데, 너는 내 상황을 더 나쁘게 만들었구나.

가시나무: (여우를 물끄러미 바라보며) 내 가시는 원래 남을 찔러. 이건 누구나 다 아는 사실이야. ㉡네가 나를 붙잡으려고 했던 게 잘못이야. 아, 왜 남을 ✚탓하니?

가시나무의 말을 들은 여우는 아무 말도 못하고 고개를 숙인다.

핵심① 울타리를 넘어려는 여우
✚위험하다고 말리는 황새의 말을 듣지 않고 여우가 울타리를 넘어려고 함.

핵심② 가시나무를 잡은 여우
✚여우는 울타리에서 떨어질 것 같자 옆에 있는 가시나무를 잡음.

핵심③ 가시나무 탓을 하는 여우
✚여우가 가시가 박힌 것을 가시나무 탓을 하자, 가시나무가 여우를 꾸짖음.

주제 자신의 잘못된 선택을 남의 탓으로 돌리면 안 된다.

---

1 이 글에 나오는 인물은 여우, 황새, 가시나무입니다. 까마귀와 사과나무는 이 글에 등장하지 않습니다.

2 ②에서 여우가 울타리를 넘다 떨어질까 봐 옆에 있던 가시나무를 황급히 잡았다고 했습니다.

|오답풀이| ② 가시나무가 여우를 도와주는 내용은 제시되지 않았습니다.
③ 가시나무가 여우를 무섭게 만드는 내용은 사과하는 내용을 제시되지 않았습니다.
④ 울타리 밖으로 나오려는 인물은 황새가 아니라 여우입니다.
⑤ 위험하다고 소리친 인물은 여우가 아니라 황새입니다.

3 ③에서 여우가 밤에 가시가 박히자 아파서 눈물을 흘리고 있는 내용이 나옵니다.

4 '잡다'는 '손으로 쥐고 놓지 않다.'를 뜻합니다. 따라서 뜻이 반대되는 말로 는 '놓다'가 적절합니다.

5 가시나무는 자신은 아무것도 하지 않았는데 여우가 자기에게 잘못이 있다 는 것처럼 말하자, 억울하고 화가 났을 것입니다.

6 여우는 자신의 잘못된 선택을 했으면서 옆에 있던 가시나무를 탓하고 있 습니다. 따라서 여우에게 해 줄 수 있는 조언으로는 ⑤가 적절합니다.

7 ① 여우는 황새가 말리는 것을 듣지 않고 울타리를 넘으려고 하였습니다.
② 여우는 밤에 가시가 박히자 아파하며 가시나무를 탓하고 있습니다. ③ 잘못 된 선택을 남의 탓으로 돌린 인물은 '여우'입니다.

정답

1 ③, ④ 2 ①
3 가시 4 ①
5 ④, ⑤ 6 ⑤
7 ① 황새 ② 가시나무
③ 여우

어휘 마무리

1 (1) 황급히
(2) 손사래
(3) 울타리

2

3 (1) ① (2) ②

핵심 내용을 따라 읽으며 글의 흐름을 정리해 보세요.

7주 01일차
본문 128~131쪽

핵심 내용 정리
1 종이컵 2 나무
3 재활용 4 수거함

정답
1 ④
2 ③
3 수정
4 (1) ○
5 ②
6 종이컵, 재활용
7 (1) 편리하도록
　(2) 물 (3) 아껴서

어휘 마무리
1 (1) 감
　(2) 원료
　(3) 재활용
2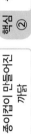
3 (1) ① (2) ②

핵심① 종이컵이 만들어진 기간 **핵심②** 종이컵을 만드는 재료 **핵심③** 재활용을 위해 바르게 버리는 방법

주제 종이컵을 아껴서 사용하고, 바르게 버려서 재활용하자.

1 이 글은 '종이컵'의 편리한 점과 재료, 재활용을 위해 바르게 버리는 방법 등에 대해 설명하고 있습니다.

2 1에서 종이컵도 컵을 쓰고 버리기에 편리하도록 만들어졌다고 했습니다.

3 2에서는 종이컵을 만드는 재료가 나무와 물이며, 종이컵을 많이 쓸수록 나무와 물도 그만큼 많이 쓴다고 하였습니다. 즉, '종이컵을 함부로 쓰지 말자.'라는 글쓴이의 생각을 짐작할 수 있습니다.

4 '소모되다'는 '써서 없어지다.'를 뜻합니다. 뜻을 정확히 모르면 제시된 (1), (2)의 뜻을 '소모됩니다' 대신 넣었을 때 자연스러운 것을 고르면 됩니다.

5 4에서 종이컵을 재활용하기 위해서는, 종이컵 안에 쓰레기를 넣지 않고 종이컵만 종이컵 수거함에 넣어 버려야 한다고 했습니다.

6 이 글의 글쓴이는 종이컵이 편리하기도 하지만, 종이컵을 사용하면 나무와 물도 많이 쓰게 되므로 종이컵을 재활용하기 어렵게 바른 방법으로 버려야 한다는 이견을 드러내었습니다.

7 1, 2에서 종이컵을 '편리하도록' 만들었고, 종이컵은 쓰고 버리기에 '편리한' 것이며, 재료로 나무와 '물'이 필요합니다. 또 글쓴이는 종이컵을 '아껴서' 사용해야 하며, 바르게 버려서 재활용해야 한다고 주장하고 있습니다.

어휘 마무리

3 '베다'의 ①은 '칼이나 도끼 같은 도구로 자르거나 끊다.'의 뜻, ②는 '누울 때 어떤 물건이나 팔 부분을 머리 아래에 두다.'의 뜻을 그림으로 표현한 것입니다.

7주 02일차

본문 132~135쪽

핵심 내용을 따라 읽으며 흐름을 정리해 보세요

쏙쏙! 내용 정리

1 연못 2 꽃봉오리
3 풀잎

정답

1 ⑤
2 연못, 꽃밭, 풀밭
3 [ ] [ ] [X]
4 ⑤
5 민준
6 (2) ○
7 ① 연못 ② 꽃봉오리 ③ 보슬비

어휘 마무리

1 (1) 꽃봉오리
 (2) 연못
 (3) 속삭임
2 (선 잇기)
3 (1) ① (2) ②

보슬비의 +속삭임

[ ]: 같은 말을 반복하여 리듬감이 생김.

1연
나는 나는 갈 테야. +연못으로 갈 테야.
핵심① 연못으로 가려는 보슬비
동그라미 그리며 연못으로 갈 테야.

2연
나는 나는 갈 테야. 꽃밭으로 갈 테야.
핵심② 꽃밭으로 가려는 보슬비
+꽃봉오리 만지러 꽃밭으로 갈 테야.

3연
나는 나는 갈 테야. 풀밭으로 갈 테야.
핵심③ 풀밭으로 가려는 보슬비
파란 손이 ⑦ 그리워 풀밭으로 갈 테야.

강소천

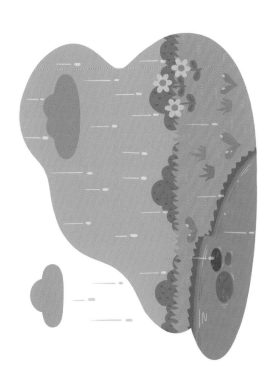

핵심① 연못으로 가려는 보슬비
→ 빗방울이 떨어져 물의 파문을 그리는 모습을 나타냄.

핵심② 꽃밭으로 가려는 보슬비
→ 빗방울이 꽃봉오리에 맺힌 모습을 나타냄.

핵심③ 풀밭으로 가려는 보슬비
→ 빗방울이 풀잎에 맺힌 모습을 나타냄.

주제 보슬비가 사뿐히 내리는 모습

1 이 시의 제목이 '보슬비의 속삭임'임을 고려했을 때, '나'가 '보슬비'임을 짐작할 수 있습니다.

2 1연의 '연못으로 갈 테야.', 2연의 '꽃밭으로 갈 테야.', 3연의 '풀밭으로 갈 테야.'를 통해 '나'가 가려는 곳은 연못, 꽃밭, 풀밭임을 알 수 있습니다.

3 1연에서는 연못에 빗방울이 떨어지면서 동그랗게 물이 파문을 그리는 모습을, 2연에서는 꽃봉오리에 빗방울이 맺힌 모습을, 3연에서는 풀잎에 빗방울이 맺힐 수 있습니다. 하지만 소나무에 눈이 내리는 모습은 이 시에 제시되지 않았습니다.

4 '그립다'는 '매우 보고 싶고 만나고 싶다.'를 뜻하므로, '보고 싶다'와 바꾸어 쓸 수 있습니다.

5 이 시에는 '나는 나는 갈 테야.', ~으로 갈 테야.'가 반복적으로 제시되어 리듬감(운율감)이 느껴집니다. 하지만 이 시에 흉내 내는 말은 제시되지 않았으며, '연못, 꽃밭, 풀밭' 역시 흉내 내는 말이 아닙니다.

6 '보슬비'는 가늘게 내리는 비를 뜻하며, '속삭임'은 작은 목소리로 가만가만히 이야기하는 것을 뜻합니다. 이 시는 가늘게 내리는 보슬비가 연못, 꽃밭, 풀밭 등에 사뿐히 내려 앉아 맺히는 모습을 속삭이고 표현하고 있습니다.

7 ① 1연에서 '나'는 동그라미를 그려 '연못'으로 가고 싶다고 했습니다.
② 2연에서 '나'는 '꽃봉오리'를 만지러 꽃밭으로 가고 싶다고 했습니다.

읽기 전략

핵심 내용을 따라 읽으며 흐름을 정리해 보세요.

1 여러분은 용돈을 받으면 어떻게 하나요? 받자마자 모두 써 버리나요? 받은 돈을 먼 훗날을 위해 가진 돈을 다 쓰지 않고 모아 두기도 해요. 이것을 '저축'이라고 합니다. [핵심① 저축의 뜻] 저축을 하면 예상하지 못하게 급한 돈이 필요할 때나 하고 싶은 일이 있을 때에 유용하게 쓸 수 있습니다. 저축을 해야 하는 까닭① 하지만 가진 돈을 모두 저축할 수는 없어요. 꼭 써야 할 돈과 쓰지 않아도 되는 돈을 잘 판단해서 저축 계획을 세우는 것이 좋습니다.

2 [핵심② 저축하는 방법] 저축은 지금통에 돈을 모으거나 은행에 맡기는 방법으로 할 수 있어요. 지금통에 돈을 모으는 것도 좋지만, 은행을 이용하면 돈을 더 안전하게 보관할 수 있어요. 또한 돈을 맡기 은행에 저축했을 때의 좋은 점① 대가로 이자까지 받을 수 있 은행에 저축했을 때의 좋은 점② 답니다. 예를 들어 만 원을 지금통에 넣으면 시간이 지나도 그대로이 지만, 은행에 저축을 하고 시간이 지나면 만 원에 대한 이자까지 함께 받을 수 있어요.

3 [핵심③ 은행에 저축한 돈의 쓰임새] 우리가 은행에 저축한 돈은 어떻게 사용될까요? 은행은 우리가 저축한 돈을 필요한 다른 사람이나 회사에 빌려줘요. 특히 회사에서 새로운 기술을 개발하거나 새로운 시설을 마련할 때에는 많은 돈이 필요한데, 이때 은행에서 돈을 빌리기도 해요. 즉, 우리가 은행에 저축한 돈이 기술을 개발하거나 새로운 물건을 만들어 내는 데 도움이 되는 것이랍니다.

4 미래를 대비할 수 있고, 경제에도 도움이 되는 저축을 꾸준히 실천 글쓴이의 주장 해 보아요.

핵심① 저축의 뜻
→ 먼 훗날을 위해 가진 돈을 다 쓰지 않고 모아 두는 것을 뜻함.

핵심② 저축하는 방법
→ 지금통에 돈을 모으는 방법과 은행에 맡기는 방법이 있음.

핵심③ 은행에 저축한 돈의 쓰임새
→ 회사에서 기술을 개발하거나 물건을 만들 때 도움이 될 수도 있음.

주제 미래를 대비할 수 있고 경제에도 도움이 되는 저축을 꾸준히 하자.

1 이 글은 저축을 해야 하는 까닭과 저축을 했을 때의 좋은 점 등을 설명하고 있으며, 즉, 저축의 중요성을 알리며 저축을 실천하자고 주장하고 있습니다.

2 ②에서 저축하는 방법은 지금통에 돈을 모으거나 은행에 맡기는 방법이 있다고 했습니다. 이때 지금통에 돈을 모으면 지난 시간이 지나도 모은 돈이 그대로 있지만, 은행에 돈을 넣으면 돈을 맡긴 대가로 '이자'까지 받을 수 있다고 했습니다.

3 2~3에서 은행에 저축하는 일을 알 수 있습니다. 은행은 우리가 저축한 돈을 보관해 주며 이자로 줍니다. 또한 돈이 필요한 사람이나 회사에 돈을 빌려 주기도 합니다. 하지만 은행이 예상하지 못한 일을 미리 알려 주는 일을 하지 않습니다.

4 '넣다'는 '어떤 공간 속에 들어가게 하다.'를, '빼다'는 '속에 들어 있는 것을 밖으로 나오게 하다.'를 뜻하므로 서로 반대되는 뜻을 가진 말로 볼 수 있습니다.

5 (1) 4에서 저축을 꾸준히 실천하자는 글쓴이의 주장이 나와 있습니다. (2) 저축을 먼 훗날을 위해 모은 돈을 다 쓰지 않고 모아 두는 것을 뜻합니다. (3) 3에서 우리가 은행에 저축한 돈으로 회사에서 기술을 개발하고 새로운 제품을 낼 수도 있다고 했습니다.

6 1에서 가진 돈을 모두 저축할 수는 없으며 꼭 써야 할 돈과 쓰지 않아도 되는 돈을 잘 판단해서 저축 계획을 세우라고 했습니다. 따라서 당장 꼭 써야 할 돈을 전부 저축하겠다는 연지의 저축 계획은 알맞은 저축 계획이 아닙니다.

쏙쏙 내용 정리

1 저축   2 은행
3 회사   4 경제

정답

1 ①
2 (가): 지금통, (나): 은행
3 ④   4 ②
5 (1) ○ (2) X (3) ○
6 인지
7 ① 돈   ② 은행   ③ 저축

어휘 마무리

1

2 (1) 보관
   (2) 예상
   (3) 개발

3 (1) ②   (2) ①

7주 04일차
본문 140~143쪽

핵심 내용 정리

1 의사 2 임금님

3 동의보감

정답

1 허준 2 왕자
3 ⑤ 4 민지
5 ④ 6 ②
7 ① 임금님
　 ② 동의보감 ③ 허준

어휘 마무리

1 (선 잇기)

2 (1) 이슬
　 (2) 백과사전
　 (3) 전염병

3 (1) ② (2) ①

핵심① 허준에 대한 소개

1 허준은 ◆조선 시대 최고의 의사예요. 허준은 아픈 임금님을 치료하는 어의를 지냈고, 백성들을 위한 『동의보감』이라는 ◆의학책을 썼어요. 허준은 ⑦아픈 사람을 살피고 병을 치료하는 데 온 힘을 쏟은 인물이에요.

2 허준은 마을에서 의원을 하다가 비교적 늦은 나이에 ◆궁중에서 의원으로 일하게 되었어요. 허준은 다른 의원들과 함께 책을 쓰거나, 중종 임금님을 진료하는 일을 하며 실력을 쌓아 가고 있었어요. 어느 날 왕자가 치료하기 힘든 병에 걸렸어요. 다른 의원들은 왕자를 치료하지 못했지만, 허준은 주저하지 않고 왕자를 진료하여 왕자의 병을 낫게 해 주었지요. 이후 임금님은 허준의 ◆의술이 매우 뛰어나다고 생각해서 더 아끼고 자신의 곁에 두었어요.

핵심② 임금님이 아끼는 의원

3 그러던 어느 날, 조선에 전쟁이 일어났어요. 백성들이 죽거나 많은 백성들이 직접에게 ◆공격을 당했고 ◆전염병마저 돌아 많은 백성이 이곳저곳에 이곳에요. 임금님은 허준에게 백성들에게 도움이 될 수 있는 의학책을 만들라고 명했어요. 백성들이 아파하는 모습을 보며 괴로워하던 허준은 임금님의 명에 따라 백성들도 쉽게 볼 수 있는 의학책을 쓰기 시작했어요. 허준은 종류에 따라 병을 나누고, 쉽게 만드는 방법, 침을 놓는 방법 등을 연구했어요. 『동의보감』은 오랜 시간에 걸쳐 드디어 의학책 『동의보감』을 완성했어요.

핵심③ 『동의보감』의 저자

『동의보감』은 병을 쉽게 구분할 수 있게 설명했고, 우리나라에서 ◆약초를 소개했어요. 따라서 백성들은 병이 났을 때 이 책으로 병에 따른 치료 방법을 찾고, 자신의 증상을 받아 약초를 직접 구할 수 있었어요. 『동의보감』은 다른 의학책보다 널리 알려져 동의의 의학책으로 인정 받게 되었고, 백성을 사랑하는 마음이 담긴 책, 『동의보감』은 다른 책을 받아 나라에도 널리 알려졌어요. 이 책은 백성을 위하는 허준의 마음이 담긴 책으로 과사전으로 불리게 되었어요.

주제 조선 시대 최고의 의사인 허준은 『동의보감』을 써서 백성들에게 큰 도움을 주었다.

1 이 글은 '어의'이자 『동의보감』을 쓴 허준에 대해 소개하고 있습니다.

2 ②에서 허준은 치료하기 힘든 병에 걸린 왕자의 '왕자'를 낫게 해 주어 임금님에게 의술 실력을 인정받았다고 했습니다.

3 ③에서 『동의보감』에서는 우리나라에서 찾기 힘든 귀한 약초가 아닌, 우리나라에서 흔히 볼 수 있는 약초를 소개했다고 했습니다.

4 『동의보감』은 백성들을 위한 의학책으로, 병을 쉽게 구분할 수 있게 설명했고, 우리나라에서 흔히 볼 수 있는 약초를 소개했습니다. 따라서 백성들이 이 아플 때 『동의보감』을 보고 자신의 병을 진단하고 약초를 찾아 치료를 받았을 것이라는 민지의 말이 알맞습니다.

| 오답 풀이 | 『동의보감』은 임금님의 명령으로 쓴 것은 맞지만, 백성들을 위해 만들기 때문에 모든 백성들에게 도움이 되는 책입니다.

5 '아프다'는 '다치거나 병이 생겨 괴로움을 느끼다.'를 뜻하며, '건강하다'는 '몸이나 정신이 이상 없이 튼튼하다.'를 뜻하므로 서로 반대되는 뜻을 가진 낱말로 볼 수 있습니다.

6 허준은 백성을 아끼는 마음에 오랜 시간에 걸쳐 『동의보감』을 썼으며, 세종 대왕 역시 백성을 아끼는 마음에 우리나라 글자인 '훈민정음'을 만들었습니다.

| 오답 풀이 | ④는 허준에게만 해당되는 내용입니다.

7 허준은 '임금님'이 아끼는 어의이자, 『동의보감』을 쓴 글쓴이입니다.

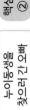

쏙쏙 내용 정리

1 구미호 2 병
3 파란 4 빨간

정답

1 ⑤   2 ⑤
3 (2) ○
4 1-2-3-5-4
5 1 ㉠ 2 ㉲ 3 ㉴ 4 ㉳
6 선율
7 1 누이동생 2 세 3 도움

어휘 마무리

1 (1) 금세
　(2) 장대비
　(3) 헤매다
2 [선 잇기 도표]
3 (1) ② (2) ①

핵심 ① 누이동생을 찾으러 간 오빠
→ 오빠는 구미호에게 잡혀 간 누이동생을 구하기 위해 떠남.

핵심 ② 오빠에게 세 개의 병을 준 노인
→ 노인은 오빠에게 누이동생을 구할 때 쓰라며 병 세 개를 줌.

핵심 ③ 세 개의 병을 던져 누이동생을 구한 오빠
→ 세 개의 병을 던져 구미호를 물리치고 누이동생과 함께 집으로 돌아옴.

주제 노인의 도움을 받아 구미호를 물리치고 누이동생을 구한 오빠

---

1 어느 장대비가 쏟아지던 밤, 담, 누이동생을 찾으러 간 오빠, 무사(武士)한 구미호가 마을에 나타나 누이동생을 잡아 있었습니다. 오빠는 누이동생을 찾으러 집을 떠났습니다. 길을 헤매던 오빠는 대낮인데도 어두컴컴한 산속에서 수염이 하얀 세 진 노인을 만났습니다.
　신비한 인물

2 "저 산 너머에 커다란 구미호의 집이 있을 테니 도움지거라."
핵심 ② 오빠에게 세 개의 병을 준 노인
노인은 오빠에게 세 개의 병을 건네주었습니다.
　일러 준 병의 쓰임새
"그리고 이 흰 병, 파란 병, 빨간 병을 가져가 누이를 구할 때 쓰도록 하여라."

3 오빠는 노인이 일러 준 대로 이틀 뒤 달 밝은 밤에 동생을 데리고 도 망쳤습니다. 그런데 구미호가 금세 뒤따라와 거의 잡히게 되고 앉았습 니다.
핵심 ③ 세 개의 병을 던져 누이동생을 구한 오빠
오빠는 먼저 흰 병을 던졌습니다. 그러자 커다란 냇물이 다시 생겼습니 다. 구미호는 물에 빠져 허우적대다가 다시 빠져나와 또 오누 이를 쫓아왔습니다. 두 번째로 파란 병을 던졌더니 가시덤불이 생겼습 니다. 구미호는 가시에 절려 캥캥 소리를 지르면서 다시 오빠는 세 개의 병 을 던져 구미호를 물리쳤습니다. 어느새 빠져나온 구미호가 다시 오누이 뒤를 따라와 또 거의 붙잡히게 되고 앉았습니다.

4 "오빠, 어떻게 해야 해?"
누이동생이 울먹이며 오빠에게 물었습니다.
"마지막으로 이 빨간 병을 던져 보자!"
오빠가 빨간 병을 구미호에게 던지자 구미호 주변이 불바다가 되었습 니다. 불바다에서 괴로워하던 구미호는 결국 불에 타서 죽었습니다. 세 벽 ㉠똥이 트자, 오누이는 구미호가 숨겨 둔 보물을 찾아 가지고 무사 히 집으로 돌아올 수 있었습니다.

---

1 어서 비가 쏟아지던 밤에 구미호에게 잡혀간 누이동생을 찾으러 오빠는 집을 떠났다고 했습니다.

2 노인은 오빠에게 구미호의 집이 있는 곳과 누이동생을 구하러 가야 하는 때를 알려 주었습니다.

3 '똥'은 '해가 떠오르는 쪽'을 뜻하며, ㉠ 앞의 '새벽'이라는 낱말을 함께 생 각하면, '똥이 트다.'는 '날이 새면서 동쪽 하늘이 밝아지다.'라는 뜻으로 읽을 수 있습니다.

4 구미호가 잡혀간 누이동생을 찾으러 떠난 오빠는 노인에게 병 세 개를 받 았습니다. 구미호의 집에서 누이동생을 데리고 도망친 오빠는 세 개의 병 을 던져 구미호를 물리쳤습니다. 그리고 구미호가 숨겨 둔 보물을 찾아 집 으로 돌아왔습니다.

5 오빠가 흰 병을 던지자 냇물이, 파란 병을 던지자 가시덤불이, 빨간 병을 던지자 불바다가 생겼습니다.

6 노인에게 도움을 받은 대상은 구미호가 아니라 오누이입니다. 따라서 선율 이의 말은 적절하지 않습니다.

오답풀이 오빠는 누이동생을 데리고 무사히 탈출했으므로 지현이의 말은 적절합니다. 또한 신비한 분위기에서 나타난 노인이 죽지 않았다고 말한 규미호에 대한 정보와 세 개의 병을 주었으므로, 노인의 정체가 신비하다고 말한 해진이의 말도 적절합니다.

7 오빠는 구미호에게 잡혀간 '누이동생'을 찾으러 집을 떠났으며, 노인을 만 나 '세' 개의 병을 얻었습니다. 오누이는 노인의 '도움'을 받아 구미호를 물 리치고 무사히 집으로 돌아올 수 있었습니다.

8주 01일차
본문 148~151쪽

쏙쏙! 내용 정리
1 비사치기 2 단계
3 돌 4 정교함

핵심 ① 비사치기의 뜻
핵심 ② 비사치기의 놀이 방법
핵심 ③ 돌을 맞히는 다양한 방법

↑ 돌을 세워 놓은 후, 다른 돌을 던지거나 떨어뜨려서 세워진 돌을 쓰러뜨리는 놀이.

↑ 돌을 모두 쓰러뜨리면 다음 단계로 넘어가고 모든 단계를 통과하면 이김.

↑ 돌을 던지거나 차는 방법, 돌을 몸에 올려서 떨어뜨리는 방법 등이 있음.

본문

1 비사치기 놀이를 해 본 적이 있나요? 비사치기는 손바닥만한 납작한 돌을 세워 놓은 후, 다른 돌을 ㉠던지거나 떨어뜨려서 세워진 돌을 맞혀 쓰러뜨리는 놀이예요.

2 비사치기를 하려면 우선 두 편으로 편을 나눕니다. 그리고 일정한 간격을 두고 두 선을 긋습니다. 한쪽은 출발선이 되고, 다른 쪽은 돌을 세워 놓는 선이 됩니다. 한편은 돌을 세워 놓고 기다리고, 다른 편은 차례대로 세워진 돌을 맞혀 쓰러뜨립니다. 돌을 맞히는 방법은 매우 다양하므로, 쉽고 어려운 정도에 따라 단계별로 진행됩니다. 돌을 맞히는 편이 세워진 돌을 모두 쓰러뜨리면 다음 단계로 넘어갈 수 있지만, 실패하면 상대편으로 기회가 넘어간답니다. 정해진 모든 단계를 먼저 통과한 편이 이깁니다.

3 돌을 맞히는 방법은 돌을 몸의 ㉡위에 올리거나 기운 채로 걸어가서 세워진 돌을 던지거나 발로 돌을 차서 세워진 돌을 맞히는 방법 등이 있습니다. 발등 위, 무릎 사이, 배 위, 어깨 위, 턱 아래, 머리 위 등 다양한 부위에 돌을 올려 가 키워서 갈 수 있습니다.

4 정확히 돌을 맞히려는 ㉢정교함, 돌을 떨어뜨리지 않으려는 균형 감각이 필요한 비사치기! 친구들과 재미있는 비사치기 놀이를 함께해 보아요.

정답

주제 **놀이 방법에 따라 비사치기 놀이를 해 보자.**

1 이 글은 비사치기의 뜻과 놀이 방법에 대해 설명하고 있습니다.

2 비사치기는 돌로 다른 돌을 맞히는 놀이입니다.

3 ②의 마지막 문장이 '정해진 모든 단계를 먼저 통과한 편이 이깁니다.'에서 알 수 있습니다.

|오답풀이| ① ②에서 선은 일정한 간격을 두고 두 개를 긋는다고 했습니다. 한 선은 출발선이 되고, 다른 한 선은 돌을 세워 놓는 선이 됩니다.
②, ③ ②에서 돌을 맞히는 방법은 매우 다양하다고 했습니다.
④ ②에서 한 단계를 성공하면 다음 단계로 넘어간다고 했습니다.
⑤ ②에서 도중에 실패하면 상대편으로 기회가 넘어간다고 했습니다.

4 '던지다'는 '손에 든 물건을 팔을 움직여 공중으로 내보내다.'라는 뜻이고, '공중에서 떨어지거나 자기 쪽으로 향해 오는 것을 손으로 잡다.'라는 뜻의 '받다'와 서로 반대됩니다.

5 ③에 돌을 맞히는 여러 방법이 제시되어 있습니다. 이때 (2), (3)은 제시되어 있지만, (1)에 대한 내용은 제시되지 않았습니다. 또한 기본적으로 비사치기는 돌을 돌로 맞히는 놀이이므로, 돌을 직접 손으로 넘어뜨리는 방법은 적절하지 않습니다.

6 ①에서 비사치기를 할 때에는 손바닥만한 납작한 돌을 세워야 한다고 했습니다. 따라서 작고 동그란 돌을 사용한다는 현수의 말은 적절하지 않습니다.

7 ②에서 한편은 돌을 세워 놓고 기다리고 다른 편은 세워진 '돌'을 맞혀 쓰러뜨려야 한다고 했습니다. 세워진 돌을 모두 쓰러뜨리면 다음 '단계'로 넘어가며, 정해진 모든 '단계'를 먼저 통과한 편이 이깁니다.

1 비사치기 **2** ②
3 ③ **4** ①
5 (1) X **6** ④
7 ① 돌 ② 단계
③ 비사치기

어휘 마무리

1 (1) 긋다
(2) 진행되다
(3) 키우다

2 (선 잇기)

3 (1) ① (2) ②

쏙쏙! 내용 정리

1 까마귀 2 백조
3 깃털 4 수초

정답

1 ⑤   2 수초
3 ⑤   4 ③
5 ⑤   6 ③
7 ① 백조
  ② 변하지 않는다는
  ③ 인정하지 않고

어휘 마무리

1 (1) 방식
  (2) 중얼거리다
  (3) 수북이

3 (1) ①   (2) ②

핵심 내용을 따라 읽으며 흐름을 정리해 보세요.

1 ⁺우아하고 아름다운 백조가 있었어요. 백조가 나는 모습을 본 동물들은 모두 감탄했지요.
핵심① 백조를 부러워하는 까마귀
"나도 저렇게 하얗고 ⁺근사한 날개를 가지고 싶어."
날아가는 백조를 바라보고 있던 까마귀 한 마리가 이렇게 ⁺중얼거렸어요. 그러고는 용기를 내서 백조를 찾아가 물었어요.

2 "어떻게 하면 당신처럼 아름다운 날개와 하얀 깃털을 가질 수 있나요?"
핵심② 백조의 말대로 따라 하는 까마귀
"우리는 물속에 있는 ⁺수초를 먹는단다. 그래서 아름다운 날개와 하얀 깃털을 가진 게 아닐까?"

3 까마귀는 백조의 많은 말을 듣고 자기도 그렇게 해 보아겠다고 생각했어요.
까마귀는 그때부터 연못을 돌아다니며 수초를 먹기 시작했어요. 그
까마귀에게 충고해 주는 인물
모습을 걱정스럽게 바라보던 [비둘기]가 말했어요.
"백조처럼 되기도 전에 네 깃털 색깔이 바뀌는 것은 아니란다. 그
까마귀 → 물새
러니 건강을 더 잃기 전에 원래 내가 살던 모습대로 살아가렴."

4 하지만 까마귀는 듣은 척도 하지 않고 계속 수초만 먹었어요. 물 위에
핵심③ 자신의 행동을 후회하는 까마귀
떠 있는 일에 익숙하지 않았던 까마귀는 몇 번이나 죽을 뻔했어요. 그
리고 수초 역시 입에 맞지 않았지요.
아름다운 날개와 하얀 깃털을 가진 백조처럼 되고 싶게 됨.
요. 오히려 보기 좋던 깃털 깃털조차 ⁺수북이 빠져 버렸지요.
"아, 비둘기의 말이 ⓐ 옳았구나."
ⓑ 까마귀는 그제야 깊이 후회했어요.

주제 | 서로 다름을 인정하지 않고 무작정 따라 하는 것은 어리석은 일이다.

1 ②에서 까마귀가 백조에게 말한 내용을 통해 알 수 있습니다. 까마귀는 백조에게 아름다운 날개와 하얀 깃털을 가질 수 있는 방법을 물어보았습니다.

2 백조가 자신의 아름다운 날개와 하얀 깃털은 수초를 먹어서인 것 같다고 답하자, 까마귀는 그 후로 열심히 수초를 먹기 시작했습니다.

3 비둘기는 까마귀에게 충고해 주는 인물로, 수초만 먹는 까마귀의 행동이 올바르지 않고 위험하다는 것을 알려 주고 있습니다.

4 '옳다'는 '틀리지 않고 맞다.'를 뜻하므로, '맞다'와 바꾸어 쓸 수 있습니다.

5 까마귀는 죽을 고비를 여러 번 넘기면서까지 자신의 보기 좋던 깃털까지 잃고 난 후에야 자신이 잘못되었음을 깨달았습니다.

6 까마귀는 백조와 자신이 서로 다르다는 것을 생각하지 않고 무작정 백조를 따라 하려다가 결국 자신의 깃털만 잃게 되었습니다. 이러한 까마귀에게 다른 사람을 부러워하지 말고 자기가 가진 것에 만족하라는 조언을 해 줄 수 있습니다.

7 까마귀는 아름다운 날개와 하얀 깃털을 가진 '백조'처럼 되고 싶어서 깃털을 먹기 시작했습니다. 하지만 수초를 계속 먹어도 자신의 깃털이 하얗게 '변하지 않는다는' 것을 깨달았습니다. 까마귀처럼 서로 다르다는 것을 '인정하지 않고' 무작정 남을 따라 하는 일은 어리석은 일임을 잘 보여 주고 있습니다.

문해력 상승
읽기 전략

핵심 내용을 따라 읽으며 흐름을 정리해 보세요

뽁뽁! 내용 정리

1 코드

정답

1 (1) ○   2 연수
3 ②   4 ②
5 ②   6 (3) ○
7 ① 돈   ② 전기

어휘 마무리

1 ——
  ——
  ——
2 (1) 생각
  (2) 공익
  (3) 코드
3 (1) ② (2) ①

kobaco 공익광고협의회
공익광고

전기도 '돈' 이닙니...

아무 생각 없이 꽂는 코드!
돈이라면 꽂으시겠습니까?

핵심 ① 콘센트에 돈이 둘러싸인 사진

↑ 전기를 사용할 때마다 돈이 드는 것을 효과적으로 보여 주고 있음.

핵심 ② 광고에서 전하고자 하는 말

↑ 아무 생각 없이 코드를 꽂아 두지 말고 전기를 절약하자.

주제 우리 모두 전기를 절약하자.

1 이 광고는 '안 쓰는 코드를 뽑아서 전기를 절약하자!'라는 의도를 전달하기 위해 만든 것입니다. '설득'은 '상대방이 그 말을 따르도록 잘 이야기함.'을 뜻하므로 (1)이 적절합니다.

2 ㉠은 이 광고의 문구 중 "전기도 '돈'입니다"를 시각적으로 표현한 것입니다. 즉, ㉠은 우리가 코드를 꽂아 두면 전기를 사용해서 돈이 드는 것을 표현한 것입니다.

3 제시된 문구는 아무 생각 없이 코드를 꽂아 두면 돈도 들고 전기도 낭비되니, 안 쓰는 코드는 뽑자는 의미를 담은 것입니다.

4 '꽂다'는 '일정한 곳에 끼워 넣다.'라는 뜻이며, '뽑다'는 '어딘가에 박혀 있는 것을 잡아당겨 나오게 하다.'라는 뜻이므로, 서로 뜻이 반대되는 말로 볼 수 있습니다.

5 이 광고는 안 쓰는 코드는 뽑아서 전기를 절약하자는 내용을 담고 있습니다.

6 이 광고는 아무 생각 없이 코드를 꽂아 두는 것은 전기를 낭비하는 것이라는 내용을 담고 있습니다. 흔한 낮에 전등을 켜대고 전등 스위치를 누르려는 내용을 담고 있습니다. 한낮에 생각 없이 전기를 낭비하는 것이므로 이 광고의 상황과 비슷한 모습은 역시 생각 없이 전기를 낭비하는 모습입니다.

7 이 광고는 생각 없이 코드를 꽂아 두면 돈도 들고 전기도 낭비되므로, 안 쓰는 코드는 뽑아서 전기를 절약하자는 의도를 담고 있습니다.

읽기 전략

핵심 내용을 따라 읽으며 흐름을 정리해 보세요.

1 사람들은 오랫동안 우주에 대해 궁금해하였습니다. 하지만 우주는 우리가 살고 있는 지구와는 다른 점이 ㉠많아서 함부로 가는 것은 위험하였습니다. 그래서 과학자들은 사람들이 안전하게 우주로 갈 수 있는 방법을 찾기 위해서 여러 가지 ✚연구를 했습니다. 그중에는 사람들이 우주선 밖에서 우주를 돌아다니며 자세히 살펴볼 때 입는 옷에 대한 연구도 있었습니다.

　설명 대상 - 우주복
　핵심① 우주복을 만든 까닭

2 핵심② 과학자들은 사람들이 우주선 밖에서 안전하게 ✚탐험할 수 있도록 ✚헬멧과 몸체로 이루어진 우주복을 만들었습니다. ◉헬멧은 태양으로부터 눈을 보호하기 위해 만들었습니다. 또, 헬멧에는 여러 가지 ✚통신 ✚장치를 달아 우주선이나 지구에 있는 사람들과 연락이 가능하도록 만들었습니다.

　헬멧의 기능①
　헬멧의 기능②

3 ◉몸체에는 우주 탐험을 도와주는 여러 가지 장치가 달려 있습니다. 무엇보다 중요한 ✚산소 공급을 위한 장치와, 물을 마시거나 음식을 먹을 수 있는 장치도 있습니다. 또한 몸이 더운 환경에서 견딜 수 있는 여러 가지 장치들도 있어서 사람들은 몸이 알맞은 온도로 안전하게 지킬 수 있습니다.

　몸체에 달린 장치①
　몸체에 달린 장치②
　몸체에 달린 장치③

4 핵심③ 우주복의 색깔 과학자들은 우주복이 흰색이어야 한다는 것도 알아내었습니다. 우주에는 공기가 없어서 태양의 빛이나 열이 그대로 사람들에게 전해집니다. 흰색의 빛을 ✚반사하는 성질을 가지고 있어서 우주복을 입는 사람들을 태양 빛을 직접 받다. 흰색은 빛을 많이 반사해서 옷 안의 온도를 많이 높이지 않도록 옷 안의 온도를 낮게 지켜주는 사람들을 보호해 줍니다.

　흰색이 가지는 독특한 성질
　우주복을 흰색으로 만든 까닭

핵심①　우주복을 만든 까닭
✚사람들이 우주선 밖에서 안전하게 탐험할 수 있도록 우주복을 만듦.

핵심②　우주복의 헬멧과 몸체
✚헬멧과 몸체로 탐험을 함으로 수 있게 도와주는 여러 장치들이 있음.

핵심③　우주복의 색깔
✚우주복은 흰색으로, 태양 빛을 반사해 옷 안의 온도가 많이 높아지지 않게 함.

주제 우주복은 우주에서 안전하게 탐험할 수 있도록 만들어진 옷이다.

---

1 이 글에서는 우주를 돌아다니며 자세히 살필 때 입는 옷인 '우주복'에 대해 설명하고 있습니다.

2 ②에서 과학자들은 사람들이 우주선 밖에서 안전하게 탐험할 수 있게 하기 위해 우주복을 만들었다고 했습니다.

3 ③에서 우주복의 몸체에 달려 있는 여러 가지 장치에 대해 설명했습니다. 하지만 우주복의 '사람들과 연락할 수 있는 통신 장치는 몸체가 아닌, 헬멧에 있는 장치입니다.

4 '많다'는 '수나 양, 정도 등이 일정한 기준을 넘다'를, '적다'는 '수나 양, 정도가 일정한 기준에서 모자라다'를 뜻합니다. 따라서 서로 반대말이라고 할 수 있습니다. 이때 '적다'의 반대말은 '많다'가 아닌 '크다'입니다.

5 ④에서 우주복이 흰색이어야 하는 까닭이 나와 있습니다. 흰색은 태양 빛을 직접 받는 것도 알아내었습니다. 우

6 ④에서 우주에는 공기가 '없어서' 태양의 빛이나 열이 그대로 전해진다고 했습니다.

7 ②에서 우주복은 '헬멧과 몸체' 등으로 이루어졌다고 했습니다.

어휘 마무리

3 (1) '제목을 담다'는 '제목'을 정하여 붙이는 것이므로 ②의 뜻으로 쓰였습니다. (2) '에어컨을 담다'는 '기계나 장치를 설치하는 것이므로 ①의 뜻으로 쓰였습니다.

쏙쏙 내용 정리

1 옷　**2** 헬멧
3 몸체　**4** 흰

정답

1 ⑤　　**2** 안전
3 (2) ✗　**4** ③
5 ⑤　　**6** ⑤
7 ❶ 헬멧　❷ 우주복

어휘 마무리

1 [연결 문제]

2 (1) 탐험
　(2) 통신
　(3) 장치

3 (1) ②　(2) ①

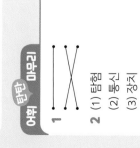

문해력 상승 **읽기 전략**

핵심 내용을 따라 읽으며 흐름을 정리해 보세요.

1 옛날 어느 가을날에 농부가 밭에서 무를 뽑고 있었습니다. 희고 통 스러운 무가 쑥쑥 뽑혀 나왔습니다. 농부는 ✚신바람이 나서 어깨가- 를 썩둑썩둑하였습니다.

그러다 농부는 커다란 무를 뽑았습니다. 아주 굵고 긴 무였습니다. 농 부는 ✚신기해서 그것을 고을 사또에게 ✚바치기로 하였습니다.

"사또, 제가 평생 농사를 지었지만 이렇게 커다란 무는 처음 봅니다. 사또께 이 무를 바치고 싶습니다."

"그래, 고맙구나. 이렇게 커다란 무는 나도 본 적이 없다. ✚귀한 선물을 받았으니까 나도 무엇인가 ㉠보답을 해야지. 이방, 요즈음 들어온 물 건 중에서 농부에게 줄 것이 있느냐?"

이방은 송아지 한 마리를 끌고 나와 농부에게 주었습니다.

사또에게 무를 바치고 송아지 한 마리를 얻은 농부를 고을 사람 들은 부러워하였습니다.

2 그 이야기를 들은 욕심꾸러기 농부는 샘이 났습니다.

'사또께 송아지를 갖다 바치면 더 ㉡큰 선물을 받겠지?'

욕심꾸러기 농부는 사또에게 송아지를 끌고 가았습니다.

"사또, 제가 소를 많이 키워 보았지만 이렇게 ✚살진 송아지는 처음 봅 니다. 이 송아지를 사또께 드리고 싶습니다."

사또는 그 마음이 고마워서 송아지를 선물로 주었습니다.

"이방, 무엇인가 보답을 해야겠는데, 요즈음 들어온 물건 중에서 구한 것이 뭐가 있느냐?"

"며칠 전에 들어온 커다란 무가 있습니다."

"옳지! 그 무를 내어다가 이 농부에게 주어라."

욕심꾸러기 농부는 커다란 무를 받고 ㉢제 집으로 돌아왔습니다.

핵심① 농부가 커다란 무를 바치고 송아지를 얻음.
→ 농부가 사또에게 커다란 무를 바치고 그에 대한 보답으로 송아지를 받음.

핵심② 욕심쟁이 농부가 송아지를 바치고 커다란 무를 받음.
→ 샘이 난 욕심쟁이 농부가 사또에게 송아지를 바치고 그에 대한 보답으로 커다란 무를 받음.

주제 다른 사람을 샘 내고 욕심을 부리면 실망스러운 결과를 가져올 수 있다.

1 2에서 알 수 있듯이, 욕심꾸러기 농부는 사또에게 송아지를 바치고 커다 란 무를 받았습니다.

2 농부는 무를 뽑다가 신기할 만큼 커다란 무가 나와서 사또에게 드리고 싶 은 마음에 커다란 무를 바쳤습니다.

3 사또는 커다란 무를 바친 농부에게 고맙다고 했으며, 커다란 무를 귀한 선 물이라고 했습니다. 따라서 농부에게 받은 고마움에 답하고자 송아지를 준 것입니다. 이러한 흐름으로 볼 때 '보답'은 (2)의 뜻으로 짐작할 수 있습니다.

4 농부가 무를 바치고 훨씬 귀한 송아지를 받았으므로, 욕심꾸러기 농부는 송 아지를 바치면 송아지보다 훨씬 귀한 선물을 받을 것이라고 기대했을 것입 니다.

5 욕심꾸러기 농부는 송아지보다 더 귀한 선물을 기대했지만, 사또에게 받은 것 은 커다란 무였습니다. 따라서 실망한 제로 집으로 돌아왔을 것입니다.

6 농부는 착한 마음으로 사또에게 커다란 무를 바쳤습니다. 사또는 그 마음 을 고맙게 받고 송아지를 선물로 주었습니다. 보기 이 글에서도 착한 마음 으로 부모님께 빨을 사 드렸고, 부모님은 그 고마운 마음을 기쁘게 받으셔 서 자전거를 선물해 주셨습니다. 따라서 이는 '농부'와 비슷한 경험을 했다고 볼 수 있습니다.

7 농부는 좋은 마음으로 사또에게 커다란 무를 선물했다가 송아지라는 큰 선물을 받았습니다. 욕심꾸러기 농부는 더 좋은 걸 받고 싶은 마음에 송아 지를 선물했다가 커다란 무를 받았습니다. 농부는 좋은 결과를 얻었고, 욕 심꾸러기 농부는 실망스러운 결과를 얻었습니다.

쏙쏙 내용 정리

1 무   2 송아지

정답

1 송아지, 커다란 무
2 ⑤   3 (2) ○
4 ②   5 ③
6 ①
7 ① 커다란 무
  ② 좋은
  ③ 실망스러운

어휘 마무리

1 (1) 심지다
  (2) 귀하다
  (3) 신기

2 (연결선)

3 (1) 샘   (2) 샘

하루 한장 문해력 향상 프로젝트

어휘

구 성 1~6학년 단계별 [6책]

콘셉트 문해력의 기초를 다지는 초등 필수 어휘 학습서

키워드 필수 어휘 익히기

독해

구 성 1~6학년 단계별 [6책]

콘셉트 교과서와 연계된 읽기 목표를 바탕으로 기본 문해력을 다지는 독해 기본서

키워드 기본 문해력 다지기

독해+ 플러스

구 성 1~6학년 단계별 [6책]

콘셉트 본격적인 독해 훈련으로 실전 문해력을 높이는 독해 실전서

키워드 실전 문해력 높이기

독해 비문학 독해

구 성 1~6학년 단계별 [사회편 6책, 과학편 6책]

콘셉트 사회·과학 교과 연계 읽기로 교과 공부력과 문해력을 동시에 향상하는 독해 심화서

키워드 비문학 독해력 강화하기

한
초등 수학

www.mirae-n.com

학습하다가 이해되지 않는 부분이나 정오표 등의 궁금한 사항이 있나요?
미래엔 홈페이지에서 해결해 드립니다.

교재 내용 문의
1:1 문의 | 수학 과외쌤 | 자주하는 질문

교재 자료 및 정답
동영상 강의 | 쌍둥이 문제 | 정답과 해설 | 정오표

미래엔 N맘
No.1 New Network
http://cafe.naver.com/mathmap

함께해요!
바른 공부법 캠페인

궁금해요!
교재 질문 & 학습 고민 타파

공부해요!
미래엔 에듀 초·중등 교재

참여해요!
선물이 마구 쏟아지는 이벤트

학년	반	이름

초등학교